Heibonsha Library

平凡社ライブラリー

Heibonsha Library

字書を作る

白川 静

平凡社

本著作は二〇〇二年一月、平凡社より刊行されたものです。

目次

凡例

一　原文引用には読者の便をはかって適宜、著者自身による読み下し文を加えた。

一　漢字は、地の文は原則として通行の字体に改めた。中国・日本の古典の原典引用とその読み下し文は旧字体を使用した。仮名遣いも古典の読み下し文や引用資料によっては旧仮名遣いを使用した。

一　書名・篇名等には『　』を使用したが、そのほか「　」〈　〉（　）の約物の使用はおおむね慣用に従った。

一　各文章を読むに当たっての便のため、必要と思われるところには文字資料を加えた。収録した文字資料には見出し字を付し、無印は篆文・古文、◉印は甲骨文、◎印は金文、○印はその他の文字であることを示す。

字書を作る

一、［言海］をよむ

字書を作るということが、私にとって一の宿命であったのかも知れない。その最初の機縁となったものは、［言海］であった。

小学校を出て家を離れ、大阪に出た私は、なるべくならば書物を読むことのできるようなところがよいと思っていたが、幸いに政治家の広瀬徳蔵先生の事務所にお世話になった。先生は弁護士であるが、先生の書架には、多くの法律書とともに、露伴や南方、新村の書物などがあった。先生が議会で東上されている間、私はかなりひまであった。それで先生の書架の書を少しずつ読ませて頂いているうちに、どうしても古語辞典の類を求めたいと思った。辞書は手許におく必要があるからである。それでまず、大槻文彦博士の［言海］を求めた。

当時の乏しい給与の中で、それはかなりの負担であった。

［言海］は菊半截判の、柔かい背表紙の装幀の書であった。縮刷版であるらしく小さな字で、その上変体仮名が多く、慣れるまではなかなか読みにくい書であった。

巻頭には長文の、「本書編纂の大意」という序文があって、その書の編集の目的と方法が記され、また巻頭には活用表などを加えた詳しい文語文法の「語法指南」が加えられていた。その何れも、当時の私にとっては、理解の範囲を超えるものであった。

また本文の語彙については、語義の外に、語源の問題のあるものについては、必ず語源説が加えられていた。そしてその用語例を時代別に加え、また名物の類についても、必ずその出典が記されていた。それは大槻氏が自ら親炙していた欧米の辞書の編纂法を範とするという、その出発点からすでに方向づけられているものであった。あとがきの中に次の一節がある。

初め、編輯《へんしふ》の體例は、簡約なるを旨《むね》として、收むべき言語の區域、または解釋の詳略などは、およそ、米國の「ヱブスター」氏の英語辭書中の「オクタボ」（洋紙八つ折りのサイズ）といふ節略體《せつりやくたい》のものに倣《なら》ふべしとなり。……おもへらく、「オクタボ」の注釋を翻譯して、語ごとにうづめゆかむに、この業難からずとおもへり。これより、從來の辭書體の書、數十部をあつめて、字母の順序をもて、まづ古今雅俗の普通語とおもふかぎりを採収分類して、解釋のありつるは併せて取りて、その外、東西洋おなじ物事の解は、英辭書の注を譯してさしいれたり。

この作業は一おう数年にして終了するが、その間に問題点として各処に残した空白は容易に埋められず、
この間に年月を徒費せしこと、實に豫想の外にて、およそ本書編成の年月は、この盤根錯節のために、つひやせること過半なりき。

と述懐している。この一書のために、大槻氏は、私が三部作を完成するよりも、なお多くの年月を要しているのである。

このわが国最初の古語辞典が、ヨーロッパの辞書編纂の事業に触発されて行なわれたということが、私には一つの驚きであった。それでのち漢文を読みはじめたころ、「近古史談」で大槻盤渓のことを知り、この家系のことを調べたことがある。そして大槻家がもと蘭学を修めた洋医の家で、祖父は仙台の藩医大槻玄沢で、杉田玄白の門、盤渓も蘭学を修め、時勢に感じて砲術をも研究し、藩士の調練を指導したという。漢学はいわば余技に近いことであった。文彦はその第三子である。

文彦もまたその家学である蘭学を修め、また時勢によって英語をも兼修し、文部省出仕として英和対訳辞書の編集に従事した。また文部省の依嘱によって、「日本辞書」の編集をは

じめた。その書がのちの［言海］である。［日本辞書］は当然政府によって刊行されるはずであったが、おそらく内部事情のために刊行中止となり、著者自身がその刊行のために奔走することとなった。しかしその書は、当時最高の国語辞書として非常な歓迎を受け、その後六百余版を重ねた。私の求めた書も、恐らくその「六百余版」中の一冊であろう。

この［言海］の著者が、その早年の論策において、「かな文字」の主張者であったということは、私にとっても興味の深いことである。蘭学や英語を学び、殊に数学を好んだというこの気鋭の研究者にとって、漢字は甚だしく理不尽なものと思われたであろう。しかしまたその理不尽のゆえに、解読にもまた一段の興味があったのであろう。それは大槻氏の、国語の語源についての、異常なほどの執拗な興味にも示されている。この書のあとがきには、泥鰌について、高田与清の［松屋筆記］に「泥っ魚」説を発見したときの感動や、また中国への旅行者から、鴨脚の中国音が銀杏の語源であることを知った喜びを、三十年来の疑惑を解きえたこととして記している。

然し［言海］の語源説は、大部分が貝原益軒の［日本釈名］、新井白石の［東雅］、谷川士清《たにかわことすが》の［和訓栞］などに依拠するもので、旧説に属するものが多い。それは後の著者畢生の大業となった［大言海］に至っても、多く異なるところはなかった。語源は、字源よりも困難な分野である。文字の起源は、その資料の存する限り、その起源にまで遡ることができる。

しかし語源は、その言語の発祥にまで遡り、それはついに言語発生論にまで、遡るべき性質のものである。ヨーロッパの言語のように、比較言語学的な資料が豊富に存するところにおいても、究極の語源を知ることは容易でないであろう。語源の問題は、例えばその後、大規模な編集によって完成された「日本国語大辞典」においても、なお十分な成果を見ることはできなかった。

二、用字法と語法

「言海」が外国語辞書の翻訳を契機として生まれたということは、示唆深いことであった。わが国では古くから漢字を用いている。漢字はいうまでもなく、本来中国のものである。わが国では「かな」が生まれるまで、すべて漢字の音訓を用いて表記した。訓読法が生まれると、漢文をそのまま国語に直してよんだ。はじめは平安前期の漢詩文のように、かなり和様の訓みかたであったが、やがてその訓読体が文語の一つの様式となり、和漢混淆文となった。それで国語の文体と漢文の形式とが甚だ接近することとなった。古い例では「将門記《しょうもんき》」や「今昔物語」の中に、漢文の形式をとる国文があり、のちには「方丈記」のように、国文をそのまま漢文の形式に移した真名本があるという状態となった。それで漢字の用字法と国語の用義との関係を、一そう確かめようとする試みが生まれてくる。

大阪の古本街は、当時日本橋筋の、道頓堀から恵比須町間の両側にあった。それで私はよく道頓堀の天牛の本店、支店からはじめて、日本橋筋を南下し、その古本街を歩いた。そこで荻生徂徠の［訓訳示蒙《くんやくじもう》］というのを見つけて、求めて帰った。その文理例第一に

1大學之書、古之大學、所以教人之法也

2大學之書、古之所以大學、教人之法也

3大學之書、所以古之大學、教人之法也

のような諸例をあげてその釈読を加え、当否を論じ、詳細を極めた分析を試みている。つまり文章法を問題としているのである。

今の文章法からいえば、所は之の関係代名詞的なおきかえであって、普通のいい方にすれば「以之」という副詞句的語法である。副詞は動詞の前に位置するのであるから、「教ふる」という動詞に修飾語的に繫る語である。この文章に於ては、動詞は「教ふる」の一語しかない。それで1の形式のみが正しい。

このような文章法的な解析のなかった時代に、徂徠はそれぞれの語法の当否を論じ、2は語法的に成立しえないことはないが意味が異なるものとなる。虎関の文などにこの種の誤りがあると論ずるなど、精密な議論を展開している。文章法は国語では英文法などの示唆を受

けて、文法学の上では最もおくれて成立するものであるが、徂徠のこの書は、すでに文章の構成論にまでその分析を及ぼしている。

この書は、そのような文例数文をあげて論じたのちに、助語として、助詞・介詞・副詞・接続詞など、いわゆる虚詞の類数十字について、その用義に解説を加えている。国語としてどのように訳すべきであるかについて、その語義・語感にまで及んで論じており、後来の辞書にもこれに及ぶものはない。今、蓋の条を録しておく。

蓋

敢テ決セザルノ辭ナリ。發語ノ辭トモ註シ、又疑辭トモ註シ、又大抵ノ義トモ見ヘタリ。然レドモ三說トモニ的當ニ非ズ。大形ハ發語ニ置ク文字ナレドモ、夫字・維字等ノ様ナ一向ノ發語ニ非ズ。又大形ハ疑フ意アレドモ、治定シタル道理ニ用タルコト多シ。又大形ハ大抵ト云モ然ルベケレドモ、大抵ト云フ訓ヲアシク意得タラバ、大アラマシノヤウニモ見ルベシ。諸書ヲアツメテ何レヘモ通ズル註解ハ何レゾト云フニ、性理羣書ノ補註ニアル「不敢決辭」ト云ガ的當ナルベシ。決ハ堤ノアタリテ水ノフヰト出ルコトナリ。故ニ不《ヌ》二敢《エ》決《フキ、ラ》一辭ト意得ベシ。大形ハ愚按ヲ述ルトキニ、謙退シテ置ク字ナリ。必ズシモ發語トハ見ヘネドモ、何様上ニヲク字ナリ。倭辨ニナヲサバ推量ガト云意ナリ。「三千之徒　蓋《ハスヰリヤウガ》莫《ナヒ》レ不レ聞《ズトイフコト》二其《ノ》說《ヲ》一」「蓋《スヰリヤウガ》　自《カラナラバ》天降《ス》二生民《ヲ》一」

徂徠の［訓訳示蒙］は、徂徠の没後に至って刊行されたものであるが、のちになって、その書は徂徠の［訳文筌蹄《やくぶんせんてい》］を、後人が改編して刊行したものであることを知った。［訳文筌蹄］の初編は、徂徠の二十六、七歳の時の、口述の書であるということで、その晩年、正徳四・五年（一七一四・五年）より刊行が開始されている。

閑　靜　靖　恬　寂　寞　寥　闃　舒　徐　謐

急　速　疾　迅　駛　遄　遽　早　夙　利　銛　鋭　敏

のような同訓の語の語義用法の異同を論じたもので、通篇六巻、すべて二百三十条に及んでいる。いま「うつくし」の意の二条を録する。

美　麗　好　妍　娟　孌　艶　姣　姱　妖　靡

曼　姝

美　ウルハシト訓ズ。ヨシト訓ズ。ミゴト、譯ス。ウツクシト譯ス。惡ノ反對ナリ。醜ノ反對ナリ。但元來ウマシト云フ字ナルユヘ、惡ニ對スルトキモ、醜ニ對スルトキモ、愛スベク賞スベキ意アルナリ。美人ハ女ニ限ル。才德ニ況ヘテ云フコトアリ。美丈夫。姣美・美艶、宋朝《カ》美・子都《カ》美ナド、皆形ノウツクシキナリ。專二《ニス》美《ヲ》有《ニ》商一、十六族世濟《フ》二其《ノ》美《ヲ》一、掠二其《ノ》美《ヲ》一、將二順《ス》其《ノ》美《ヲ》一、揚《ク》二主《ノ》之美《ヲ》一、丘壑《ノ》美、風俗ノ美、皆才德事業ノスグレテヨキヲイフ。食《テ》レ雁《ヲ》美《ナリ》、美《ウマシトス》二芹子《ヲ》一、香美肥美、皆味ノウマキナリ。美花美玉、皆ミコトニウツクシキナリ。悪ニ對シテモ善ヨリ重ク、醜ニ對シテモ好ヨリ重キ字ナリ。又禮記ノ少儀ニ、儀字ト通ス。

麗　ウルハシト訓ス。美字ニ比スレハ専ラ形色ニ屬スル字ニテ、ダテナル意アリ。曼麗・姣麗・姱麗・艷麗・妍麗・靡麗・華麗・佳麗ナド、連用ス。組麗ハ織物ノ織リノミゴトナルナリ。纖麗モ糸ボソニミゴトナルナリ。江山麗・花木麗ナド、皆用ユ。麗人ハ美人ナリ。ダテモノト云カ如シ。

この二条でみられるように、この書には字書を引くことがない。字源を説く説文は、当時あまり重用されていなかったとしても、説文系の玉篇や他の字書も多いが、徂徠はただ実際の用例のみを求め、用例によって用義を決するという方法をとっている。字書の訓は徂徠にとっては一の概念に過ぎず、用例のみがその実証と考えられたのであろう。そこに徂徠の実証的方法を見ることができる。

その頃中国においても、清朝に入って実事求是の学が起り、訓詁においても用字法を重んずる研究が現われ、劉淇の『助字弁略』五巻（康熙五十年、一七一一年）、王引之《いんし》（一七六六～一八三四）の『経伝釈詞』十巻などが著されたが、徂徠の書はそれらよりも早く、またその用義を論ずることが遥かに詳しい。またのち伊藤東涯の『操觚字訣《そうこじけつ》』が出て、その上巻に篇法・助辞、語辞、虚字、雑字、実字に分ち、録するところは甚だ繁富であるが、その解説は徂徠の雋鋭なるに及ばない。

徂徠は古文辞学派の領袖として、そのゆたかな語学的な天分によってこの種の著作をなしえたが、おそらく漢語を原音でよみ、直接その原意に達しようとしたのであろう。それで国語についても多く語源説を試み、名乗の純《すみ》・茂《もち》はその音、家来は家隷、梨壺・桐壺の壺は壺《こん》の誤り、トラは朝鮮語、くには郡の音、みとはめをと、とんぼは東方、ことは琴の音などの説がある。白石や益軒も語源説を好んだが、［古事記］や［万葉］などの研究の勃興が、その背景をなしているのであろう。国語にしても漢語にしても、それぞれの内部だけでは自覚されがたいような思考法が、国学・漢学の隆盛に伴って、相互的に刺激しあう結果となったのであろうと思われる。

奈良・平安期以来の漢文学は、いわば受容の方向のみが意識され、そのため訓訳のための字書が多く編纂されたが、しかし徂徠のように、その訓読語を国語の中でどのように位置づけるかという方法を、自覚的に模索することはなかった。従ってまた、国語を語法的・文法的に組織しようとする試みもなかった。古今伝授《こきんでんじゅ》のように、特殊な用語や語法は、法則としてではなく、秘伝や家伝として扱われていた。契沖（一六四〇〜一七〇一）や本居宣長（一七二〇〜一八〇一）によって、ようやく組織的な研究が興ろうとしているときであった。

徂徠より五十年ほどものちに、皆川淇園《みながわきえん》（一七二四〜一八〇七）が出て、［虚字解］［実字解」を書き、当時のベストセラーとなった。淇園は十五歳のとき、朝鮮招聘使を迎え、弟の富士谷成章《ふじたになりあきら》とともに席上で詩を唱酬し、大いに文名を馳せたという。四十に至るまでに劄記数百巻を作り、机前の床が為に朽ちおちたというほどの努力家で、易の開物の論理を以て開物学と称する一種の論理法を創出するなど、独創性のある研究者であった。彼によれば、万物開成の理が声となり、音となり、理となり、語となるという言語発生論をもち、その「虚字解」「実字解」も、一種の言語哲学的な性格をもつとさえ評されている。かれの文理考察の法は、その「問学挙要」の文章にも示されており、例えば慎微第三に「尚書」を論じて

堯舜の遠き、何ぞ記載する所の詳にして且つ多く、夏の堯舜より近き、何ぞ記載する所の略にして且つ寡きや

というのは、富永仲基《とみながなかもと》（一七一五〜一七四六）の加上説と同じであり、また詩を解するに詩序を用いることを廃する主張は、清代の考証学よりも遥かに識見にまさるものがある。江戸中期の儒学には、中国の学術史の上では考えがたいような、卓抜な近世期学術の胎動があった。

淇園の弟富士谷成章（一七三八〜一七七九）は、国語文法の最初の組織者として知られる人である。「挿頭抄《かざしせう》」（副詞の類）、「脚結抄《あゆひせう》」（助詞・助動詞）などのほか、「装本抄《よそひ》」（用言）などもあり、語を名（名詞）・挿頭・脚結・装に分つ品詞論の体系を立てた。日本文法学の創始者というべき人であるが、その学は本居派の本居春庭《はるにわ》、東条義門《ぎもん》らによって継承された。

成章の文法学は、兄淇園の漢文語法の研究に触発されるところが多かったであろうことは、容易に推測される。すべて自己認識の契機として、他者との接触が極めて有効であることは、これらの事例からも容易に知りうるのである。

三、大辞典の時代

〔言海〕よりおくれること十二年にして、本格的な漢和字典が出た。明治初期の欧化の風、また日清役における清国の衰亡のさまを見て、隆盛を極めていた漢学も一時に衰えて、教学の主流から遠ざけられるようになった。それを憂える識者たちによって、新しい時代に対応する漢和字典が要望され、明治三十六年、三省堂より〔漢和大字典〕が発行された。貴族院議員にして学習院長たる公爵近衛篤麿、また文学博士重野《しげの》安繹《やすつぐ》（成斎）の序、貴族院議員重野安繹、東宮侍講三島毅、北京大学堂教習服部宇之吉の三博士の監修になるものであった。近衛公の序文に、本書の趣旨について、

我が邦、支那の學藝に資りて以て人智を啓發し、以て制度を構成す。浸潤の深き、沿襲の久しき、一旦に之を廢することを得ず。且つ輓近、支那陵夷して振はずと雖も、其の開國最も舊く、文物典章の講明すべき者尠なからず。

と論じ、中国にもなお近代的な字書の編纂がないから、以上の三博士に託して、「泰西辞典の體裁に倣ひ、新たに一書を編纂」したが、「意匠斬新、完整無比、詢に斯學の津梁なり」と記している。菊判千八百ページに近い大冊である。また成斎の自序にも

頃者《このごろ》、泰西の字書に倣ひ、音訓の外、成語典故を附し、其の異義異訓有る者は、字毎に別提す。……字書の體、是に於て又大いに變ず。

とその創成を誇っている。泰西の辞書に倣うということでは「言海」と同じであるが、その訓義や用例は多く「康熙字典」や「経籍籑詁《けいせきせんこ》」を襲用するもので、ときに「三礼図」などによる挿図を加える。韻書による反切を加え、訓義を整理するなど、一応は実用の便宜を備えたものといえよう。例えばいま「化」の字を以ていえば、「康熙字典」や「経籍籑詁」に各各その義を列するもの二十を超えるが、この書には要約してその十七義を挙げている。また連語は下接の語、たとえば教化・文化のような語を標出しているが、これらは「佩文韻府《はいぶんいんぷ》」によって拾ったものであろう。

この「漢和大字典」の刊行は、おそらく中国の学界にも大きな衝撃を与えたものと思われる。中国にはすでに「佩文韻府」や「経籍籑詁」のような大部の編纂物があったが、みな韻別の書で詩文の用に供するものであり、広く一般の語彙や事項を収めるものではない。当時中国は列強の侵奪を受け、危機意識が強く、洋務運動の盛んなときであり、またわが国には

多くの留学生があって、先進としてのわが国の消息が喧伝されていたときであった。わが国の文献を介して新語の流入も多く、新しい字書が渇望されているときであった。それで中国でもこのような形式による新しい辞書への要望が高まって、有志者による［辞源］の編集が計画された。

［辞源］は子・丑よりはじめて十二集、のち洋装三巻本として、一九一五年（民国四年）に刊行、一九三一年に続編、一九三九年（民国二十八年）に正続編合訂本が出版された。そしてわが国の［言海］のように、国民的な辞書として、久しく版を重ねた。その初編の序文として加えられている「辞源説略」によると、国内に新しい時代の辞書の要望が高まりつつあることを述べ、

韋勃斯徳《エブスター》の辭典は、世界の最も著名なる辭書なり。

と、［言海］と同じようにその指標とするところを掲げている。しかしこの書が、わが国の［漢和大字典］に触発され、これを凌駕しようとしたものであることは疑いがない。それは後年、わが国の諸橋轍次博士の編集する［大漢和辞典］十二巻が昭和三十（一九五五）年に出版されると、中国にも［漢語大詞典］編集委員会が結成されたのと同様である。その書の編集には四百余人が参集、一九七五年に発足して、一九八六年に第一巻が出版された。全十二巻、語詞三十七万五千余条、すべて五千余万字。［康熙字典］の排次により、新たに語彙

を捜集し、現在最大の中国字書である。各条に引用の例文も、文意の完結するところを収めて、漢語辞典としては最大、完好なものということができよう。字説は反切・訓義を施すのみで、用例を主とする辞書である。

この「漢語大詞典」より少しく先だって、一九八四年、「辞源」を大規模に増補した「修訂本辞源」四冊が刊行された。出版事情の説明によると、この次《たび》の修訂は馬　列《マルクスレーニン》主義・毛沢東思想の立場・観点・方針を指導方針としたが、収録は阿片戦争（一八四〇年）までの語彙にとどめたとしており、要するに古語辞典であることのいいわけである。

また「漢語大詞典」とほぼ時を同じうして、一九八六年十月、四川・湖北の研究者による「漢語大字典」四冊が編集、刊行された。「辞源」の増訂版とほぼ同じ規模であるが、見出し字の次に、甲骨・金文よりはじめて、篆・隷に至るまでの字体をあげ、「説文」及び「説文」研究書などによって、字源の解説を試みている。この書に用いる古字のために、徐中舒《じょちゅうじょ》氏が主編として編集した「漢語古文字字形表」が用意され、一九八一年に出版された。徐氏の序文に、これは漢字の語源と字源とを知るために必要な工作であるとしており、その解釈例として史の字説を述べている。

甲文の史は原《もと》に作る。は乃ち干戈の干の本字なり。古人、狩獵を戰と爲す。卽ち

枒槎のある木棒を以て武器と爲し、進みては則ち以て人獸を侵犯し、退きては則ち以て自身を捍衛す。

ただこの徐氏説は史・吏字の条にみえず、徐氏はあるいは字典の［漢語大字典］の編纂には参加していないのであろう。徐氏の史字説は従来にないものであるが、もとより誤りである。［大字典］では、各字条に説文を引き、異説あるときはその一説を採って加えている。このように古形をあげて字源の解説を試みることは、一般の字書でははじめてのことである。

次に一例をあげよう。

乘 ［說文］に、乘は覆ふなり。入・桀に從ふ、桀は黠なり。軍法に乘と曰ふ。𠘰、古文乘、几に從ふ。容庚の［金文編］に乘は大の木上に在るに從ふ。［說文］に、入桀に從ふとするは、非なり。李孝定の［甲骨文字集釋］に、乘の本義を升と爲し、登と爲す。之を引申して、其の上に加ふと爲す。許說文の覆ふと訓するは、其の上に加ふると同意なり。字は、人の木に登るの形に象ると。按ずるに、人の木に登る形は、卽ち人の車に登る形なり。鄂君車節に、木を改めて几と爲す。卽ち後に開口して、人に上下する車箱を供するの形なり。

この字説は、容・李の両説が正しく、登車説は、卜文の用義を見ず、専ら六国譌変の鄂君啓車節の字様によって説をなすものである。卜文に望乗という族があって習見、征戦の際に斥候の役に任じた。字形は桀と近く、人を枝上に磔するを桀、人の木上に架するを乗という。乗とは、木の上より望見して伺候する意である。この書は多く古文の字形を掲げているが、その字説に至っては議すべきものがなお多い。既に定説の存するものについても、みだりに説をなしているところがある。

四、字書の字源説

私は国語の辞書としては、早く「言海」を求めて、耳なれぬ語にあうごとに検索して自ら楽しんでいたが、漢字の字書については簡野道明の「字源」を求めて愛用した。当時の中型の字書としては最も傑出したもので、初版本は一八九版を重ね、昭和三十年の増補版も、今では三〇〇版を超えているであろう。

初版の序は大正十二年に書かれ、大正三年より前後二十有余年を要してこの書を成したという。引用の例文は、「漢和大字典」と同じく原文に返り点のみを附したものであったが、すでに漢籍はいくらか読んでいたので、ほぼ訓み下すことができた。附篇として「草字彙」

伝（傳）◉  ◎ 

が加えられており、草字を扱うことも、当時の教養としては必須であった。紙筆の用意がなくても、指で空書きしながら草字を覚えた。主人が時々詩文を作られ、私なりにそれを理解する必要があって、その平仄を検し、出典をしらべたりする必要があった。簡野氏には他に［故事成語大辞典］があり、また［唐詩選詳説］などもあって、何れも私には親しみ深い書であった。

この［字源］に代って、新しく編集されたものに［新字源］がある。昭和四十三（一九六八）年、京都大学の小川環樹博士を中心とし、西田太一郎・赤塚忠氏を編者とし、二十数名の方が参加されたという。体例の甚だ備わる書で、例えば訓義の配列にしても、字の本義よりはじめて、字義の展開を追うて次第したものであるという。それで字の初義についても、当然解説がある。いま凡例にあげられている字によって、その例を録する。

伝［傳］ 専（專）の漢音・呉音はともにセンであるが、ここではテン・デンの音を表わす。専の上古音はテン、中古音はセンで、両者は音転化の範囲内にある。

そこで訓義は

一、1うつす　2つたえる　3つたえ　4つたわる　5とらえる　6めしいだす　二、

1経書の注解　2かきつたえ　3一代記　4しらべる　5つぎつぎに伝えて　6めぐり
7駅継ぎの馬。はやうま　8しゅくば。うまつぎば。やど　9わりふ

のように序列される。字を形声とする解であるが、金文の字形では、人が橐《ふくろ》を負うている姿である。金文には「伝棄」という語があって、それは追放の刑を示す。わが国の神話に、素《ス》戔嗚《サノヲノ》命が天つ罪を犯して、高天原を追放されるときに、

千《ち》位《くら》の置戸を負せて、〜神やらひやらひき。

とある、その「千位の置戸」に当るものであろう。しかし単に「傳」というときには、この古い字形のように、「橐に入れたものを負う形」で、これはものを運ぶ姿とみるほかはない。字は形声とみるよりも、字の初義からいえば象形に近く、六書の法からいえば二つの形を会するので会意ということになる。これは決して単なる形声ではない。

他にも例えば義について、

義　形声。羊（美の意）と、音符我ガ→ギ（まいの意→夏カ）とから成り、神前で行なう舞、ひいて、礼にかなった行ない、転じて、みちの意を表わす。

とみえる。義の原義を「神前で行なう舞」と規定するが、義の用義法の上に、そのような例があるのであろうか。またそれより転じて、「礼にかなった行ない」、転じて「道」の意を表わすという、甚だ迂曲した解をなしている。これはその条に録する金文の字形からも知られ

義  犠（犧） 

るように、我（鋸の象形、鋸歯のある戈形の器）を、犠牲として用いる羊に加えている形で、犠牲に供する羊は、神意にかなうように、少しの欠陥もない、姿のよい羊がえらばれたものである。それでその羊牲の下体が下にみえる形が羲となり、のちまた犠を用いた。

　この書の羲の条に

羲　形声。もと、羲と書いた。意符兮《けい》（丂はその省略形。気が立ちのぼる意）と、音符義ギ→キ（かがやく意→輝キ）とから成り、日の神の意を表わす。

この字説は、羲を太陽の御者羲和と結びつけるために、それに牽合しようとしたもので、字形学的には何の根拠もない。字は羊牲の下体が分断されている形で犠の初文。この書の字形解釈は甚だしく統貫を失ったもので、一般字書にこのような字説を加えるべきではない。

　〔新字源〕は更に拡大されて、新たに〔大字源〕となる。〔字源〕〔新字源〕〔大字源〕と字源の名を承襲するが、編者は皆異なり、すべて別の書である。〔大字源〕はB5判、二二〇〇ページを超える大冊で、一冊本の漢和字典としては最大の字書の一つである。執筆協力者は赤松紀彦氏ら二十六名、尾崎雄二郎氏ら五人の方の監修に成る。一九九二年二月刊行、私の「字通」を除けば、最も新しい字書である。ただ私の「字統」はすでに一九八四年八月に刊行されているのであるから、編集者は当然、私の書を参照することができたはずであるが、この書の字説は私の書と相渉るところなく、独自の研究によって進められたようである。たとえば召について、卜文・金文・篆文の字形を掲げたのち

召　形声。意符の口（くち）と、音符の刀《タウ》→《セウ》（よぶ意＝號《カウ》）とから成る。口で呼ぶこと。
　上に向かって口で呼ぶのが原義。

とある。これは「説文」の解を布演したものであるが、その卜文の字形も解説に合わせて、刀に近い字形のものがえらばれている。しかしたとえば、「殷虚書契前編」巻七・一五葉の一にみえる卜文三字は、刀に従う形であろうか。

また同じような構造法の各の字について、

各　形声。意符の夂（高い所から足趾を下向きに降りる）と、音符の口《コウ》→《カク》（くだる意＝降《カウ》。また、とどまる意＝止《シ》）とから成る。高い所から降下してとどまる意。借りて、「おのおの」の意に用いる。

とみえる。各のような造字法の字において、口を声符とする例が、他にあるであろうか。こ

召

各

のような字説で、この書は蓋われており、他に多く例をあげる必要もない。全書の字形解釈は支離を極めていて、殆んど統貫するところがない。

この書の他にも、加藤常賢・藤堂明保の両博士にはそれぞれ関与された字書の類があるけれども、その字説については、本書に録入した〔文字学の課題〕の章にふれてあるので、ここには省略する。

五、字書三部作

私の文字学的研究は、まず〔甲骨金文学論叢〕という謄写版刷りの論集で発足した。〔論叢〕は昭和三十年より三十三年までの間に九集を発行、三十七年に曾て他誌に発表した〔釈南〕〔蔑《べつ》暦解〕を収めて十集とした。初集に〔釈史〕〔釈文〕、二集に〔作冊考〕〔召方考〕、三集に〔釈師〕、四集に〔載書関係字説〕、七集に〔媚蠱《びこ》関係字説〕、八集に〔辠辜《ざいこ》関係字説〕、また五－六・七－八集に〔殷代雄族考〕七篇、九集に〔羌族《きょう》考〕を収めた。謄写版としたのは作字の困難な卜文を多用するためで、卜文の理解を進めるためには、なるべく多様の卜文を扱う必要があった。私はこれらの論考を草するために、当時三万片に近い卜片を抄写、或いはノートにし、あるいはトレスして、その解読に努めた。卜文の体系的な理解のためには、その全片を手写する必要があると思ったからである。

　また引き続いて昭和三十七年八月より、『白鶴美術館誌』として、『金文通釈』を季刊で刊行した。両周金文に考釈を加えたものには、郭沫若氏の『両周金文辞大系考釈』（昭和十年、文求堂刊）があるが、その後の出土も多く、また郭釈も簡略なものであるので、両周の金文銘辞の主要なものを網羅し、改めて詳細な考釈を加えるためであった。もとより字形の考釈も、その重要な目的の一つであった。その本文篇・研究篇は五十二輯、昭和五十四年十二月に完結し、のち全体の索引と本文の一字索引とを加えた。

　また昭和四十四年、『金文通釈』と併行して『説文解字』とその研究書の全体を点検しながら、私自らの字説を確かめるために、『説文新義』の刊行をはじめた。これも季刊を続けて昭和四十九年に完了した。以上の『金文通釈』と『説文新義』とは、阪神間の同好者の求めに応じて結成された樸《ぼく》社において、毎月例会を開いて講読を続けた。樸社では昭和三十一年よりはじめて、昭和五十一年七月に説文を講了、金文は同じく五十七年十一月に講了した。実に四半世紀に及ぶ長い期間にわたる研修であった。

　昭和四十五年、私は還暦を迎えた。それまで『論叢』『新義』『通釈』と、いくらか専門的な仕事を続けてきた私は、私の研究を、愛好の人々に提供するために、一般書として刊行することを考えた。それでまず岩波新書で『漢字』（昭和四十五年）を、中公新書として『詩経」（同四十五年）を、また「金文の世界」（同四十六年）と「甲骨文の世界」（同四十七年）を平凡社の東洋文庫に収めた。ついで中公叢書として「孔子伝」（同四十七年）、また「漢字の世界」一－二（同五十一年）を東洋文庫、「漢字百話」（同五十三年）、「中国の古代文学」一－二（同五十一年）を中央公論社から出すなど、しばらくそのような著作を試みた。母校の大学院へは五十六年まで出講していたが、それまで字書を編集する機会はなかった。

昭和五十六年、私は七十三歳であった。私に残された時間は、もうそれほど豊かではない。かねて意図していた字源字書の編纂、その和訓による国字化の過程の追迹、さらには従来の辞書において、なお達成されていない辞書のあるべき姿を模索するというようなことが、私の課題として残されている。長い間もち続けていた字書観を現実化するのには、もう猶予は許されない。

今まで述べてきた字書や辞書への回想は、折にふれて私の思いのうちに去来するものであったが、私は学校を退くと、直ちに字書の執筆に着手した。まず字源の書を作るべきである。これは今までの内外のどの字典においても、私を満足させるものはなかった。また私の「説文新義」が完了しても、格別の反響はなかった。私はすでに「甲骨金文学論叢」において、また「説文新義」において、多くの考説を試みてきている。それらを適当な形式と規模のものとして提供しようと考えた。それで一年のうちに「字統」の原稿をまとめた。

字源が見えるならば、漢字の世界が見えてくるはずである。従来、黒いかたまりのように見られていた漢字の一字一字が、本来の生気を得て蘇ってくるであろう。漢字は記号の世界から、象徴の世界にもどって、その生新な息吹きを回復するであろう。

二年にして『字統』の刊行を終えて、次には字訓の問題を扱った。漢字は中国で生まれたが、音訓両用に使いこなしたわが国では、それは同時に国字となった。国語と漢字と、この二つのものを習合し、融会したところに国語が成り、その思惟の世界も、表現の世界も、その中に生まれた。このふしぎな融会の姿の中に、わが国の文化の多くの秘密がある。『万葉』はかねて私の愛誦するところであり、『紀』『記』の中にも、その表現のうちに苦闘する当時の精神のありかたが見える。そこに国語の出発点がある。その姿を見極めようと思って、私は『字訓』（昭和六十二年）を書いた。

私の読書の関心は、東洋的なものの源流を求めるということであった。わが国がなまじいの野心を抱いて国の方途を誤り、今は東洋は瓦解し、その理念は全く見失われている。東洋を回復するためには、まず東洋の古典に親しまなければならない。失われた東洋の古典への親しみを、回復しなければならない。文字を通じて、その文字の表現する所を通じて、東洋に回帰する道を求めなければならない。そのために字書を通じて、その表現にふれる機会を多くもつ必要がある。そのような思いで、私は『字通』を書いた。

この三部の字書には、それぞれ巻頭に、私の意図するところと、その方法とについて、一文を掲げておいた。そしてまた著作集の第十二巻にも収録しておいたが、別に小冊として読み易くという要望の方もあり、ここに一冊にまとめることにした。なおこの機会に、近代の字書のありかたについて一瞥し、私意のあるところを述べた。次章には、私の「説文新義」第十五巻「通論篇」の第五章「文字学の課題」を加えることにした。それは古代文字資料が出現してからのちの、文字学の歩みを記したものである。

平成十三年九月

文字学の課題

一、古代文字資料と文字学

この数十年の間に、夥しい甲骨資料の出土とその解読、金文の著録考釈の類が刊行されて、乾嘉以来の説文学はまたその様相を一変した。久しく文字学の聖典とされてきた「説文解字」も、従来の権威を維持することはもはや困難である。二世紀の後漢の許慎がみることをえなかった文字創成の時代の資料が大量に出土し、説文学の基本とされる正字の学は、大きく改められようとしている。最古の資料である前十四世紀以来の甲骨文、それにつづく殷末両周の金文資料は、古代文字の展開のあとを残りなく示している。説文の依拠した資料の時代的限界が、今では明らかである。説文の正字も、その説解も、大きく書き改められなければならない。新しい文字学の時代が来ているのである。

甲骨文の解読は、孫詒譲《そんいじょう》の「契文挙例《けいぶんきょれい》」（一九〇三年序、一九一七年刊）、「名原」（一九〇五年刊）によってはじめられ、羅振玉《らしんぎょく》の「殷虚貞卜文字考」（一九一〇年刊）、またその協力者である王国維の「戩寿堂《せんじゅどう》所蔵甲骨文字考釈」（一九一七年刊）などによって、漸くその端緒が開かれた。わが国では林泰輔が羅氏より先に論文を発表し、またつづいて「亀甲獣骨文字」に釈文を付して梓行（一九一七年刊）している。研究はかなり困難であったが、それは主として資料のもつ性質の理解に伴うものであった。発見以来五十年にして、小屯出土の五万片に上る資料が著録刊行され、その時期区分・考釈・分類など、すでに一応の整理を終えた。成立期に近いとみられる古代文字の研究が、このように迅速に成果をあげえたのは、金文の研究がこれに先行して行なわれていたこと、その文字と言語が、固有の体系を以て今も存していることの二点に帰しうる。その後二十数年の間に、各分野における研究はかなりの進捗をみせ、たとえば董作賓《とうさくひん》の「殷暦譜」（一九四五年、一九六三年再版）、陳夢家《ちんぼうか》の「殷虚卜辞綜述」（一九五六年刊）、饒宗頤《じょうそうい》の「殷代貞卜人物通考」（一九五九年刊）などが出されたが、殷人がその文字構造のうちに示したかれらの思惟と認識の世界は、なお十分に解明されるに至っていない。それは文字学の領域である。

金文の考釈は、清末の劉心源の「古文審」八巻（一八九一年刊）、「奇觚室吉金文述《きこしつきつきんぶんじゅつ》」二〇巻（一九〇二年刊）、方濬益《ほうしゅんえき》の「綴遺斎彝器款識《てついさいいきかんし》考釈」三〇巻（一八九四年成、一九三五年刊）、

呉式芬《ごしきぶん》の［攈古録金文《くん》］三巻（一八九五年刊）など著録考釈の類が続出し、呉大澂もまた［愙斎集古録《かくさい》］二六冊（一八九六年成、一九一八年刊）を付印、賸《よう》稿一冊を添えている。呉大澂にはまた［字説］一巻があり、その［集古録］と同年に刊行された。その書は小冊であるが、文字学の上で紀念すべき書である。帝・王・叔等三十数字の字説を、専ら金文資料によって説き、説文の字説の無稽であることを論じ、新解を示している。帝を花蔕の象形にして生成力の根源を示すとし、王は地中火の象にして旺盛の意、叔は繒繳の象にして伯叔・叔善はその仮借義、奚は人の窶数を戴く象にして奚奴を示し、朝鮮等になおその俗があるとする。客は三恪の意にしてその霊をいい、拜は拜抜の象にして召南甘棠の箋にいうところをその原義とする。文献にいう司空は金文に司工と称するものであり、書に寧王《ねいおう》というものは文の初文を寧と誤釈したものであるとするなど、その論ずるところは当時においては殆んど石破の説であった。呉氏の字説は、文字学がその課題とすべき新しい領域について、深い示唆を与えるものであったが、これを承けて起つものなく、孤詣の学に終った。呉氏もまた官職に累わされて、その学を大成することができなかった。

甲骨学は、これら清末の金文学の基礎の上に、その途径を開いた。孫詒譲ははじめ［古籀《こちゅう》拾遺《しゅうい》］（一八八八年刊）に宋刻の薛《せつ》氏、また阮元の積古、呉栄光の筠清館《いんせいかん》著録の金文考釈を試みたが、劉鉄雲《りゅうてつうん》が［鉄雲蔵亀《ぞうき》］（一九〇三年刊）を刊するや、［契文挙例］の序に頃《このごろ》始めて此の册を得たり。意《おも》はざりき、衰年に玆《こ》の奇迹を睹《み》んとは。愛翫して止まず。輒《すなは》ち兩月の力を窮めて、之を校讀す。

とその驚喜の情を述べ、

前後複緟《ふくしょう》する者を以て、參互して審繹《しんえき》し、廼《すなは》ち略《ほぼ》其の文字に通ず。大致、金文と相近し。篆畫尤も簡省にして、形聲は多く具せず、又象形の字頗る多きも、盡くは識ること能はず。

とその大体の傾向をいう。孫氏はその得るところを整理してまた［名原］を著わしたが、原始数名・古章原象・象形原始など文字の起原を論じ、古籀《こちゅう》・転注《てんちゅう》・奇字《きじ》・説文補闕《ほけつ》の各篇に字形の沿変を説く。また文字の形声備わらず、仮借《かしゃ》義の多いことを述べて

假借は聲に依りて事を託す。則ち尤も茫として涯涘《がいし》無し。

という。

孫氏は経学訓詁に深く、［周礼正義］［墨子間詁］のような大著があり、字説においてもその学に依拠して、かえって自由な解釈を妨げているところがある。たとえば［説文］に家を「豭の省聲」とする説解を疑い、金文の字形を𢑚に従うとし、

古𢑚字、或いは別に豭《か》と讀む。故に家の𢑚に從ふは、豭聲に諧《かな》ふことを得。𢑚に因りて省して豕と爲る。其の展轉流變の迹、相參證するに足る者なり。

とするが、家の従うところは犮にして犬牲、奠基の儀礼を示す字である。また彝字を釈して彑《けい》聲に従ふ者は、當に帝《てい》聲に従ふと爲すべし。彝と帝《てい》は古音同部、聲例に於て亦通ず。彑の旁に至りては、多く兩點を箸《つ》く。亦た豕の髦鬣の形に象るに似たり。然れども其の形聲、究《つひ》に能く詳かにすること莫《な》きなり。

というも、彝は雞血を取って彝器に釁《きん》するをいう。また金文に眉寿の眉を釁《び》に作るものは蓋し頁《けつ》に従ひ、釁《び》の省に従ふ。古音、釁と微と、音相近し。（周禮鬯《ちょう》人、鄭注、釁は讀んで徽《き》と爲す、徽は微の省聲に従ふ）、而して微・眉は音同じ（春秋、莊二十八年經、郿に築く、（公羊に微に築くに作る）。故に金文の眉は通じて釁に作る。散氏盤に田眉有り。文は皆、散と矢《そく》と兩邑、田を分ち界を定むるの事を紀《しる》す。故に田を用て眉すと云ふ。

と論ずるも、釁は沬の初文。灌沬の象にすぎない。呉氏の字説に沬沬の字に盨《しゅ》を充てているのは誤であるが、その字説の方法は孫氏に比して直截であり、みだりに転音省声を用いることがない。字形を易え、音を転じて字を論ずるのは、古代文字の本質に迫る所以としがたいのである。

羅氏の［増訂殷虚書契考釈］（一九二七年刊）は、上巻においてト辞を都邑・帝王・人名・地名等に分類し、中巻は文字、下巻にト辞例・礼制・ト法を説く。王国維《おうこくい》の後序に、甲骨学と文字学との関係を論じていう。

我が朝の學術、前代に超絶する所以の者は、小學のみ。順（治）・康（熙）の閒、崑山の顧亭林（炎武）先生、實に始めて說文音韻の學を爲《をさ》む。說文の學は、金壇の段氏（玉裁）に至りて、其の奧を洞《ふか》くす。古韻の學は江（聲）戴（震）諸氏を經《へ》、曲阜の孔氏（廣森）高郵の王氏（念孫・引之）、而して其の微を盡くせるは、而《すなは》ち王氏父子と棲霞の郝氏（懿行）、復た之を運用す。是に於て訓詁の學大いに明らかなり。……古文の學、乾（隆）嘉（慶）の際に萌芽す。其の時、大師宿儒、或いは殂謝し、或いは篤老なり。未だ斯業に從事するに遑あらず、儀徵（阮元）の一書、亦た第《ただ》宋人を祖述し、略《ほぼ》銓次を加ふるのみ。……近ごろ惟《た》だ瑞安の孫氏（詒讓）、頗る矩矱《くかく》（規範）を守り、吳縣の吳氏（大澂）、獨り縣解を具す。顧《おも》ふに未だ條例を創通し、奧窔《あうえう》（深奧の義）を開發すること段君（玉裁）の說文に於ける、戴（震）段（玉裁）王（念孫・引之）郝（懿行）諸君の聲音訓詁に於けるが如き者有らず。余嘗て恨む、段君の文字に邃《ふか》きを以て、多く古文を見るに及ばず、吳君の才識を以て、段君よりも後ならずして、一官に累せられ、段君の優游壽考なるが如きを獲て、以て其の學を竟《を》へずして、遂に我が朝の古文の學をして、訓詁・說文・古韻の三者と、方《あまね》く駕することと能はざりしを。豈に惜しからずや。

竊《ひそ》かに謂《おも》ふに我が朝三百年の小學は、之を開く者は顧（炎武）先生、而して之を成す者は先生（羅振玉）なり。

この序は、王氏が顧寵を受けた羅氏のために、その学を顧氏に並べて推輓につとめたものであるが、とにかくこの新しい資料の出現が、説文学の方向を改めさせるほどのものであったことは疑ない。いまその字説数例をあげておく。

不　花の不の形に象る。花の不を不の本誼と爲す。許君（「説文」）訓じて、「鳥飛んで下り來らず」と爲すのは、其の旨を失ふ。

彝　「説文解字」に、彝、宗廟の常器なり。糸に從ふ。糸は綦《き》なり。廾は持す、米は器中の實なり。彑《けい》聲。古文彝、二形。卜辭中の彝字は、兩手もて雞を持するに象る。古金文と同じ。其の誼は則ち知るべからず。

族　㫃《えん》に從ひ、矢に從ふ。軍旅の下は、矢の集まる所なり。

若　「説文解字」に、「若は菜を擇《えら》ぶなり」と。又、「諾は譍《こた》ふるなり。言に從ひ、若聲」と。按ずるに卜辭の諸若の字、人の手を擧げて跽足するに象る。乃ち諾する時の巽順《そんじゅん》の狀に象る。古、諾と若とは一字と爲す。故に若の字は訓して順と爲す。古金文の若の字、此と略同じ。「菜を擇ぶ」の誼は、其の朔《はじめ》に非ず。

曰　「説文解字」に、「曰は詞なり。口に從ひ、乙聲。亦た、口气の出づるに象るなり」と。卜辭は一に從ひて、乙に作らず。散盤にも亦た曰に作る。晩周の禮器には、乃ち口より气を出だすの形に象る者有り。

族  若 

曰 

各 「説文解字」に、「各ゝ辭を異にするなり。口夊に從ふ。夊《すい》なる者は、行くこと有りて之を止め、相聽かざるなり」と。按ずるに各は夊に從ふ。足形の外より至るに象る。口に從ふは、自ら名いふなり。此を來格（きたる）の本字と爲す。

これらの字説は、説文に比して字形の把握が正しいことはいうまでもないが、その形象の意味するところがなお十分に理解されていない。族が矢に従うのは矢誓の意で、族盟をなす者の意であり、若は斂手跪足の形であるが巫女のエクスタシーの状態を示す。神託を伝えるときの状であるから若曰・若順の義となる。若・各の𠙵《さい》を口耳の口と解してはその初義を識りがたく、𠙵は祝告の器で、各は祝告に対して神霊の来格するをいい、その神霊を客という。羅釈は告・名・商・如などについては殆んど何らの説解も加えていないが、みな𠙵に従う意味に通じないからである。ゆえに曰《えつ》を口気を以て解するが、その字形を晩周のものとする。曰は𠙵中の載書の意で、これを啓開するを曰という。字形の解釈には、その従うところの字の全体についてこれを統貫するものがなくてはならず、その形象の意味を理解するには、当時の人がその形象に寄せた心意を察しなくてはならない。羅氏にみられるそのような欠陥は、その後の卜辞・金文の研究者に共通してみられるところであり、字の初形が知られても、その解釈学の方法が自覚されなくては、真の理解には達しがたいのである。

卜辞・金文の考釈は、そののち清朝の説文学を凌ぐほどの多くの研究書や論考を生んだ。著録の考釈には郭沫若《かくまつじゃく》の『卜辞通纂』（一九三三年刊）、『殷契粋編』（一九三七年刊）のほか諸論著、孫海波《そんかいは》の『甲骨文録』（一九三八年刊）、唐蘭の『天壌閣甲骨文存』（一九三九年刊）があり、孫・唐には何れも文字学の専著がある。諸説を会聚してまた考説を試みるものに葉《しょう》玉森の『殷虚書契前編集釈』（一九三三年刊）、呉其昌の『殷虚書契解詁』（一九三四年刊）、池田末利氏の『殷虚書契後編釈文稿』（一九六四年刊）があり、小屯甲乙編には屈万里、張秉権《へいけん》両氏の考釈、また『京都大学人文科学研究所蔵甲骨文字』には伊藤道治氏の『考釈』（一九六〇年刊）があり、のち索引も加えられた。貞人別の集説を試みた饒宗頤氏の『殷代貞卜人物通考』（一九五九年刊）も字説に富み、楊樹達の諸書にも多くの論考がある。他にも字説を試みるもの多く、またいよいよ精微を加えてきている。それらの主要なものについては、李孝定《りこうてい》の『甲骨文字集釈』（『中央研究院歴史語言研究所専刊』五十、一九六五年刊）に集録されており、最も便利である。専門の雑誌として、『中国文字』が台北でなお続刊されている。その文字を彙集するものに『甲骨文編』（中華書局、一九六五年刊）、『続甲骨文編』（金祥恒編、民国四十

父

帝

王

七年刊）があり、各種の字様を悉く採録している。

金文の考釈には方濬益・劉心源ののち王国維の「観堂集林」に多く考釈を収め、郭沫若氏には「両周金文辞大系考釈」をはじめ金文の研究書数種、字説としては楊樹達の「積微《せきび》居《きょ》金文説」（一九五二年刊）に文字学的にすぐれた研究がある。小稿の「金文通釈」（「白鶴美術館誌」、既刊四十輯）はなお未完であるが、字説に及ぶところもある。金文の字説を彙集したものはなお作られていないが、周法高氏がその準備を進めているということである。字形を集録するものに容庚《ようこう》氏の「金文編」（一九二五年刊）があり、いま行なわれているものはその三訂版である。卜文の字形は線刻であるため、ときにその初形初意を知りがたいものもあるが、金文には肥瘠点撥も自由であるから、字の立意を確かめうる。羅氏は父を矩をもつ象としたが、金文の字形では斧をもつ形であり、後出の資料では戉下に又を加えている字形がある。帝が花蔕の象形でなく、王が戉頭の象であることなども、金文の字形をみれば疑う余地がない。およそ字形上の問題は、甲骨金文の資料によって検討すれば、ほぼその形象の示すところを知りうるのである。

二、新しい文字学の体系

甲骨金文学の展開に伴って、従来小学・説文学とよばれていた文字学に新しい領域が開拓され、説文学の方法を超えた文字学の組織が要求されるようになった。文字学の理論的な体系、また文字がすぐれて文化的な所産であるため、これを文化史的な事実として把えることが必要とされるに至ったからである。

これよりさき、中国革命後の新しい教育、殊に大学における教科として、西洋の学術の方法を以て旧来の学術を再組織する試みが各方面に進められ、文字学の分野においても、体系的な記述をもつものが生まれる。その先蹤をなすものは劉師培《りゅうしばい》（一八八四〜一九一九）の中国文学教科書第一冊（文字篇）であろう。劉師培は、春秋学者として著名な劉文淇を曾祖父にもつ人で、その家学を承けて若くして俊才の名を馳せ、『左盦集《さあんしゅう》』八巻に収める国学の諸論文は、廿六歳以前の発表にかかるものという。劉氏の文字篇は

先づ小學の大綱を明らかにし、次に字類を分析し、次に句法・章法・篇法を討論し、次に古今の文體を總論し、次に文を選ぶ。

という大きな構想のもので、文字を文法・文学の基本におく考えであった。文字はすでに経

学の具とはされていないのである。劉氏は早年にしてはげしい思想活動に身を投じたが、のち蔡元培に招かれて北京大学教授となり、その年十一月、三十六歳の若さで病没した。著書は数十種に及んでいる。このとき甲骨金文学は先駆的な孫・羅の書が漸く出たのみであり、また劉氏は日本亡命中に章炳麟《しょうへいりん》と親交があってその影響を受け、その文字学は清代説文学と、王・郝の声韻訓詁の学を、教科書風に三十六課に編したものである。巻末に「銭玄同疑古校」としるしている。

ついで顧実の「中国文字学」（東南大学叢書之一、一九三〇年刊）、容庚の「中国文字学形篇義篇」（燕京大学研究所、一九三二、三年刊）、また丁山の「中国文字通論」（刊年不明）が出ている。容・丁二氏は何れも甲骨金文を修めた人であるが、その初期の著述である。古代の文字資料に依拠して、これを古代文字学の立場からとり扱ったものとしては、蔣善国の「中国文字之原始及其構造」（民国十九年刊）をあげるべきであろう。近東の古代文字や未開社会における原始文字との比較を通じて、中国における文字の成立と展開を論ずるその研究法は、中国の文字学としては全く新しい試みであった。その序にいう。

> 中國の文字學は、漢より今に至るまで、代ゝ著述有り。而れども皆許氏（「說文解字」）に囿（限定）せられ、未だ敢て遠く圖らず。文字創造の程序、及び其の變遷の淵源に對して、概ね未だ探索せず。字義をこれ明らかにすること、宜《うべ》なるかな、其の難きこと。

夫れ文字の興るは、突創に關するに非ず。其の始めや、蓋し無數の變形を經歴し、群衆の逐漸創造に由り、始めて今日の所謂文字なる者を形成す。上古は悠遠にして、史は徴するに足らず。中國の古物、發見夥《おほ》しと雖も、而れども三代以上、先民文字の芻形を求むるも、尚ほ得べからず。是れ旁《あまね》く西歐の發掘する所の原始人類の創造を求むるに非ずんば、以て中國文字創造の歴程を知る無し。

文字の本身に至りては、篆よりして隷、隷よりして楷にして行草、字形屢ゝ更《かは》り、聲音疊《かさ》ねて變ず。僅かに許書（『説文』）に求むるも、字義明らかにし難し。是れ則ち當に之を金石・甲骨の諸文に考へ、以て其の最初の組成を明らかにすべし。

清季以來、金石甲骨の文に對し、專著多しと雖も、而れども之に本づきて以て一の統系有るの文字學を成す者、今に迄《いた》るも尚ほ邈《ばく》として其の人無し。今特《ひと》り遠く歐土の原始人類の迹を參《かんが》へ、以て中國の未だ文字有らざる以前、文字を創造するの歴程を探り、博く近代に發見する所の古物を考へ、以て中國文字本身の構造を求め、斯の篇を草創す。愚誣を是れ懼るるも、補苴匡正は、尚はくは來哲に望まん。

その書は西洋における人類学・社会史学者たちの、言語・文字の発展に関する研究書を多く参考し、許叙にいう文字の成立展開のあとを、そのような古代文字学の立場から実証しようとしたものである。文字以前の方法として、標識によるものに結縄・質契の例があり、河図《かと》洛書・八卦に新しい解釈を加えている。また絵画的手法のものとして、アメリカ・インディアンの絵文字資料を豊富に用いている。これらの古代的象形を甲骨金文と比較しながらその類似性を指摘し、字形を説く。その論述中に引く甲骨金文は、殆ど高田忠周の「古籒篇《こちゅう》」により、文字史の記述中にも特にその書をあげて、「尤も東土の古籒研究を集めて大成する者と爲す」と称している。また林泰輔・富岡謙蔵の甲骨に関する論文をあげ、「遂に中日の學者、甲骨を研究するの興趣を引き起す」（上、七十四葉）ともいう。劉・顧・蔣のこれらの書は、当時のわが国の学術に触発されるところがあったとみられる。

　下冊において六書を説く。指事については、その字数が「説文」において百廿六、「六書略」に百七字のように甚だ少いのは、抽象的な表示であるため定形がなく、符号的な表示法に限界があるためとし、亦・母・天・叉・立・旦をその例とし、音は「言の一を含むに従ふ」、辛は干上に従うてまた指事であるという。これらの字形解釈にはなお問題があり、象形・会意との区画も必ずしも明確でない。このことは従って象形・会意にもいいうることで、尗《しゅく》を金文の字形によりながら「一は地に象り、上出するを莖葉と爲し、下なるを根と爲す」、また「噩《がく》を花蕚の蕚の本字と爲す」とするなど、「古籒篇」の説をそのまま録している。その六書説は文字の初形初義を窮めた上で構成されたものでなく、従来の説文学を、古代文字学的方法で再組織しようとしたものに過ぎない。その転注説は高田忠周の転注仮借説を長文のまま引用し、「蓋し轉注なる者は、二字或いは數字の意を會し、或いは二字或いは數字と爲す。其の義或いは相同じく、或いは相反す」というのは互体説をとるものであり、仮借についでは章炳麟の転注仮借説に依拠している。

蔣氏のこの書は、古代文字学と説文学との結合を意図したものであるが、甲骨金文の研究が必ずしも十分でなく、漢字についての論述は、従来の説文学の範囲を多く出ることなくして終っている。蔣氏はのちまた三十年にして［漢字形体学］（一九五九年刊）を書いている。その内容提要に、歴史唯物主義の立場から漢字形体の演変を論じ、隷変を転折点として古代文字と隷楷以後の字体の変遷の過程を追迹し、漢字改革の資料とする意図であるという。また末章に簡体字の一項を設け、簡体字の歴史を略述し、簡化の理論的根拠に及んでいる。

三、説文学からの脱却

文字学的な方法の反省は、当然のことながら甲骨金文の研究者の間にも起った。唐蘭は［天壤閣甲骨文存］を編する以前にすでに［殷虚文字記］（一九三四年刊）、［古文字学導論］（一九三五年刊）を書き、その文字学研究の方向を示した。［殷虚文字記］はその序に
攷據の術は、多きを貪り異を衒《ほこ》ることを貴ばず、眞確なるを貴ぶ。得る所苟くも眞確な

らば、極めて微砕なりと雖も、久しきを積みて自ら必ず貫通せん。眞ならず確ならずして、但だ新異を求めば、多しと雖も奚《なに》を以てか爲さん。

という主張のもとに、甲骨文中の若干の字について徹底的な解明を期したもので、屯・翌・雪・帚・厚・希・夒・中・良・保・朝・嬉・莫・南・角・艮・丁の諸字を詳論する。

余、古文字の學を治むること、民國八年に始まる。最も孫君仲容（詒讓）の術に服膺す。凡そ一字を釋するに、必ず其の偏旁を析《わか》ち、其の歴史を稽《かんが》へ、其の眞を得ることを務む。

というように、その字形の考察は詳密を極めている。たとえば南について、卜辭にみえる字形を彙集してその用例を錄し、

右青、亦た卽ち南の字なり。孫詒讓、南と釋し、學者之に從ふ。而れども其の本《もと》青字爲るを知らざるなり。卜辭に據るに、方向の南、本《もと》正字無し。青を借りて之を爲す。後世、形聲倶に變じ、遂に岐れて二字と爲れるのみ。

という。卜辞に三南・五南・八南というものは瑴の仮借、郭氏が南を鐘鏞の類の楽器とする説を非とし、青は瓦製の楽器であるという。しかし三南五南は他の人牲獣牲と並挙されることと多く、南人を人牲とするものである。南人の名は、銅鼓形の南任を宝器とする南人を、その器名を以て名づけたものである。嬉《こ》は孫詒讓が嬉と釈するのを「其の說、甚だ是なり」とし、羅説に僕豎の豎、郭釈に壴を鼓とし、

壴の旁に人有り、跽きて之を戍守するに象る。乃ち象形の文にして、形聲の字に非ず。とする両説を卻けて

但《た》だ一己の理想に憑り、以て古代の文字を決定す。實に最も危険の方法なり。

という。唐氏は、卜文に壴・莫に従うものを嬉《こ》と声義同じとし、何れも艱難の意とする。壴形に従う卜文を論ずること十九葉に及ぶ長篇であるが、嬉・莫の形象が何を意味するかについてはついに説くところがない。嬉は来嬉と連言すること多く、外方の侵寇をいう。嬉は鼓声を司る巫女を示し、その巫は軍に従う媚女である。これを斬殺して軍の呪力を失わせることを莪という。莫は暵に臨んで、祝告を奉じた巫女を犠牲として雨を祈る字。下に火を加えて焚巫の意を示す。嬉の字形は郭釈がよく、莫系の字はみな饑饉焚巫の俗によって説くことができる。唐氏の字説は、字形を捜羅し、用義例によって説くという正しい方法をとりながらも、文字をその成立の基盤において考えるという視点を欠く。また南を南音とするなど比附の説多く、そのためしばしば細砕の論に終始することがある。

その翌年、唐氏は［古文字学導論］一冊を出し、長文の自序を付してその意図を述べている。その書は唐氏古文字学七書の第一で、はじめ［説文注］四巻を稿し、のち甲骨金文を治めること十余年にして、名始を作ったが成功せず、その体例を以てこの導論を書き、最終的には説文解字箋正によって説文の得失を論ずる考えであるという。唐氏七書とは顧氏の音学

古 ◉ 

五書に対する名であるというから、その壮志をみるに足る。「殷虚文字記」は殷虚文字研究の第一記で、続稿は十記まであるというが未完である。

　唐氏はまた、呉・孫・羅・王ののち甲文の学に大きな進展がないのは、郭沫若の語に「昔人に一字の師有り、今人に一語の敵有り」というように、学問に対する誠実さが欠け、真理探求の態度がないからであるという。上編に古文字学の範囲と歴史、文字の起源と演変を論じ、下編に古文字研究の目的と方法とを述べる。その書は古代文字研究の方法を専論するもので、字形の変遷と偏旁の分析とによって字形の初義を得ようとするが、その適用は必ずしも十分でない。たとえば卜文金文の古を

　我以為《おも》へらく、是れ古字の原始型式、中は即ち毌の字。此れに由りて、古字は本《もと》是れ口に従ひ、毌聲なることを知るべし。

と形声を以て解するが、この構造の字を形声と解するのは、古代の造字法に対する的確な理解をもつものとはしがたい。唐氏は𠙵を林義光の文源と同じく盛物の器（上、四十六葉）とするが、𠙵は祝告、古は咸・吉・吾等と同じく載書を固閉する意を示す象である。唐氏の方法は、字の基本形の理解に関する方法を論究しながらも、その解釈は概ね形式的な整理にと

どまり、形象の示す真の意味に迫りえていない。それには、民俗学・宗教民族学・神話学など、当時の生活と習俗・信仰、思惟と認識の方法が、文字構造の上にどのように表現されているかを見なければならないが、そのような方法論的自覚を以て古代文字を論ずるものは、ついにあらわれなかった。ただこれよりさき、劉師培の「左盦外集」巻六に「論小学与社会学之関係三十三則」があり、社会進化史観に本づく字説を述べ、また「九朝律考」の著者程樹徳の「説文稽古篇」二巻（一九三〇年刊）は片々たる小冊子であるが、古代社会の生活習慣と文字構造に関する問題を条抄し、古代文字学の一つの方向を示唆している。

唐蘭氏はまた近年に至って「中国文字学」（一九六三年刊、香港）を著わし、前論において漢字を世界の他の文字体系と比較してそこに問題の出発点を求め、以下文字の発生・構成・演化・変革の各項に分って論じ、いわゆる新文字の問題にふれている。新文字については、すでに「古文字学導論」においても新形声字の提案を試みているが、この書においてまた改めてその主張を掲げている。この真摯な古代文字の探求者は、また漢字の伝統をどのように現代化するかという問題意識のもとに、文字学の問題を考えていたのであろう。

孫海波もまた甲骨金文の専家で、早く「甲骨文編」（一九三四年刊）、「古文声系」（一九三五年刊）など字書形式のものを編纂しており、特に「古文声系」は甲骨金文を並挙し、韻別に条系し、これに諸家の字説や自己の解釈を加えたもので、于省吾《うせいご》・劉盼遂《りゆうふんすい》・唐蘭の序と聞宥の書、また長文の自序と凡例を付し、成書の目的をいう。凡例中に陽声十、陰声十二の対転表を出して声転の考察に便するなど、形と声とを以て古文字を解する用意に備えている。ただ字説は多く説文により、甲骨金文による知見をときに附記する程度である。「王、王者の容を肅《つつし》みて立つの形に象る」「皇、王者の冕を箸くるの形に象る」など、自説として述べられているものも、徐中舒の士王皇三字探源や葉玉森の説に本づくものがあり、孫氏の創説ではない。

孫氏はまたわが国の文求堂から「中国文字学」（一九四一年刊）を出版している。上編に敍論、中編に文字の発生と演変、下編に六書の起源と演進、その例字をあげて字解を施し、卜文・金文を以て字形を説く。王を会意に属して人立形説を加えており、皇字はみえない。民を縛足屈服の象とする容庚説、哭には「舎弟晉福謂ふ。戾の省に従ふ。古、淚字無し。戾を借りて之を爲すと。疑ふらくは是なるに近し」、方に葉玉森の架兵説、徐中舒の象耒説など諸家の説を引くことが多いが、我を頓戈の象とし、文を文身と解するなど、一応新穎の説をも試みている。

「説文解字六書《りくしょ》疏証」（一九五七年刊）を著わした馬《ば》叙倫《じょりん》に「馬敍倫学術論文集」があり、中に「中国文字之原流与研究方法之新傾向」「研究中国古代史的必須瞭解中国文字」の二篇があり、前者は「旧稿」（一九二六年刊）に属するものであるが本書の大部分を占める長篇で、図象文字によって文字の原始を論じ、字形の変遷をいう。また過去の研究を検討して将来の方向を求めようとしている。馬氏は主として音義説により、従来の研究に至らざるところ多しとして自説を示しているが、疑問とすべきものが多い。いま獣字の一条を録しておく。

獸の字、説文には「守備する者、嘼に従ひ犬に従ふ」と説ふ。這《こ》れ本是れ許愼の原文ならず。獸は是れ犬に従ひ嘼聲。嘼は是れ車字の別外一種の寫《か》く法（我に證明有り、疏證のうちに在り）、古代の車字の聲音は、舍字と一様なり。その發音は審紐（§）に在り。この以《ゆえ》に獸字の發音もまた審紐に在り。

羅振玉説ふ。古者、田狩を以て戰陣を習ふ。故に戰の省に従ふ。其の實は、戰の字もまた單よりして聲を得。單・嘼・車は是れ一個の字なり。且つ羅振玉嘗ていふ。戔は是れ戰の初字なり。故に、戰は是れ戔の轉注の字なり。

凡そ是れ轉注の字は、都《すべ》て是れ形聲なり。這《こ》れは是れ一個の鐵の規則にして、更に他《かれ》の説《い》ふ「戰の省に従ふ」の對《ただ》しからざるを證明すべし。會意字には、形聲に従ふの會意のもの、有ること沒《な》きがゆゑなり。また是れ鐵の規則なり。一九八頁

戔が戦の初文であるとしても単が声符とは限らず、獣（狩）字の場合も同様である。卜文・

獣

狩

嘼

金文の字形を以ていえば、それが羽飾などのある楯の形であることは明らかであり、そのゆえに獣狩・戦陣の字は嘼《きゆう》に従うのである。書中に論ずるところは、概ねその字形をえずして声義を以て説くもので、みだりに説文の原文を刪改して憚らぬことも「六書疏証」と同じ。馬氏のいう新傾向とは、卜文・金文による諸家の字説を不十分とし、音の対転旁転を以て字の声義を説くにあったようである。それで章炳麟の学についていては、その音義説を評価しながらも、章氏が字形に昧く、説文の誤を訂すのに敢為でなかったことを責めているが、馬氏の「六書疏証」のうちにどのような文字学が存しうるかを問うべきであろう。のち孫氏の学を承けた李永富に「古文字学導論」（一九五九年刊）があり、唐氏の書と同名であるが別の書である。古文字学の重要性を論じて、それによって説文を正しうること、古代社会制度を窺知しうること、及び語源研究の三者をあげている。小冊であるが、中国における近年の文字学の志向するところをみることができよう。

四、古代文字学の方法と目的

わが国における古代文字学は、大正以来、高田忠周の「古籀篇」、中島竦《しょう》の「書契淵源」のような大部な述作が出されたが、甲骨学の先駆者として活躍した林泰輔博士の研究はついに刊行をみず、民間には葛城・青井氏らが独学孤詣の探索をつづけていた。しかし東洋の古代史学、古代文化の研究が進むにつれて甲骨金文の資料の研究が要求され、また古文献の研究にも文字学の知識が必要とされることもあって、研究者の間には古代文字についての関心が高まりつつあった。加藤常賢博士の「支那古代家族制度研究」（一九四〇年刊）は、氏族制社会より古代家族制の成立する過程を社会史的に論じた声価の高い書であるが、その研究には文字学的方法が多く試みられている。たとえば古代廟制の基本とされる昭穆《しょうぼく》制についてもその方法がとられ、昭穆を紹繆の義として、二族間の連続する交換的結婚を意味する語であるという。昭穆を紹繆を以て解するのは毛際盛の「説文述誼」の説であるが、これを交換婚と解して昭穆の廟制を説こうとするものであった。しかしその考察は、未開社会のトーテム族などの間に顕著な事実として存する原始的な交換婚の形態を、そのまま中国古代の廟制の上に適用しようとするもので、そのような結婚形態の有無、またそれが直ちに廟制の基本でありうるかどうかに問題がある。昭穆制は左伝以後の文献にみえ、資料的には西周金文に、康王の宮を康宮とし、次の昭穆の宮を康昭宮・康穆宮と称することが知られているが、字は卲穆を用いる。他の歴代諸王の王号と同じく、特別の意味をもつ字ではない。廟制と交換婚とを結合するのは一の考えかたであるとしても、それを文字学の上から昭穆を紹繆と解することによって論じようとするのは、方法が異なる。卲・穆には本来その字の意味があり、卲は霊の降格を迎える意、穆は禾実の充実した象で、みな美号として用いたにすぎない。昭穆制は、むしろ康宮を大宗として昭穆を相配するという、周の廟制によって名をえたもので、そのような廟制の起原は別にその来由を求めるべきであろう。

加藤博士の研究には、この種の字説に本づくところが多い。のちその字説は「漢字ノ起原」と題して斯文会から油印で発行された。初号（昭和二十四年六月刊）以来、十九号（昭和四十三年二月刊）に至るまで約二十年にわたり、各号七十頁前後である。近年字書の形態に改編され、「漢字の起原」（昭和四十五年刊）として発行された。内容的には前者の方が専門的な記述であるから、それによって紹介する。

その字説は、形によって声を論じ、声によって義を説くという王・郝の訓詁学の方法を承けるものであるが、特に声を重んずる立場をとる。字形は孫氏の「甲骨文編」、容氏の「金文編」を主とし、同声の字によって声義を説く。たとえば臨第三冊が品に従うのは、品浜同声にして浜厓に臨む意であり、昜同は丂声に従うて昂揚の昂の声義をとるという類である。臨の従うところはト文・金文の品とは異なり、また仮借を以て会意字を作るという造字法はない。昜も形声の造字法でないが、さらに早を甲声にして丂声と近く、故に早と昜とは同意というのは、すでに字形異なるのみならず、音をも牽合していうもので、早は甲声に従う字ではない。

卜文・金文はその大部分が象形であり、その音は形声字に声符として用いられる関係などによって推測されるにとどまる。しかし形声字には後起のものが多く、その間に音の推移があることをも想定しなければならぬ。従って字の初文については、声によって字を説くのでなく、まず形によって字の意味するところを確かめなくてはならない。言第二は辛声にして辛心同声、ゆえに心の声であり、者第四の上部は古文の旅で旅は集、ゆえに者は燎薪を積集儲蔵する意とするなども、みな本来の字形による字説でない。それで書は者声にして箸、画は田に従うて田界という解が導かれるが、者・書は曰《えつ》に従うて祝告を蔵する儀礼に関し、画は画楯の象である。周は田でなく雕楯の象。凡そこの種の字説はその書に限りなくみられ、一々弁説しがたいが、いま数条を録しておく。

南　靑と丹の二字から成つて居つて單字ではない。靑は形を意味し丹は聲符で、靑は幬帳の象、丹は暖を意味する音符である。此兩字の意味を併せた南字は、帷幕内の溫暖の意である。第一

文　∧は弁の形と見、文は弁を冠むる爲に髪を包む冠卷きであると考へる。×形は布目をあらはしたことになる。彥は着冠の状の美しさを表はし、顏は冠をかむつた額の美しい

貌の意であらふ。第五

澧　金文における澧字の使用例をみると、一字として法字の後世の意味である法制の意味に使はれてゐないのは注意しなければならぬ。去を聲符とみることができるが、法字は水を流れ去らぬやうに圍む意である。堤防に圍まれた水は正しく水平である。去の音についていへば、水を拒ぎ止める所から來てゐる。何となれば水を拒ぐものは堤防に外ならぬからである。方と法とは一聲の轉である。第九

休　人に從ひ、木上曲の聲の形聲字である。木の原音は柔である。柔の聲の表はす意味は住、卽ち止駐の意である。從つて休字の意は人の駐止する意である。駐は木の近音であり、止は木の轉音である。第一三

媚　爾雅釋訓をみると籧篨戚施とともに「夸毗は體柔なり」の說明がある。眉音の表はす意味は嫵媚であり夸毗で、身體を勾曲させる意である。わが國語の「こびる」の語は、夸毗・嫵媚であることがわかる。第一五

舍　形聲字である。この音の表はす意味は舒緩、史記律書に「舍なる者は舒氣なり」とあるから、ゆるやかな呼吸の意である。それから一宿を舍といふ。第一九

文以外をみな形声字とする。字を声義を主として解するその方法をみることができよう。各字については、本書の各条を参照されたい。文の字說はのち改稿第一二されたが、「襟の交叉

した中に心臓が書かれているのである。契文において、さらにその内に×の形があるのは、外衣の襟の交叉するのみならず、下着の衣の襟をも交叉する意と見てまちがいない」とするが、その説では彦・産・顔の字形を説くことはできない。声義を以て展転するその字説は、後年いよいよ奇僻に赴いて収拾しがたいものとなり、周・孔などの諸聖人をはじめ、巫祝の徒をみな小人戚施を以て解するという結果となった（王若曰考、二松学舎創立八十周年記念論集又、仁人与善人、集刊外篇第四種、一九六〇年刊）。その方法からおのずから導かれたものであるとしても、殆んど文字学の体系を失ったものである。

文字学が、語原的な興味を追求することは、その正道ではない。声近義近という清儒の説は一応の適用性をもつとしても、それは正しい字形解釈を前提としてのことである。また対転旁転を以て字を牽聯してゆく方法は、すでに章炳麟の［文始］・［小学答問］において試みられていることであるが、この古代文字否定論者は、古文字資料による字形解釈を無視してはばからなかった。しかし甲文・金文を用いたとしても、その字形解釈に十分な客観性がなくては、結果は同じことである。その方法をより大規模に試みたものに、藤堂明保博士の［漢字語源辞典］（昭和四十年刊）がある。

藤堂氏は中国音韻学の研究者であるが、「字形はあくまで影法師」「研究は字づらの表をなでるだけに止ってはならず、常にその字で表記されたことば自体まで肉迫する」必要がある

灋（法）◎　乏◎

という。たとえば灋（法）は、上鹿下馬、四不像獣とよばれる奇獣を、逃亡を防ぐために宮中の園池に飼い、周囲に水をめぐらし、「水はその園池を表わし、去を含むのは卻と同じで、中におしこめて出られない意味を表わしたものである」（五八頁）という。以上は字形の解説であるが、それだけでは法ということばの意味は知られないとし、これと同系である乏は正の逆形で、進めない、身動きのとれない意味を表わしたものである。その対転に当たる貶はおさえる、減損するという意味である。してみると、法もまた外へ出られぬようにおしこめる意味であると考えてよいという。これがその論証である。灋が古代の神判形式を示す字であり、乏が窆の示すように屍体の象であることは、新義のそれぞれの条に述べておいた。音を以ていえば灋は廃に近く、金文ではその字を廃の意味に用いているのである。

藤堂氏は声近の字を集めて語群を作り、単語家族と名づけ、その基本義を定め、そこから字形字義を説く方法をとる。一種の語源説である。そして二百廿三家族を設定して、語源的な帰納を試みている。士・事・史一三群を「立つ、立てる」、草・造・曹・遭・宋四五群を「よせ集め、ぞんざいさ」、古・固・各・行・亢・岡・京・庚一〇一群を「かたい、まっすぐ」、方・丙・竝・彭一一六群を「パンと両方に張り出る」、微・尾・未・眉・美・没・勿・門・文

・民一九二群を「小さい、よく見えない、微妙な」、入・内・壬・男・南二〇七群を「中に入れこむ」という類である。そしてその基本義よりして字形を説いている。声類を以てまとめるならば、たとえば通仮の字などによって、なお適当な群の構成が可能と思われるが、字形解釈をも含めて、その群構成が考えられているのであろう。

士・事・史　士は男の性器の立つ形を示す象形文字。事は旗印を立てる意。物を地中に挿すをいい、士と同系である。史は又手もて中を持つ会意。中とは竹筒に入れた竹札、また旗印である。竹札に記録を記して所定の位置に収める。一〇四頁

造・曹・宋　造は告声。草卒に外出する。そそくさと行くなどの意。またさっと寄せ集めて急造する意に用いる。曹、この字の上部は東の字を二つ書き、物を二つ並べたことを示す。並んでいるものやよせ集めたものを曹という。宋、殷の遺民をザッと寄せ集めて作らせた国の名である。二一八頁

古・各・京　古は固く枯れた頭蓋骨の象形。故と古とはともに死人の意に用いる。各、足を引きずって固い物につかえること。客は足がひとところに引っかかって止まる意を含む。京、高の略体に従う。元来高の字の上部は、たかい楼閣を象っている。してみると京の字も、丘の上に楼閣を築いた形と考えてよい。三八五頁

方・丙・彭　方、儀礼大射儀に左右を方という。これが最も原義に近い。放の原義は四方

に発散させること。丙、爾雅釈魚の魚尾これを丙というとあるのは、注目すべきであろう。丙の字は魚の尾の象形だと考えてよいくらいである。彭、説文の解説によると、パンパンという太鼓の音の擬声語のように思われる。太鼓の皮がふくれることと解してもよい。放と同系のことばに属する公算が大きい。四四四頁

微・媚・文・民　敚、左側は細い髪の毛、または糸はじである。微、微行することを示す字だが、広く微細で見えにくい意に用いる。媚、娓と同じ。また美とも近い。細くこまやかなこと、コビルと訓しているのは、女性が微妙な所作をする意である。文、紋の原字と考えた方がよかろう。物の対転に当る。民、春秋繁露に民とは瞑なりというのが正しい。メクラの意から無知な人々の意となる。七三二頁

壬・男・南　壬、爾雅釈詁に壬とは大なりとある。中にたっぷり入れこんでふくれる意。男は甲骨文以来、田と力の会意文字で書き表わされている。しかし男ということばは、全く別の観点から解説されねばなるまい。単語の系列からいえば、男は納や入の対転に当る。してみると、男とは入りこむ者、すなわち入り婿の意と考えねばなるまい。中国の社会はなお母系制度を保っており、男は外から家庭に入りこんで来て、労働力を提供する者であったわけである。南、植物の芽生えを示す中印と、それを両側からおおう囲いの姿とを含んでいる。今日でいう霜よけ、保温のさまを示すと考えてよい。霜よけは

みなみに作るので、のち南は方角の名となった。なお南の字形全体を納屋の象形とみてもよい。喃とは口ごもることをいう。八〇四頁

以上、一字として首肯すべきものがない。一見してその稚拙さに驚かされるが、特に字形解釈における全くの無原則、またその無思想性を指摘すべきであろう。語群の構成は、主としてカールグレンの復原する古代音に本づいて類聚し、それに任意の基本義を与えて、そこから字形の解釈が行なわれている。研究の方法に、甚しい倒錯がみられる。しかしその傾向は、すでに「漢字ノ起原」にも顕著にみられるところであり、両者の文字学の方法に根本的な問題があるというほかない。語源の探求も、文字学の目的の一となしうることはもとよりであるが、それは学問的に最も困難な分野に属しており、その基礎条件が周到に用意された上で、はじめて試みらるべきものであろう。古代文字は三千年前の資料であるとしても、数万年もしくはさらに遥かなことばの歴史を、それによって追迹しうると考えるのは妄想に近いことである。

文字学の方法は、文字体系そのもののうちから発掘すべきであり、古代文字の形義の示すところを、謙虚によみとるのでなければならない。また古代文字が、その時期における人々の生活と思惟の文字的形象化であるとするならば、その最も高度の文化的形象である文字を、そのような場においてとらえる努力が必要である。古代史学的なあらゆる領域の方法を、そ

のために用意すべきであろう。私自身、そのような反省の上に立って、この二十数年来、古代文字を古代社会、古代文化の中でとらえる努力をつづけてきた。初期の論文である「卜辞の本質」（昭和二十三年、著作集第四巻、平成十二年）、「訓詁における思惟の形式について」（昭和二十三年、著作集第一巻、平成十一年）以来、私の探索してきたところのものは、この書において一応の結束を与えることになるが、その間に私の試みてきた方法とその目的とについて、簡単にふれておきたいと思う。

五、「甲骨金文学論叢」の方法について

文字は特定の条件のもとに成立する。そのゆえに古代の先進的な地域において、数種の文字体系が成立した。一定規模の政治的秩序の成立、それに伴う文化の進展、神殿・聖所における種々の儀礼と、その執行者としての聖職者階級の出現が、まず基本的な条件といえよう。未開社会に多くみられる絵文字の類が、文字体系の成立にまで発展しえなかったのは、これらの基本条件のいくつかを欠くゆえである。社会的儀礼や祭祀儀礼は、やがて種々の伝統を形成する。儀礼の中心的課題は、つねに宗教的なものであった。神とのかかわりにおいて、それは神聖とされ、絶対とされた。神との交渉は、はじめ主としてことばを以て行なわれた

が、伝統の形成はまた秩序維持の原理でもあった。神との関係、また神を媒介とする秩序を定着させ、永続させるために、文字が要求される。こうして、最初に成立した文字は、神聖文字であった。単なる記録や伝達のためのみならば、結縄や絵文字で足ることである。

このことは、中国の古代文字が、はじめ貞卜と関聯して、卜辞において成立してきた事情を説明するものといえよう。貞卜は神に問う行為であるが、卜兆を得ることだけが目的ならば、文字を必要としないのである。しかし貞卜は、単に神意を問うことに終るものではない。貞卜は卜者たる王の意志が、神に同意されることを要求する。そして神の示した判断は、将来に向って維持され、実現されることが要求される。卜問の辞を刻し、王の占繇《せんよう》の辞をしる

殷虚書契菁華、墨本三、卜旬王の繇辞と験辞とがある。［説文新義］巻一巻頭に解説がある。

し、事後の検証の辞までも添える卜辞の形式（前頁図）は、それを刻することがそのような目的を含み、かつ最高の聖職者として占繇する王の権威を保証するものであった。安陽期以前には殆んど刻辞のみられない貞卜が、安陽期に入ってこの種の刻辞をもつに至るのは、殷王朝の支配が政治的社会的にも完成するとともに、その宗教的支配の完成をも意味するのである。文字は単なる記録の方法ではなく、ことばのもつすぐれた呪能を、そこに定着し永続させる目的のものであった。

　このような文字は、おそらく当時の儀礼執行者であった聖職者たちによって作られたものであろう。文字の創作者たちは、その関与する儀礼についての文字を、その儀礼の形式や意味をも含めて、形象化することに努めたと思われる。たとえば身分的な表示にしても、王や士はその儀器としての聖なる兵器を以て、尹・君などの聖職者は神の憑り代としての木杖をもつものとして示される。家父長は斧をもつ形を以てその指揮権を、夫妻は婚礼の盛装の姿でかかれ、兄は家祀を守る祝告の捧持者として示される。それらは何れも、高度の抽象化された表現をもつ。文字成立の条件として、このような高度の抽象化の能力をも加えなくてはならない。アズテックの文字がついに文字として機能しえなかったのは、この抽象能力を欠くゆえであった。その抽象力が、形象的には表現しがたい観念的なものの表示法、たとえば文字の表音化への道をも開くのである。中国でいえばそれは仮借字である。また形態の抽象化が形のもつ具体性を捨象して字を表音化する。この両方面から、漢字における文字構成が可能となる。仮借的方法の発見は、文字成立の秘密を解く鍵である。

　文字に表現される儀礼の実際は、現実にかれらが執行しているものであり、単純な形象を以てしても、そこに相互の諒解が成立する。𠙵が祝告や盟誓の辞を蔵める器であること、が祭肉の象形であり、が神の陟降する神梯であることは、かれらの間では容易に理解されることであった。これを逆にいえば、かれらと同じ理解に達しない限り、古代文字の形象の理解は不可能であるということである。辛や余（把手のある針）は、針形の器であることが知られても、それらが呪的な目的に用いられる行為の意味を理解しなくては、その形に従う字の意象は把握しえない。辛は修祓のための文身の器であり、ときに刑具である。余も呪的な目的をもつ行為に用いられる。祝告の𠙵に辛をそえるのは、神に対する誓いである言を示す。余を道路や聖梯の前におくのも、除道のための儀礼で、途は単なる形声字ではない。およそ呪術や儀礼に用いられるものには、みな特定の意味内容が与えられているのである。

辛

余

言

これは器具のみではない。人の耳目も、神霊にかかわる行為の器官として重要である。特殊な目は、邪眼としておそれられた。見ることによって相手を支配することができ、また心の精爽なものは神の声をも聞きえたのである。望・臨・見・限などの特徴的にかかれている大きな眼、聖・聞などの耳、令・若・妖・如など神官や巫女が神託を求める象などは、みな象徴的な方法でその字形に残されている。

　このような事実を考えるとき、文字はどのように単純な形象を以て表現されていても、その表現は一定の約束の下に当時の生活を背景にもち、事実の意味を含むものであることが知られよう。単純化されているものほど、その約束は深いともいえる。その意味を知るためには、その約束にわれわれ自身が参加すること、すなわち古代の生活習慣を、民俗学的に可能な限り、把握する努力をしなければならない。しかし中国の場合、そのような民俗の遺存は殆んどない。ただ卜辞や金文のしるす事実のうちに、いくらかそれを追迹しうる資料があり、文献時代に入ってからの資料にも、なお利用しうるものがある。卜辞や金文の徹底的な研究が、まず何よりも古代文字研究の第一の要請である。そして民俗学的な方法を用意することが、次に必要であろう。中国に古い民俗の遺存が乏しいとしても、古代の生活習慣には、その古代的性格において諸民族に共通するところがあり、比較研究の対象として、特に風土的な条件においても近いわが国や、周辺諸民族に残されている豊富な民俗の遺存が、極めて有益である。そのうちの若干は、古い時代に大陸からそれらの地域に波及したものがあるかも知れない。そしてもし中国の古代文字が、その形象のうちにそれを証するものを存しているとすれば、それは古い時代における、この風土圏の生活者の親縁な関係を、証するものともなるであろう。私が中国の古代文化の研究に参加し、特に古代文字の解明に努力を試みているのは、ここに一つの目的をおいているのである。

私はかつて、その文字学的な試論数篇を、［甲骨金文学論叢］十冊に発表した。［釈史］（初集、昭和三十年三月）、［釈文］（同上）、［作冊考］（二集、昭和三十年五月）、［釈師］（三集、昭和三十年八月）、［載書関係字説］（四集、昭和三十一年十二月）、［媚蠱《びこ》関係字説］（七集、昭和三十三年五月）、［辠辜《ざいこ》関係字説］（八集、昭和三十三年八月）などがそれであり、他に［召方考］（二集）、［殷代雄族考］（五集〜八集、五篇）、［羌《きょう》族考］（九集、昭和三十三年十二月）などもそれぞれ関聯がある。これよりさき、甲骨学会の機関誌［甲骨学］に［釈南］（第三号、昭和二十九

年十月）、また［蔑《べつ》暦解］（第四・五合併号、昭和三十一年十月）を掲載した。さきに述べた古代文字研究についての方法を、これらの諸篇で実証することを試みたものである。

［釈文］は、文が身体装飾としての文身を示す字であること、そのような文身の風は太平洋圏に広く分布しており、中国の古代文字に文身関係の字が多くみられることは、当時の中国、少くとも最初の文字制作者の属していた種族が、その文化圏のうちにあるものであることを論じた。身体装飾としての文は、出生・成年・死喪などのそれぞれの加入式において行なわれることを通則とするが、産は出生儀礼、彦・顔は成年、文・爽・奭は死喪の際の文身と思われる。文身は産・彦・顔のように額に加えるもの、文・爽・爾のように胸に加えるものもあり、また祓邪のために胸に施すものを凶という。凶系の諸文はその意を承ける。刑罰として行なわれる入墨もまた、神威に対する贖罪を示すもので、その字は多く辛・聿に従う。女性の文身を示す爽・奭が、西周以後その用義を失うのは、貝の文化や潮汐を示す字と合わせて、それらの字が東夷系の種族である殷人の創始するものであることを示唆するものであ

ろう。中国の古代文字は、このような沿海文化を背景として成立する。

文字体系の成立には、殷族が内陸において接触した他種族の文化とも関聯するところがある。今も南任とよばれている銅鼓形の宝器を奉ずる南人は、苗系諸族の祖であると思われるが、南はその宝器とする楽器の象形であり、考古学的には殷の鐸・鉦と周の宝鐘との媒介的な役割をなすものであったと考えられる。また牧羊族である羌族は、おそらくチベット系の祖族と思われる辮髪族であり、羌はその字形にかかれている。かれらはかつて河南の西南部で苗族と相接し、その葛藤の記録として重黎《ちょうれい》の開闢《かいびゃく》説話、伯夷典刑の説話などの神話的伝承を残した。その文献化されたものが「書」の呂刑《りょけい》篇であるが、殷人は河南に進出するに当ってこの二族と接触し、これを異族犠牲として祭祀に用いている。異族犠牲は、春秋期においても東方の夷族の間に行なわれたものであった。卜辞中には羌・南を犠牲とする祭祀が多くしるされている。「釈南」「羌族考」は、文字学的な方法をも用いて、これら諸族の間における考古学的・神話学的な問題に及びながら、中国の民族・文化の成立、古代の諸種族の消長のあとを考えたものである。

このような諸族との抗争・対立を通じて、殷王朝が形成され、新しい政治秩序が成立する。

南

羌

史 ◉

事 ◉

◎

支配の形態は、最も古代的な宗教的な形式をとる。殷王朝の行なう祭祀の体系に従うということが、王朝への服従を意味した。たとえば召方は、河南の西部にあって東西の殷周両勢力の間に介在する古族であり、その向背は両勢力の消長にも関した。殷の武丁のとき、召方は西史召、すなわち殷の西方における祭祀権の代行者という称号を与えられ、殷の与国であった。しかしやがて周の勢力が強大となり、殷周の革命の際には周に加担して、皇天尹大保という最高の聖職者の地位についた。その代表者は、周公とともに周建国の元勲とされる召公奭《せき》である。成王崩じて康王が即位するとき、召公はその継体受霊の式を司会している。保とはその職をいう。このような経緯を論じたものが「召方考」である。

支配は祭祀の形式で行なわれ、王朝の祭祀がその支配地にまで拡大された。支配の実質は祭祀権の掌握にあった。祖霊に祝告する祭祀は、古く史とよばれた。史は祝告を示す𠙵を神桿に著けて、これを手に捧げる形である。神幣を捧げている形に近い。もと内祭として祖廟で行なわれたものであるが、同じ形式を領域の山川聖処の祭祀にも用い、遠く服属の諸族にも使者を派遣した。外に使するときには大きな神桿を用い、偃游をつけた。その字は事であり、卜辞に習見する「甾王事」とは「王の事を甾《おこな》（載）はんか」の意である。載の上部にある十形は𠙴の簡略形で、古い字形には𠙴を加えている。事とは祭りの使者であった。史・吏・事は一系の字を成している。特定の有力な氏族には、その祭祀権を代行させることがあり、さきに述べた西史召のほか、北御史衛の名も卜辞にみえている。

史祭の執行者は史とよばれた。祭政的形態がとられている古代の王朝にあって、史の地位は甚だ高く、その職能の推移は、古代における政治形態の変遷の歴史でもある。「釈史」においては、さきの祭祀形態に関する文字と合わせて、その政治史的な沿革にも及んでいる。朝廷の儀礼が盛行するに及んで、王の誥命をとり扱う作冊という官が起り、その長官は作冊尹・内史尹と称した。尹《いん》は神杖をもつ聖職者である。作冊はもと冊、すなわち犠牲の牢閑を司る管理者であったが、神に犠牲を報告する神官として祝詞を掌り、ついで王の冊命を司るものとして、高い地位を占めた。史と作冊とは、当時の聖職者を代表する。「作冊考」には、そのことを論じておいた。

殷の国家組織は、その王子を諸方に派遣して統治するという、古い封建的な形態をとる。そのことは「殷代雄族考」の諸篇に鄭・雀などの例をあげて説いた。宗教的なものが優位するという古代の王朝においても、その支配を確保するものは、やはり優勢な軍事力をもち、これを組織することである。王子の封建、通婚による親縁の方法もとられているが、王朝直属の三軍があり、これに所在の氏族軍が協力した。軍事を意味する師の初文は𠂤、軍礼に

官 

用いられる祭肉の形である。軍旅のときには社や廟に祀ってその𠂤を奉じてゆき、軍の駐屯地には聖処に、または神木を設けてその前に奠く。これを餗という。またその聖屋を官という。克捷ののちには歸脤の礼を行なう。歸字のうちにを含むのはそのためであり、帚は寝廟の意である。は従来小阜の象とされているが、卜文にその形に従うものは二十例に近く、一として小阜と関係あるものをみない。「説文」はその字を、その古音に近い堆の義で解したものであろう。史・作冊は祭祀に関し、師は軍事に関する。国の大事は祀と戎とにありといわれる古代の王朝にあっては、その二系の官制が大宗をなしている。系の諸字と師職の消長を考えることによって、古代国家の活動の大要をうかがうことができる。「釈師」にそのことを論じた。

軍事に多く呪的な行為を伴うことは、種族の存亡、死生の大事に関することでもあり、後世にも多くみられるところであるが、特に古代においては、戦争はその奉ずる神々の威霊の優劣によって決すると考えられ、そのため神威を鼓舞し、これに祝禱する呪的儀礼が多く行なわれた。卜辞にも多くその蹤迹がみられ、ときには三千人の巫女を動員して敵国に対して望という呪的行為を行なわせることすらあった。神威の代行者は巫女であり、鼓声が勝敗を決するというので、巫女が鼓を守った。外族の来寇を来媍という。その巫女を殺すことによって、敵の呪力を喪わせることができると考えられた。巫女は媚とよばれたが、敵軍を破るとまずその媚女を殺した。蔑がその字である。軍事的な旌表を蔑暦というのもその意である。そのことは［蔑暦解］に述べた。媚女はのちにも媚蠱として、種々の呪詛的行為に関聯しており、またそれを祓うために、多く犬牲による修祓が行なわれた。四門磔、墓域の犬牲も風蠱・埋蠱に対するもので、古代における呪術儀礼の一面を示している。そのことは［媚蠱関係字説］に論ずるところである。

これらはいずれも、卜辞の示す事実に本づいて、古代学的な種々の方法を用いながら、文字学の上に適用してその字説を求め、またその字説によって卜辞にいう事実を確かめるという方法をとったものであるが、卜文の字形解釈には、多く帰納的方法を用いた。すなわち𠙵・・が基本的に何の形象であるかということは、説文に依拠して説きうるものでなく、卜文の字例にその証を求めるべきである。たとえば𠙵に従う字形は卜文において百数十文に達するが、口耳の口と解しうるものはほとんどない。古代文字の研究においては、まず基本形の示す意味が何であるかを問わなければならない。すなわち当時の文字の使用者の間に存

媚

蔑

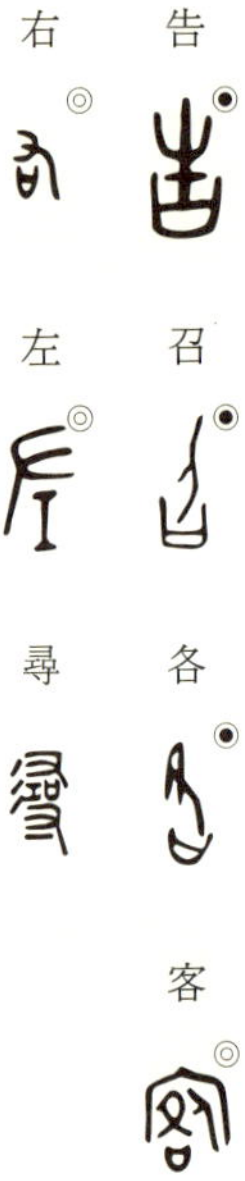

した基本的な諒解に、われわれも参加するのでなければならない。その関係を𠙵において論じたものが「載書関係字説」であり、辛において論じたものが「辠辛関係字説」である。

　古代文字は、古代の儀礼執行者たちが、その儀礼執行の目的を成就するために制作したものである。古代国家の活動が、これらの聖職者たちによって代表されているとすれば、古代文字の示す体系は、その聖職者たちの存在性格を、そのまま文字形象の上にも示しているとみるべきであろう。文字は単なる記号でなく、表現である。その表現の意味を把握することによって、その形象の系列的な理解が可能となる。たとえば𠙵を口耳の口と解する限り、𠙵系列のすべての字を解することは困難である。

　𠙵は祝告であり、載書である。それは史が、もと内祭の祝告を意味していることからも知られる。神との交通は、主として祝告の形式を以て行なわれた。告は木の枝を示す丫に祝告の𠙵を懸けた形である。祝告して霊の降下を求めるを召といい、上部は人の形、その降格するものを各という。廟中に招くものは客神である。𠙵を手に持つものは右、呪具としての工をもつものは左、左右とは神を求め神助を仰ぐ意である。左右をくみ合わせたものは尋、神の所在を尋ねる意の字である。

　祝告によって呪詛を行なうこともあり、その呪能を保つため、それを聖器で守ることがあった。古・吉は𠙵上に兵器をおく形で、固閉・詰塞の意である。五あるいはその重ねた器をおくものは吾で祝告を敔る意、咸も戉（鉞）を加えて封咸・咸終の意を示す。祝告に対してこのような方法がとられるのは、その祝告を有害として、これを損傷するものがあることをおそれるからである。舎・害は何れも辛器を以てこれを刺割する意を示す。祝告の書冊は、辛器によってその呪能を害しうるとされたのであろう。

　曰《えつ》は祝告が器中にあることを示す字である。獄訟などの際に行なう盟誓にも、それを用いた。曹の初文は両東に従うが、両東は周礼にいう当事者の提供する東矢鈞金の類で、それを東（橐）に入れて並べおく形である。盟誓に違背することがあれば、瀆神の罪を受ける意を以て、𠙵の上に辛を加えた。辛は入墨の具である。その字は言。神判において当事者が羊を

出すことは［墨子］明鬼にみえるが、その字が善である。曰・言に従う字は、起原的にはすべてその意を承けている。

⊔・曰・言は、これらのことによって知られるように、一系をなす字である。神に対する儀礼が祝告の形式を主とすることから、その関係の字は、古代文字の中でも最も脊梁的な一の系列をなしている。従ってそれらの字には、これをすべて統貫しうる解釈が与えられるのでなければならない。

これらの字が、加藤氏の［起原］においてどのように解されているかをみよう。「告四〇七頁、口に従い、上部は生の下部の一画を省いた。草木の柔弱な若芽、この字の場合、ただ声符」「召六〇七頁、口に従い、刀の声の形声字」「各一九〇頁、夊に従い口の声」「客一九一頁、宀に従い、各の声」「右八六頁、口に従い又の声」「尋五八一頁、左右に従い、彡の声。この音の表わす意味は伸ばすである」「古三三〇頁、模造頭形である」「吉五五九頁、二系あり、一は口と才（塞）の会意字で食物を口に入れる意。二は口に従い戉の声の形声字である」。すなわち古を象形、吉の一体を会意とするほか、すべて形声字とする。⊔をみな口耳の口と解しており、それぞれの字義の統貫をえがたい。このように基本に近い古代文字をすべて形声と解するのは、字形に対する理解のみならず、文字の成立事情についての不用意を示すものとみられる。右にあげた字には、左右のほかには声字を含むものがなく、左右も本来会意字とみるべきである。

次に藤堂氏の『語源辞典』の説をみよう。「吾四二七頁、五声。語の原字である」「咸八二四頁、朱駿声は喊の原字であり、口に含むことと解する。字形の由来は説明しがたいが、みなの意に用いるのは合の対転に当たり、多くの物を一つに含める意であろう」「舍三三九頁、口と余声の形声字とみるのが正しかろう。口印は特定の地点を示す記号で、舍とはある場所で身体を緩めてくつろぐこと、くつろぐ場所の意である。ゆるめるのが原義であるから、射と全く同義に用いる」「害五九九頁、字の上部は被せる物であり、スラリと進んで切れるを利といい、停滞して塞がり止まるを害という。傷害の意に用いるのは仮借的用法である」「曰六四六頁、口に従い、乙印は口気の出ずるに象る。会意。言は角ばって明瞭にものをいうこと、曰とは元来話と同系であろう」「曹二一八頁、字の上部は東の字を二つ書き、物を並べたことを示す。並んでいる者やよせ集めたものを曹という前出」「言五九四頁、形声。言とは角ある明瞭ないい方、語とは互いにことばをかわすことであり、直言を言といい、論難を語という説文は、その基本義をとらえがたい」「善五二八頁、羊と言の会意字である。羊は祥と同系のことばで、羊は食用にも祭の犠牲にも珍重された。もとは亶と同系で、ゆったりとゆとりのある意」という解釈である。吾・舍・言を形声、他を会意とするが、その会意字の説明は、貧弱にして無内容を極めている。以上二博士の説くところは、字形を論じては王筠・徐灝また林義光の文源に遥かに及ばず、声義を論じては楊樹達の諸書に譲ること数等である。殆んど章氏文始、馬氏疏証の荒誕に近い。私の字説については、［説文新義］の各条を参照されることを希望する。

古代文字の研究については、甲骨文・金文の資料が豊富に提供されている今では、まずその研究から出発しなければならない。また説文学の従来の成果についても、無視すべきではない。私は［説文新義］の字説において、多く先学の所説にも耳を傾け、その是非を考え、今日の知見を以てその訂すべきを訂し、ついで自説を提示する方法をとった。それは私の解釈のほかにも、他の視点からとらえられる可能性をも考慮して、これを紹介しておく義務を感じているからである。ただ右の両書については、終始殆んどふれるところがなかった。必要とされる研究者は、各自に検討される便宜もあると思うからである。しかしそこに、将来の課題に対する示唆を求めがたいことは、以上の例からも十分に理解されるであろう。

古代文字学の課題は、研究者の志向するところによって多様でありうるであろう。私としては、古代文字の示すその形象と構造とを通じて、まずその精神の世界を解明することが、第一の目的であった。精神史的課題を主としているのである。民俗学その他の分野における問題も、まとめていえば、東洋の精神と文化ということばで概括される東洋的なものの起原を、わが国の古代の文化、精神史の問題をも含めて、考えてゆくことである。象形文字として今も生きつづけている漢字の起源の研究は、今はすでに伝承を失っている古代の精神、その思惟と認識の世界を回復するであろう。しかもその同時資料は、豊富にかつ当時の形態のままで、われわれの前にある。それはわが国のゆたかな民俗的遺存と並んで、この風土圏に有史以来、絶えることなく展開をつづけている彼我の民族の精神の歴史を、明らかにするに役立つであろう。

第二に、東洋の古代文化研究に参加するものとして、私は中国の古典に対して、今日の文化科学的な方法による照明を試みたいと考えている。中国の古典のうち、同時資料として信頼しうる内容をもつものは、詩と書のみである。詩は古い伝承をもつ詩篇がのちに筆録されたものであり、書には後次的な要素が多いとしても、その古い部分には、なお経書として成立する以前の、原資料の遺存をみることができる。この両書の研究には、最も確実な古代の証言者である甲骨文と金文、またその古代文字の研究が、有力な探索の端緒を与えてくれるであろう。すでに王国維・于省吾・聞一多《ぶんいった》・董作賓・屈万里《くつばんり》らの諸学者によって、その試みも進められているが、それは今日においても、なおゆたかな未開拓の領域をもつものといえよう。詩についていえば、古代の歌謡である詩篇の解釈を、その古代的な発想と表現においてとらえるということも、十分には試みられていない。私は詩経についてすでに若干の研究を進め、特にその方法論や発想と表現の問題について、稿本を用意している部分もある。〔詩経〕（中公新書、昭和四十五年、著作集第九巻、平成十二年）にその概略を述べておいたが、詩篇の理解について、甲骨・金文などの古代文字の研究を通してえた知見が、これを助けているところがある。

古代文字の研究を起点として、文字の歴史を考え、漢字と文化との問題を整理し、文字論として組織することも、重要な課題の一であろう。中国において、古代文字の研究を、文字改革の方向を求める意図を以て進めている研究者もあり、漢字と国語の不可分の関係の上から、私もまたそのことに無関心であるのではない。ただ当面の問題として、漢字論は私の現在の課題ではないが、いまの略字表・音訓表にみられるような国字政策上の無原則は、あまりにも現実から遊離している漢字の使用制限とともに、不合理を極めたものであると思う。少くとも、われわれの言語生活、その思索と表現とに基本的に関与する重大なこの種の決定が、どのような学問的、また歴史的研究の基礎の上になされたものであるかについて、それを問う必要があると考えるのである。ただ、この問題は本書の直接の範囲ではないから、別の機会を待ちたいと思う。

中国における文字学史、特に説文学の展開をあとづけることが、〔説文新義〕通論篇の一応の課題であった。その研究史を通じて、それぞれの時期の文字学が、その時代における思想や要求の文字学的表現であるという事実を、簡略ながら指摘してきたつもりである。今日の文字学にも、今日の立場における文字学の課題がなければならない。明確な目的意識をもたない学術研究はありえず、またそれは存在の意義をもちえないからである。私は私自身のもつ要求に従って、その課題を設定している。他の志向による研究者には、またおのずから別の課題もありうるであろう。この書は、私自身の設定した課題に対して、私自ら答えるものであるが、なお今後の充足を期している。いま巻を終えるに当って、一応私の意図するところを述べ、今後の研究の一道標たらしめたいと思うのである。

（『説文新義』巻十五第五章、五典書院、一九七三年初出に加筆修正）

三部の字書について

字統の編集について

一

本書の要旨　この書は、漢字の構造を通じて、字の初形と初義とを明らかにする「字源の字書」であり、その初形初義より、字義が展開分化してゆく過程を考える「語史的字書」であり、またそのような語史的な展開を通じて、漢字のもつ文化史的な問題にもふれようとする「漢字文化の研究書」である。要約していえば、この書は、漢字の歴史的研究を主とする字書である。

漢字の構造は、その文字体系の成立した時代、今から三千数百年以前の、当時の生活と思惟のしかたを、そのままに反映している。あるいはまた、それより以前の、文字がまだなかったいわゆる無文字時代の生活と思惟のしかたが、その時点において文字に集約され、その一貫した形象化の原則に従って、体系的に表現されている。漢字の歴史は、その無文字時代の意識にまで、遡ることができるものといえよう。文字の発明が、人類の文明への最初のステップであったとするならば、漢字は文明以前の原始文化を、文明への最初の段階において形象化し、文字としての体系を与えたものということができる。そして歴史時代に入るとともに、文字はその文化の最も重要な担持者であった。文字はつねに過去の文化の継承者であり、またそれを通じて、新しい創造への源泉であった。その機能は、現在においても、すこしも変ることはない。

わが国がこの漢字文化に接したのは、かなり古い時代のことであろう。農耕文化が進み、古墳時代に入るころには、文字の機能についての関心がもたれはじめていたであろうし、その受容のしかたについての模索も、当時の先進的な半島からの渡来者たちによって示唆を受け、いろいろ試みられていたはずである。ただその受容には、ことばの体系が異なることもあって、方法上の困難もあり、かなりの期間を必要とした。それは漢字漢語をそのままにとり入れるのでなく、漢字をわが国のことばに適応するものとして、いわば国語化の方法を加えて受容することに、格別の苦心を要したからであろう。

漢字は、その音のみでなく、その訳語である訓をあわせ用いることによって、はじめて国語に奉仕しうるものとなった。長い試用の時代を過ぎて、その成果は、［万葉集］のあの絢爛たる表記のしかたのうちに、遺憾なく示されている。［万葉集］の中でも、［柿本人麻呂歌集］の表記にみられる、あの簡潔にして自在な表記力は、漢字がすでに完全に国語化して、国字としてわが国に定着したことを示している。そして平安朝以後には、その国語化した漢字の知識と、反読法という文法的な克服によって、わが国の知識人たちは、漢籍を自由によむことができた。漢籍はすべて、この方法によって、いわば国語領域化したわけである。さらには、漢字をもって詩文を作ることも行なわれ、江戸期にはそれが知識人の一般の教養でもあった。国語そのもののうちにも、多くの漢字漢語が国語化され、その音訓が用いられている。漢字はわが国では、はやくからすでに国字であった。国語として用いるかぎり、漢語といえども国語であり、国字である。この書では、国字としての漢字という立場をいっそう明らかにするために、文字の配列を五十音順とした。漢字に与えられている音は、わが国で選択され、国語の音韻と調和する関係において固定したものであって、原音とは必ずしも同じでない。漢字の音は、国語としての音である。

漢字を、その文化の歴史的な展開のなかでみること、漢字は、その音訓を通して国語の表記に用いられる限りにおいて、それは国字に外ならぬものであること、この二点を、まずこの書の綱領としてあげておきたい。編集上の用意は、すべてこの二点を原則として、そこから出発しているからである。

字源の研究について 漢字は象形文字である。事物を示すときには、象形的方法を基本とするときにも、その象形字を仮りて、その音を声符として用いるのであるから、基本字はすべて象形文字であった。象形文字は、いわば絵画的な方法によるものであり、その図象の理解は、もともと困難なものではないはずである。しかしそれにもかかわらず、従来の漢字の字源説には、疑わしいところが多い。字形学的な字書として唯一のものであり、その聖典とされる後漢《ごかん》の許慎《きょしん》の「説文解字《せつもんかいじ》」（以下略して「説文」という）にも、実に誤りが多いのである。

たとえば、王一上は天地人三才を貫くもの、告二上とは、牛が人に口をすりよせて、告げ訴える形というような説明がある。天地人三才を貫くものが王であるというのは、漢代の天人合一の思想による思弁的な解釈にすぎず、また告の字説は、あまりにも稚拙にすぎる。このような字説の誤りは、字の初形についての知識の不足を、思弁や推測で補おうとすることから生れたもので、基本的には、古い文字資料の不足に帰すべきことであった。許慎の時代には、極めて簡単な銘文をもつ彝器《いき》が出土しても、その解読に大騒ぎするような状態で、文字の最古の資料である甲骨文は、まだ地下深く埋もれたままであった。許慎が資料としたものは、古い金文の構造をいくらか伝えるところのある秦篆《しんてん》と、金文の便化した古文《こぶん》若干が主たるものであった。許慎が「説文」を完成したのはあたかも紀元一〇〇年であるから、文字が成立してから約一五〇〇年を経ている。そして許慎が用いることのできた資料は、その最後の五〇〇年間のものにすぎない。われわれはいま、その最初の一〇〇〇年間の、確実にして豊富な資料を手にすることができるのである。

文字の最も古い資料である甲骨文が紹介されたのは、今世紀に入ってからのことである。殷墟《いんきょ》の安陽小屯《あんようしょうとん》の遺址が発見されて、組織的な発掘も行なわれた。最近にその総集として編纂されている「甲骨文合集」（既刊十三冊）には、約四万片が著録されている。字数は「甲骨文編」の正編に録するもの一七二三字、附録の未釈異体の字二九四九字に達する。これらの資料は、先人たちがすべて見るをえなかったものである。

金文は、宋代に各地の開発が行なわれて彝器の出土も多く、「考古図」「博古図」などの著録の類も出て、一時その研究も盛んであったが、清《しん》代の小学家、すなわち文字学者のうちには、段玉裁《だんぎょくさい》のように金文を無視して顧みないものが多く、民国初年の章炳麟《しょうへいりん》なども、彝銘は偽作、信ずべからずというのがその信条であった。説文学の伝統の強い中国では、かえって古代文字の研究が自由さを失っている。もっとも、古代文字の研究には、古代学的な文化諸科学の方法を、綜合的に適用する必要があり、そのことが自覚されない限り、文字学は単なる謎解きに終るであろう。これは内外を通じて、文字の起原的研究一般について、いいうることである。

甲骨文・金文の字形によっていえば、王は玉戚の刃部の形で、玉座の儀器。告は木の枝につけた祝詞《のりと》で、神に祈る祝禱の意である。王が儀器であることは、父（斧）・士（王の小型）がみなその地位・身分の象徴的儀器の形であること、また告が載書《さいしょ》とよばれる祝詞の形であることは、㔾《さい》を要素とする数十字に及ぶ載書関係の字群によって証明される。字源は体系的に、字群によって証明されることを要するのである。

字書の形式　〔説文〕は、当時行なわれていた九三五三字を、五四〇部に分かち、それぞれ部首を建てて、それに属する字を、部首字によって説くという方法をとっている。たとえば王の部には閏と皇とを属し、閏《じゅん》とは閏月に王は門に居る意であるとし、また皇は、もと皇に作る形で、自は鼻の形で始の意であるから、初めて王として天下を治めた三皇の皇を意味すると説く。しかし閏はおそらく壬声の字で、壬に余分の意があり、その形声の字とみられ、また皇は玉戚の刃部の形である王の上部に、玉飾を加えてその煌輝を示す字で、そのような遺器がいまでは多く出土している。〔説文〕は巻首に「一」を部首とし、その部に元・天・丕・吏の四字を属するが、元・天の一は頭の形で○、丕の一は花蕚に実がつきはじめる形で肥点の●、叓の上部は祝禱を枝につける形で、枝のΨの形が、のちに字形上それぞれ直線化したもので、四字いずれも、本来一に従う字ではない。［説文］の部首には、このように部首としがたいものがかなり多く、その字形学は随処に破綻をみせている。しかしこれに代るべき文字の統属法、配列法がなくて、以後［康熙《こうき》字典］に至るまで、この部首法が用いられた。

［説文］ののち、晋《しん》の呂忱《りよしん》の［字林］、梁《りよう》の顧野《こや》王《おう》の［玉篇］などはその部首法によったが、のち次第に整理されて、［康熙字典］では二一四部となり、部首の配列も、部中の字の配列も、すべて画数順となった。［説文］の部首配列には一定の原則があり、それは太始化成の元である一にはじまり、十干十二支など分化の極である亥に終るもので、当時の陰陽五行思想による世界観の、文字的表現という意味をもつものであった。部中の字の配列にも、一定の秩序の表現という意識が加えられている。しかし明《みん》・清以来、文字の検索の必要上、部首法がとられ、本来の精神を没して、その形式だけが残されている。

［康熙字典］の「一」部には、丁・丂・七・万・丈・三・上・下・丌・不・丏・丑・且・世・丘・丙・西・丞・丣・並・壺などの諸字を録する。圏点をつけたものは、［説文］において別に部首とされていた字である。字はその構造的な原理から離れ、その構造的な意味も捨てられて、ただ筆画の形式によって分属配列されている。そこにあるものはすでに文字で

はなく、文字の形である。意味を失っている記号である。

わが国の現行の字書は、［大漢和辞典］をはじめ、ほとんどがこの部首法を踏襲している。この部首法は、韻別字書を不便とすることから、一種の便法として中国で用いられているものに、いわば追随しているにすぎず、国語としての漢字を扱う上からいっても、必ずしも適当な形式ではない。近年では中国でも、発音による配列法が行なわれようとする傾向にある。漢字を国字国語とする本書の立場からは、当然五十音配列の方法をとるべきであるから、本書ではその方法を採用した。本書所収の六八〇〇余字の大部分は、国語としてその音が知られており、あるいは類推によって容易に知りうるものである。

二

六書について　漢字の構造法について、古くから六書《りくしよ》ということが説かれている。［説文叙］に指事《しじ》・象形《しようけい》・形声《けいせい》・会意《かいい》・転注《てんちゆう》・仮借《かしや》の六をあげ、［周礼《しゆらい》］地官［保氏］の［鄭司《ていし》農《のう》注］に象形・会意・転注・処事《しよじ》・仮借・諧声《かいせい》、また［漢書《かんじよ》］芸文志《げいもんし》に象形・象事・象意・象声・転注・仮借の六をあげており、その名と順位は異なるが、実質はみな同じである。このうち象形は、［説文叙］に「その物を畫成《くわくせい》し、體に隨つて詰詘《きつくつ》す。日月是なり」というように絵画的な方法によるもので、最も基本的な造字法である。指事は「視て識《し》る可く、察して意を見《あら》はす可し。上下是なり」とあって、場所的関係を指示するものであるが、上下・本末のように一般化しうる性質のものをいう。会意は、象形的に独立する文字を複合し、新しい観念を示すもので、『説文叙』に「類を比《なら》べ誼《ぎ》（義）を合はせ、以て指撝《しき》を見《あら》はす。武信是なり」という。武は『説文』によると戈（武力）を止めるもの、信は人言を重んずる意とする。文字の要素が声《せい》の関係をもたず、意味的な結合による構成であることを特質とする。以上の象形・指事・会意は、形による文字表記の方法であり、完全に表意文字である。

しかし表意文字といっても、音をもたないのでなく、その形によって固定的な一定の音をもつものであるから、それはそのまま表音記号でありうる。ただ音節を分解的にでなく、単音節語である中国語に最もふさわしく、単音節の音節全体を、その文字は約束として示す。それで一定の音をもつ文字を、形声字の声符として用いることができる。『説文叙』に「形聲とは、事を以て名と爲し、譬を取りて相成す。江河是なり」というもので、事とはその属する範疇、譬とは声符として他の字を借ることである。声符の字はそれぞれ本字としての声義をもつものであるから、これを声符として用いるときには、その字義を限定するための範疇を示す必要がある。山川草木・鳥魚虫獣などの名は、それぞれの範疇を限定符的に用いて、たとえば水ならば江河のようにいう。工・可はこのばあい、声符にすぎず、その本来の意味を棄てたものとして扱われる。尤も、音が何らの意味をも伴わないことはありえぬことであるから、そこには語源的な意味の関連を以て、声符とする字が選択されていることもある。たとえば工は工具の形であるが、それは杠・虹のように横に湾曲する形をいう語で、その意を含めて工の字が選択されているといえよう。ただこのことは語源の問題にも連なるものであるから、文字学的な方法だけで把握しうる性質のものではない。

　象形・指事・会意・形声は文字の構造法に関するものであるが、転注・仮借については、その理解のしかたに異説があり、これを文字の用義法とする説が多い。たとえば仮借とは、字を本義のほかに、その音だけを借りて用いるものであるから、いわば文字の二次的使用法ともみられるものである。［説文叙］に「本その字無く、聲に依りて事を託す。令長是なり」という。「本その字無し」とは、形によって表示しがたいもの、たとえば代名詞・助詞あるいは否定詞などで、我《が》・也《や》・無《む》などがその字にあたる。我は鋸、也は匜《い》という水さし、無は舞の初文であるが、これらの字は、本来の鋸・匜・舞の義に用いられることがなく、仮借義にのみ専用される。本義の用法はすでに失われており、一時通用仮借するものでなく、本来的に仮借字である。それがどのような語の音に仮借したものであるかは、一人称代名詞として我・吾《ご》・卬《ごう》、終助詞として也・矣《い》・已《い》・猗《い》、否定詞として無・莫《ばく》・末《まつ》・蔑《べつ》・毋《ぶ》・亡《ぼう》・罔《もう》・靡《び》・不《ふ》などのもつ共通音のうちに、求めることができよう。「本その字無く、聲に依りて事を託す」るものである。

転注には異説が多いが、［説文叙］に「建類一首、同意相受く」と規定し、「考老是なり」という。「建類一首」とは部首を建てる意で、これはいわゆる限定符的なもののほかに、意符を主とする文字系列によって、字の構造をみようとするものであろう。たとえば各は、祝禱して祈り、これに対して神霊の降格することを示す字で、これを意符的要素とするものに佫《かく》・格《かく》・恪《かく》・客《きゃく》・愙《かく》がある。祝禱の上に神気のあらわれることを容といい、欲《よく》・浴《よく》・俗《ぞく》・裕《ゆう》はその系列字である。架屍《かし》を撃って邪悪を祓《はら》うことを放といい、その頭骨を存するものを敫《きょう》という。辺徼《きょう》でその呪儀が行なわれることが多く、徼・竅《きょう》・邀《よう》・覈《きょう》・檄《げき》・皦《きょう》などはみなその系列字で、敫の声義を承ける字である。眞（真）は顚死者《てんし》を示す字で、その呪霊を慰撫するための儀礼が鄭重に行なわれたが、寘《し》・塡《てん》・鎭《ちん》（鎮）・愼《しん》（慎）・瞋《しん》などはみなその系列字で、真の声義を承ける字である。これらの字は、部首法の上からはそれぞれ彳《てき》・宀《べん》・辵《ちゃく》などの部に属し、それ自身の系列を示すことはないが、「建類一首、同意相受く」という転注法によって、その系列を回復する。転注は、部首法の欠を補うものとして、意符的な体系の方法であると考えられる。

転注と仮借は、文字の構成原理を説くものでなく、いわば用義法の問題として久しく理解されてきたが、転注は意符的系列化の方法であり、仮借は本来的に仮借によって成立する字であるから、これもまた造字法である。［漢書］芸文志に六書を「造字の本なり」とするのは、その意味において正しいとすべきである。

本書における六書の扱いかた　六書法についての一般的な理解のしかたは、右に述べたが、それを具体的に説解に適用するにあたっては、また種々の問題がある。たとえば象形は、事物を絵画的手法で描写する造字法であるが、それは単なる描写でなく、語との対応において意味が与えられるものであるから、その意味づけの方法が加えられることが多い。豕《し》に点を加えたものは豖《ちく》である。［説文］九下 は「豕《ぶた》の足を絆《くく》った形」とするが、豖は豛《たく》の初文で、豕の陰をたたいて去勢することをいう。冢《ちょう》は豕に従う形であるが、この豕は犬牲を意味する。犬牲を以て祀《まつ》る祀所を冢という。家はいま豕に従う形であるが、もと犮《ふつ》に従う字で、これも犬牲である。家はもと廟の建物を意味し、犬牲を埋めて奠基《てんき》とした。これらの字は、同じく豕・豖に従うも、それぞれ異なる意味が与えられている。

象形は原則として単体の字であるが、豕のように豕に点を加えて、去陰や豛殺を示すことがある。刀に刃（刄）部を加えたものは刃、双刃のときは刅となる。これらの附加物は指事的な意味のものである。丸《がん》は弓の弦に、弾丸を示す○を加えたものである。令は礼冠をつけた巫祝《ふしゅく》が、跪坐して神意の命ずるところを待つ形である。その○や礼冠の形であるは、独体の字として用いられることはない。象形字にこのような附加的要素をもつとき、これを全体象形という。説解中にいう全体象形とは、この種のものをいう。

皇はいまの字形では、白と王とに分たれ、その会意とされる字である。［説文］一上は白を自と解して、自と王とに従う形をその正字とし、自（鼻）に始の意があり、王の始、三皇をいう字とする。しかし王は玉戚の頭部の形、その上の柲《ひつ》部に彫玉を施して、王の儀器としたものが皇の初文であるから、皇は玉戚の煌《かがや》くことを示す全体象形の字である。

指事は「視て識る可き、察して意を見はす可き」もので、象形と極めて近い。ただ「察する」ことを必要とするもので、象形的な方法によって、関係的に表示することを主とする。関係的というのは、空間的また時間的ということであり、かつ抽象的に一般化しうるものであることをいう。たとえば、上は掌上に小点を加えたもの、下は掌を臥せてものを覆う形で、象形的には掌の上下に小点を加えることによって掌の上下を示すが、上下一般の意に用いる。その造字法は指事的である。前後は上下と同じく、のちには空間にも、また時間にも用いるが、前はもと爪を剪ること、後は道路における呪儀を示し、ともにその造字法は会意であるから、これは指事とはしがたい。また豖・刃・丸は、それぞれの点や圏に指事的な意味はあるが、空間・時間として一般化することのない字である。指事を厳密に規定すると、これに属する字は極めて少なく、むしろ象形の一部として扱うべきであろうが、本書では一応、指事の名を用いた。

会意は文字の複合したものであるから、説解にはたとえば「安、宀《べん》と女とに従う」のように、その構成要素となる文字をあげた。その構成要素が、たとえば宴のように宀と晏《えん》とに従い、晏がその声義ともに用いられているとき、これを亦声《えきせい》という。

形声は、山水鳥魚のようにその範疇を限定符的に示すものに、語としての声符を加えたものである。声符とする字は同声の中から選ばれるが、その選択のとき、語との意味的関連が考慮されていることが多い。たとえば選（選）の正字は巽《そん》であるが、巽は神殿の舞台で二人並んで舞うことを示す字で、もと舞う姿をいい、神に薦めるものをいう。択の旧字は擇であるが、睪《えき》は獣屍の象で殬《と》敗の形、それを択びとる意がある。巽や睪は無意的に声符として択ばれたものでなく、字の声義はむしろその声符のうちにある。それでこれもまた亦声である。会意にして亦声たるものと、形声にして亦声たるものとは、殆ど異なるところがなく、その差は、その声義を兼ねる字が限定符に従うか、会意としての構成をとるかという、極めて微妙な問題に属している。この問題については、もう一度項を改めて述べよう。

転注は、いわば意符系列による文字の体系で、部首法と原則を異にするものであるから、これについても別項に述べる。

また仮借は、単なる通用の関係でなく、我（鋸）がその本義を失って代名詞に、於（死んだ烏の羽）がその本義を失って介詞に、無（舞）がその本義を失って有無の無となるように、すべて本義を失って、仮借義に専用されるものをさす。従ってその字は、指事と同じく極めて少数である。

会意と形声　会意にして亦声たるものと、形声にして亦声たるものとの区別は、会意と形声との区別のうちにある。字を会意とするか形声とするかは、字の要素を意符とみるか声符とするかによって定まる。

会意における文字要素の結合はいわば相関的なものであり、形声における文字要素の結合は、いわば指事的である。たとえば高を要素とする字において、高には骸骨の象形を示す系列のものがあって、敲・槁・皜・稿・蒿はみなその系列字である。敲は敲《たた》くと訓する字で、いうまでもなく屍骨を敲く呪儀をいう。高と攴とは相関的に、攴は高に対する行為を示す字であるから、字は会意にして亦声である。槁・皜・稿はみな枯槁して色を失い、白くなったものをいう。その木・白・禾はいわゆる部首で、その範疇を示す限定符であるから、字は形声にして亦声である。蒿は蒿里、墓所をいう。その初形は薨に作り、薨の字形には省略がある。このように字形に省略があって、しかもなお原形の声でよまれるとき、これを省声という。薨は省声であるが、同時にまた亦声の字である。省声は亦声の特殊な場合とみてよい。

会意にして亦声であることは、会意字がもともと声と無関係に構成されるという原則からいって、必ずしもそれほど重要なことではない。要素的なものが、すべて意符的に結合されるのが、会意字であるからである。しかし形声にして亦声であることは、声符がなお意符としての機能をもつという意味で、字形解釈上に重要な意味をもつ。槁・皜・稿がすべて枯槁した色の白さをもつという字義は、高の字義によって決定されるからである。それで亦声という語は、形声字のときに主として用いられる。声符にして、意符を兼ねるものとされるのである。

形声にして亦声を兼ねる字の成立には、もと声符である字が、その字の初文であったという関係のものが多い。たとえば示部に、社《しゃ》・神《しん》・祖《そ》・祐《ゆう》・禘《てい》の字があり、それらは字形上、形声とすべき字である。いずれも甲骨文・金文にみえるが、その字はもと土・申・且・右・帝に作り、示に従うものはみな後起の字である。土は土主の形。そこで地霊を祀った。申は電光、天神の霊威を示すものとされた。且は俎、薦俎して祭る意のある字である。右は祝告を持つ形。祝告を以て祈ることによって、祐助が与えられるとされた。帝を禘に用いるときには、（帝）に対して（禘）のように祭卓の足に枠を加えて示した。これらの土・申・且・右・帝が、のち多義化して、その本義を示す方法が要求されるようになって、示を加えた。示は祭卓の形であるが、それを神事を示す限定符として用いるのであって、それを行為の場所として用いるのではない。字の初形からいえば、士・申・且・帝は象形、且はおそらく仮借、右は祝禱の詞を収める器である𠙵《さい》を持つ人で、左は呪具を持つ手、左右は対待をなす字であった。社・神の初文はもと象形字として存しており、のち士・申の多義化によって、形声字としてその限定された本義を示したのである。形声字以前に象形字として存したものに、あとから限定符が加えられたものであるから、厳密にいえばこれらは本来の形声字ではなく、形声化した字である。

本来の形声字は、名詞、特に固有名詞としてまずあらわれてくる。甲骨文・金文には、形声の字が少なく、最も多くみえるものは姫《き》・姘《けい》・姜《きょう》のような姓、河・汝《じょ》・洹《えん》のような川の名などである。鳥獣虫魚の類にはその土音を写したものが多く、その声符に字形上の意味を求めうるものは殆んどない。

字源と語源　六書法によって、文字の形態、その構成の方法を考えることを、字形学という。字形学はまた字源の研究を含むもので、字形学のほかに字源研究の方法はない。字源の研究には、当然のことながら最古の文字資料を必要とする。漢字においては、その創成時の資料である甲骨文、それにつづく発展成立期の資料である金文が、豊富に残されており、その研究も進められている。甲骨文・金文に依拠しない字源の研究はありえないし、甲骨文・

金文の研究なくしては、字形学はありえない。それはただ字形の解釈についてのみいうのではなく、文字の成立した基盤をなす社会と文化、その時代の人々の生活とその意識のなかでのみ、字形についての真の理解に達しうるという意味においてである。これを古代学的理解とよぶことができよう。文字はつねに、古代学的な世界の、文化的所産であるという立場において、理解すべきである。そのことについては、またのちに述べる。

古い文字資料によって考えると、いまの字形によって草卒に下される解釈が、どのように危険なものであるかが知られる。たとえば安は、［説文］七下に「静なり」とし、女が家中に安んじている形とする。しかし甲骨文によると、その女に水滴がふりかけられている形があり、また金文には、女の裾に衣をそえた形のものがある。水滴は祼鬯《かんちょう》とよばれる儀礼で、香酒をふりかけて潔める意を示す。また裾に衣をそえる形は、保あるいはその初文である𠈃にもみられるもので、それはわが国でいう真床襲衾《まとこおふすま》、すなわち霊衣による授霊の方法である。女が家で安逸を貪る意の字などと解するのは、俗解も甚だしい。妟・宴の字形中の日は珠の形。これも魂振《たまふ》りを意味する字である。

安と宴との間には、語源的な関係があるかも知れない。ともに影母《えいぼ》とよばれる語頭音をもつ。この影母に属する字には音《おん》（暗・闇）・昷《おん》（温・縕）・𤔌《いん》（隱・穩）や畏《い》・鬱《うつ》・奥《おう》・憂《ゆう》などがあり、それらもその語頭音は同じである。これらの語の間には、うちにこもるもの、むすぼれるもののような、それぞれ共通の基本義を含むものがあるかも知れない。その基本義を通じて、はじめて語源的なものを探索する方法がえられよう。字源と語源とは、決して同一のものではない。しかし字源を通してのみ、語源への探求が可能となる。ただ字源は、われわれに三千数百年前の意識形態を示すとしても、ことばの歴史はおそらく数十万年にも及ぶのである。そこには次元的な差がある。本書における字源的な説明を、語源的な解説と誤解されないように望みたい。

「声近ければ義近し」というのは、清の訓詁学の大成者であった王念孫《おうねんそん》の主張である。その説は訓詁学の上ではまさに正しい一つの原則であり、また王氏の研究はそれによって大きな収穫をあげた。古典の文献にみえる通用仮借の例を、これによって多く解決しえたからである。しかしこれを語源学にまで拡大して適用しようとした章炳麟の字説には、破綻が多い。章氏のような考えかたが、単語家族説として、わが国でも主張されたことがある。たとえば壬《じん》・男《だん》・南《なん》を一家族語として、壬とは「中にたっぷり入れこんでふくれる」、「男とは入りこむ者」、「南は霜よけ」で、「苗を両側からおおう囲いの姿」のように解する。共通義は「たっぷり入れこむ」であるという。これらの本来の字義は、たとえば南は、南方苗《びょう》族の固有の楽器で、南任《なんじん》といわれる銅鼓の象形字であり、甲骨文・金文にはこれを鼓つ形である㱿と いう字がある。壬は工作の器、男は田と力（耒《すき》の形）に従うて、農夫の管理者をいう語であった。これらの字は声は近いとしても、語としては何らの共通義をも持つものではない。

語源の研究としては、近年出版された王力《おうりき》氏の「同源字典」（一九八二年）が最も注目すべきものであろう。それは、一定の基本概念は同音あるいは極めて近似の音で表現されるという立場から、同源字を求めてその共通義を推定したものである。たとえば、

枯《こ》（草木が枯れる）　涸《こ》（水が涸れる）　竭《けつ》（尽きる）　渴《かつ》（口がかわく）　一三三頁

遏《あつ》（とどめる）　閼《あつ》（とどめる）　按《あん》（おさえる）　堨《あつ》（つつみ）　堰《えん》（せき）　淤《よ》（水が流れない）　抑《よく》（おさえる）　圧《あつ》（おさえる）　四七七頁

というような関係の語を集録する。同音あるいは対転・旁転などの近似音をも含めて、同源の語群を構成しようとするもので、その方法は比較的堅実なものであるが、しかしそれはなお字の原義に達し、語源にまで遡りうる方法ではない。たとえば右にあげた二条においても、古は固閉した祝禱の意で、古くから伝承されている前例古式を原義とし、涸渇の意はその二次的な転義であり、派生義である。また曷《かつ》は匃《かい》（屍骨）に祝禱（曰）を加えて、その呪霊を喝《かつ》して邪霊を遏止《あつし》することを原義とするもので、曷に従う諸字は、すべてその声義を承けている。ゆえに古・固はその系列字において、また曷はその系列字において、まずその系列字の原義のあるところを確かめ、その上で対転・旁転など声近の字との、いわば横の関係を求めるべきである。すなわち文字学の課題は、まず字形学的にその字源を把握することが、基

本でなければならない。

三

声母と古紐　中国語は単音節語であるから、その語は、子音と母音との一回的結合より成る。語がそのように単純な音構造であるため、これを表音文字で分節的に表記することが不可能であり、そのため語を字形で示す漢字が生れた。それぞれの漢字は、その語としての音節を示す約束をもっている。それが字音である。

字音は音節より成る。官の音節はkuan,語頭の子音kを声母といい、母音を含む語尾の部分uanを韻母という。官の語頭音はkであるが、これと同じくkを声母とする字は、約四〇〇字に及んでいる。そこに属する字を一類として、紐《ちゅう》という。加《か》・甲《こう》・各《かく》・可《か》・古《こ》・干《かん》・九《きゅう》・公《こう》などは、すべてこの紐に属する。この紐の代表字として見《けん》が用いられ、見を声母として見母《けんぼ》という。またkの有気音khを語頭音とするものに口《こう》・乞《きつ》・去《きょ》・丘《きゅう》・克《こく》・亢《こう》・弓《きゅう》など、約一七〇字がある。この紐を代表するものは渓《けい》で、この一類は渓紐とよばれ、代表字を渓母《けいぼ》という。

声母の研究は、唐末宋初のころ、悉曇《しったん》学といわれる梵《ぼん》語の音組織にならって行なわれたも

発音部位	声母	音標記号
牙音(舌根)	見	k
	溪	k‘
	羣	g‘
	疑	ŋ
舌頭	端	t
	透	t‘
	定	d‘
	泥	n
舌面	知	ƫ
	徹	ƫ‘
	澄	ᶁ‘
	娘	nj
重脣	幫	p
	滂	p‘
	並	b‘
	明	m
軽脣	非	f
	敷	f‘
	奉	v‘
	微	ɱ

発音部位	声母	音標記号
歯頭(舌尖)	精	ts
	清	ts‘
	從	dz‘
	心	s
	邪	z
正歯(捲舌と舌面)	照	tʂ‘, tɕ
	穿	tʂ‘, tɕ
	牀	dʐ‘, dʑ‘
	審	ʂ, ɕ
	禪	ʑ
	影	
	(曉)	h
	(匣)	ɦ
喉音	喩	
舌根	曉	x
	匣	ɣ
半舌	來	l
半歯	日	ȵʑ

のとされ、次の三十六字母が設けられた。いまその発音部位と音記号を表示しておく（前頁付表参照）。

三十六字母は、唐宋期の音韻組織を示すものであるが、古代の声母、いわゆる古紐は必ずしもこれと同じでない。たとえば古紐には重唇・軽唇の区別がなく通用しており、舌上音もなく、また声符音の分化、たとえば各《かく》（洛《らく》）・由《ゆう》（宙《ちゅう》）・兼《けん》（廉《れん》）などによって知られる語頭子音の複合があり、のちの音韻組織と異なるところがある。上古の声母は、のちの分化したものを除くと、三十二声母となる。王力氏の古声母表を録しておく。

喉音　影　暁　匣（中古匣・喩3）
牙音　見　渓　群　疑
舌音　端（中古端・知）　透（中古透・徹）　定（中古定・澄）　泥（中古泥・娘）　来
　　余（喩4）　章（照3）　昌（穿3）　船（床3）　書（審3）　禅　日
歯音　精　清　従　心　邪　荘（照2）　初（穿2）　崇（牀2）　山（審2）
唇音　幫（中古幫・非）　滂（中古滂・敷）　並（中古並・奉）　明（中古明・微）

表中の数字は等呼、「韻鏡」にいう二等音（イ）・三等音（ウ）・四等音（ユ）のことである。声母のたてかたは古くは「韻鏡」によったが、今では音韻学の著しい進展によって、声母の名称や音価について、新しい研究が多く提出されている。

陽声	入声	陰声
21 蒸《じよう》 əng	10 職《しよく》 ək	1 之《し》 ə
冬《とう》 ung	11 覺《かく》 uk	2 幽《いう》 u
	12 藥《やく》 ôk	3 宵《せう》 ô
22 東《とう》 ong	13 屋《をく》 ok	4 侯《こう》 o
23 陽《やう》 ang	14 鐸《たく》 ak	5 魚《ぎよ》 a
24 耕《かう》 eng	15 錫《せき》 ek	6 支《し》 e
25 眞《しん》 en	16 質《しつ》 et	7 脂《し》 ei
26 文《ぶん》 ən	17 物《ぶつ》 ət	8 微《び》 əi
27 元《げん》 an	18 月《げつ》 at	9 歌《か》 ai
28 侵《しん》 əm	19 緝《しふ》 əp	
29 談《だん》 am	20 盍《かふ》 ap	

韻母と古韻　音節の母音より以下、韻尾までを含めて、韻という。東tongにおいてはong, 天thyenにおいてはyenが韻である。隋の陸法言《りくほうげん》の「切韻」は二〇六韻に分かったが、いま作詩に用いられるものは、南宋の劉淵《りゆうえん》の一〇七韻、また元のとき一韻を減じた一〇六韻の分部

である。古代の音韻は、「詩経」や「楚辞」の押韻《おういん》例によると、ほぼ三〇部前後とみられる。古代の音韻を古韻といい、その研究は、清代考証学の重要な一領域とされ、顧炎武《こえんぶ》をはじめ、江永《こうえい》・段玉裁・戴震《たいしん》・銭大昕《せんだいきん》・孔広森《こうこうしん》・王念孫・江有誥《こうゆうこう》らの名家が輩出した。その結果、王念孫の二一部説が古韻の実際によく適合するものとして、王国維《おうこくい》はその分部によって金文の韻読を試みている。私もその分部によって金文の韻読例を多く加えたが、金文には類型的な文が多く、古韻の全体を明らかにするには、詩篇などの押韻例と、さらにそれを組織する音韻史的研究を必要とする。その意味で、王力氏の試みている「詩経韻読」の分韻を一応の準拠としてよいと思われる。その分韻は二九部、陰《いん》・入《にゅう》・陽《よう》の三声に分かって表示されている。

右の表を王念孫の二十一部に比較すると、陰声・陽声には大差がなく、入声において緝・盍のほかに九韻を加えている。また冬部は、「楚辞」の押韻に至って分出するもので、「楚辞」の分韻は三〇部となる。

陰声は母音で終るもの、入声はｋｔｐ（ｆ）のように子音で終るもの、陽声はng n mなど鼻声で終るものであるが、陰・入の音の間に、一定の関係で通韻となるものがある。すなわち之・職、幽・覚、宵・薬、侯・屋、魚・鐸、支・錫、脂・質の韻は相互に通用することがある。この関係を対転という。すなわち陰入対転である。

また陰声と陽声との間にも、いわゆる陰陽対転の関係をもつものがあり、之・蒸、侯・東、微・文、歌・元がそれである。また陽声と入声との間では真・質、元・月、談・盍が対転の関係にある。

対転は陰・入・陽の声の異なるものの間における通韻の関係であるが、同じく陰声あるいは陽声などの間に通韻の関係があることを、旁転《ぼうてん》という。之・幽、幽・宵、幽・侯、之・魚は陰声、蒸・侵、陽・談、陽・元、耕・真は陽声、職・緝、鐸・盍、物・緝は入声である。そのほかにも、韻尾が同じであるときには、脂・微（陰）、脂・歌（陰）、真・文（陽）、真・元（陽）、職・覚（入）、屋・覚（入）、質・月（入）、緝・盍（入）が合韻となることがある。

中国語は単音節語であるから、二字連ねて語を作ることが多い。そのとき同紐《ちゅう》の字を連ねるものを双声《そうせい》といい、同韻の字を連ねるものを畳韻《じょういん》という。たとえば蒹葭《けんか》（見母《けんぼ》）・唐棣《とうてい》（定《てい》母）・蜘蛛《ちちゅ》（端《たん》母）・憔悴《せうすい》（従《じゅう》母）・流離《りうり》（来《らい》母）などは双声、また支離《しり》（之《し》韻《いん》）・胡盧《ころ》（魚《ぎょ》韻）・蹉跎《さた》（歌《か》韻）・霹靂《へきれき》（錫《せき》韻）などは畳韻の語である。このような語は必ずしも特殊なものでなく、天地・陰陽・古今・生死・疾徐・精粗・加減・燥湿・夫婦・規矩《きく》・褒貶《ほうへん》・上下など、いわゆる対待語の成立にも関係があり、遠く語源の成立にまで連なるものとも思われる。

わが国の漢字音　古紐や古韻の研究は、西洋の言語学・音韻学がとり入れられ、殊にその音韻史研究によってえられた諸法則が、原理的にほぼ適用しうるという関係もあって、カールグレンがその方法を開いてから、急速な進展をみせている。そしてその結果、わが国の国語として残されている字音が、いま残されているもののなかで、最も古い時期のものであることが明らかになった。

漢字は、音節そのものを示すものではないから、字音が歴史的に変化し、地域的に方言化し、そのうえ字数も著しく増加してくるにつれて、字音を何らかの方法で特定する必要が起った。はじめは「誕《たん》、音但《たん》」「訏《く》、音吁《く》」のように、他の同声の字で示す方法が用いられた。これを直音という。〔説文〕四下の、「㸒《いん》、讀むこと隱《いん》と同じ」は直音、「𤔔《らん》、讀みて亂《らん》の若《ごと》くす。同じ」、「誃《し》、讀むこと論語、予が足を跢《ひら》（音、し）けの若くす」などは、その音を特定するもので、直音の一方法である。しかしより正確にその字音を示すには、声と韻とを区別し、同紐同韻の字によってその音節を示す反切《はんせつ》法が便宜である。たとえば「東《とう》、徳紅《とくこう》の反」は東・徳がともに端母、東・紅がともに東韻である。「徳紅の反」はまた「徳紅の切」ともいい、このような音節の表示法を反切という。

語音の分節は古くから知られていることであり、それで而已《じい》を耳《じ》、何不《かふ》を盍《かふ》、之於《しを》を諸《しょ》に約することがあり、また鄒《すう》は邾婁《ちゅる》、飇《へう》は扶搖《ふえう》、夢《ぼう》を孟浪《まうらう》のようにいう。この二字表記のものは、みな一字に対する反切音にあたり、先秦《せんしん》にその用例のみえるものである。

反切は漢末の応劭《おうしょう》の「漢書注」に「墊《てふ》、音徒浹《とせふ》の反」、「沓《たふ》、水也、音長答《ちやうたふ》の反」とあるのが初見とされるが、漢魏以後に盛行し、その反切を集めた書は「切韻」とよばれた。梁《りょう》の顧野王が編した「玉篇」は、「説文」の体例による部首別の字書であるが、新たに反切を加えている。また「切韻」系統の韻書も多く作られ、敦煌《とんこう》出土のものに数種の残巻を存するが、そのうち隋の陸法言の編した「切韻」は、わが国にも早く将来されている。「玉篇」の反切は、空海《くうかい》の編したと伝えられる「篆隷《てんれい》万象名義」に多く採られていて、「玉篇」の大部分が失われたいまも、その大体を知ることができるし、また「切韻」も、源 順《みなもとのしたごう》の「和名類聚《わみょうるいじゅ》抄《しょう》」に多く引かれている。これらが、わが国における漢字音の基礎をなした。

五世紀後半とみられる稲荷《いなり》山古墳の鉄剣銘は、漢文形式の文中に、乎獲居《ヲワケ》・意富比垝《オホヒコ》・多《タ》加利《カリ》足尼《スクネ》・弖已加利獲居《テヨカリワケ》などの字音仮名表記を交えており、推古《すいこ》期仮名の由来するところを知ることができる。その字音には、大矢透が「周代古音考」を書いて、周代の古音かと推定したような古音もある。「記」「紀」「万葉」のころには、漢字の音訓的使用、また漢文の形式を、そのまま国語で訓読するという方法は、すでに一般的なものであった。その時期の字音仮名が、甲類・乙類に分かれるときにおいても、その字音仮名の原音が、正確に甲・乙二系に対応するものであるということから、当時の字音は、かなり原音に忠実なものであったことが知られる。

わが国の漢字音は、仏典や経籍の誦読による慣習音のほかは、「篆隷万象名義」をはじめ、僧昌住《しょうじゅう》の「新撰字鏡」、さらに「和名類聚抄」とつづく約一世紀の間に作られた字書の音注、反切音によるところが多いとみてよい。そのようにして定着した字音は、「玉篇」や「切韻」などの中古音を主とし、ときには漢代の古音を存するものもあったであろう。たとえば字の音義的解釈を試みた後漢の劉熙《りゅうき》の「釈名《しゃくみょう》」の説が、わが国の字音では、「日《じつ》は實《じつ》なり」、「月《げつ》は缺《けつ》なり」、「河《か》は下《か》なり」など、そのまま対応する音であるが、中国では早くからその対応を失っている。もっとも河の音は、マルコ・ポーロも河中府Cacianfu,河間府Cacanfuと表記しており、当時なおその音があった。中国の字音が大きく変化するのは元以後のことで、それ以後、入声音の韻尾t・k・fが失われている。

四

文字学の資料　文字の字形学的な研究は、まず文字形成期における文字資料によって、その初形を確かめることから、着手しなければならない。幸い漢字には、その最古の資料である殷王朝の甲骨文（文字としては卜《ぼく》文、文章としては卜辞《ぼくじ》という）が大量に発見されており、当時の文字の全体を知ることができる。その最初の著録である劉鉄雲《りゆうてつうん》の〔鉄雲蔵亀《ぞうき》〕が出てから、約八十年になる。その間に多くの著録の書が出されたが、殊に殷墟小屯の発掘調査によって大量の完全な亀版《きばん》が出土し、〔小屯〕四巨冊が刊行されるに及んで、その資料的価値はいっそう高められた。近年中国では、胡厚宣《ここうせん》氏の主編によって、その時期区分と事項別編成がなされ、〔甲骨文合集〕資料編十数冊の刊行が進められている。

甲骨文の字形を集録したものに、中国科学院の〔甲骨文編〕(一九六五年)があり、正編一七二三字、附録二九四九字、計四六七二字を録する。これよりさき孫海波《そんかいは》の〔甲骨文編〕(一九三四年)、これを増補した台湾大学の〔続甲骨文編〕(一九五九年)があるが、その収録字数はともに前者に及ばない。また甲骨文の字釈を試みたものに李孝定《りこうてい》氏の〔甲骨文字集釈〕(一九六五年)があり、著録類に加えられている考釈をはじめ、諸家の字説を集成している。正文一〇六二字、〔説文〕未収の字五六七字、存疑一三六字、ほぼ従来の字説をみることができる。

甲骨文の資料は、占卜に用いたものであるため、文に類型的なものが多く、概ね短文であり、断片も多くて、その用義を確かめがたいものがある。しかしまた二百数十年にわたって種々の字形を存するものがあって、字形の推移をみるべきものもある。たとえば王や才(在)の字形などは、その象形的な初形から、次第に字形化されてゆく過程の終始を、追跡することができる。文字形成期の資料が、これほど豊富に、その全時期にわたって存するということは、他には例のないことであろう。

金文の資料も、時期的に古いものは甲骨文と並行して存する。たとえば近年発掘された婦《ふ》好《こう》墓の諸器は、殷の武丁《ぶてい》の正妃と考えられる婦好の器で、その精巧な制作の彝器に、婦好の名を銘している。長文の銘をもつものは、殷末より周初に及んでからのことであるが、西周・列国期を通じてその出土器数は甚だ多く、羅振玉《らしんぎょく》の「三代吉金文存」に集成するものは、四八三一器に及ぶ。その後の出土器もかなりの数に達しており、そのうち重要な銘文をもつものもある。それらは概ね私の「金文通釈」（「白鶴美術館誌」として分冊発行）に収録しておいた。

金文の字形を収録したものに、容庚《ようこう》氏の「金文編」（重訂版、一九五九年）があり、正編一八九四字、附録未釈字一一九九字、合せて三〇九三字を収める。甲骨文より字数が減っているのは、甲骨文には異体別構の字が多く、それを字数として数えているからであろう。また正編に収める字が金文に多いのは、それだけ字形が安定してきているからである。

甲骨文・金文を合せて一編とするものに、高明《こうめい》編「古文字類編」（一九八〇年）、徐中舒《じょちゅうじょ》編「漢語古文字字形表」（一九八〇年）がある。「類編」は甲骨文・金文の字形を時期区分を加えて配列し、さらに盟書・印刻類及び篆《てん》文を加えて、字形の推移過程を表示するもので、収録の字数三〇五六、異体の字形数を合せて計一万七〇〇五字に及ぶ。すべて出所の著録を注記しており、依拠するに足るものである。［字形表］は金文の時期区分を示さないが、字形の展開を追うて配列しており、その用意は殆んど［類編］と同じ。所収の字数は約三〇〇〇、字数においてもほぼ同じである。［字形表］は、徐氏の序によると、［漢語大字典］編纂の準備工作の一として作られたもので、これを古代文字資料とする、大規模な字典の編修が企画されているという。

漢字の字形学は、その初形を確かめることからはじまるものであるから、当然古文字学となる。古文字学への学問的模索は、近年殊に盛んであり、漢字文化圏において、新しい機運が生れつつあるようである。すなわち中国では、［古文字研究］（一九七九年創刊）、台湾では従前の［中国文字］を継承してその新一期（一九八〇年創刊）、また香港では［中国語文研究］（一九八〇年創刊）が、殆んど時を同じくして発刊され、それぞれ定期の刊行をつづけている。このような字形学の隆盛の背後には、おそらく相通ずる時代的要請が存するのであろうと思われる。私も国字としての漢字の重要性を考え、さきに［説文新義］一五巻、別巻一巻（一九六九〜一九七四年）を刊行し、また一般書数種を出して、基本的な理解の方法の普及を試みた。

近年、周法高《しゅうほうこう》氏の編する［金文詁林］一六冊（一九七五年）、また［金文詁林補］八冊（一九八二年）が刊行された。［詁林］正編は、金文の著録類にみえる考釈中の字説を集録したものであるが、続編の八巨冊は、主としてわが国の研究者の字説を録しており、私の［説文新義］の該当項目全部と、また［金文通釈］中の字説を華訳して収めている。

わが国の古代文字学　甲骨文・金文の学は、わが国においても早くから注目され、林泰輔が釈文を付して刊行した［亀甲《きっこう》獣骨文字］（一九一七年）をはじめとして、その翌年より高田忠周の［古籀《こちゅう》篇］一〇〇巻の刊行がはじまり、また少しおくれて中島竦《しょう》の［書契《しょけい》淵源］五帙（一九三七年刊成）が出された。［古籀篇］は、当時利用することのできた甲骨文・金文資料を網羅し、また［書契淵源］は金文資料によって、それぞれ［説文］の字説に拘束されることのない字形学的な研究を試みたもので、ときに創獲のところがある。この二書は漢文で書かれており、特に［古籀篇］一〇〇巻は、その大規模な編集と、衆説を徴引している便利さもあって、中国の文字学界に大きな影響を与えた。近時の馬叙倫《ばじょりん》の大著［説文解字六書《りくしょ》疏証］（一九五七年）にも、その文を多く徴引しているが、字説としては方法論的な用意に乏しく、その尨大な著述のうちに、採るべきものはむしろ少ない。その点では、［書契淵源］もまた同断である。

国民軍の北伐（一九二八年）によって、わが国に亡命した郭沫若《かくまつじゃく》は、東京の文求堂主人の庇陰を受けて古代研究に没頭し、『甲骨文字研究』（一九三〇年）、『殷周青銅器銘文研究』（一九三一年）を相ついで中国で刊行した。つづいて発表した『金文叢攷』（一九三二年）、『卜辞通纂』（一九三三年）、『金文続考』（一九三三年）、『両周金文辞大系』（一九三五年）、『殷契粋編』（一九三七年）の諸書は、いずれも文求堂から出版されている。また孫海波の『中国文字学』（一九四一年）も、文求堂の出版であった。これら一連の書がわが国で刊行されたことは、羅振玉の『三代吉金文存』（一九三七年）がわが国で刊行されたこととともに、わが国の学界に大きな刺激を与えた。郭氏の『卜辞通纂』や『両周金文辞大系』は、当時の私にとって、最も関心を寄せた書であった。その一字索引などを自ら用意し、著録類の模写を試みたのも、そのころのことであった。しかし間もなく戦争が拡大されて、すべてが中断した。

戦後五年を経て、加藤常賢博士の『漢字ノ起原』が、油印一〇〇ページの小冊で刊行され、二十年間に一九冊が出た。のちの『漢字の起源』（一九七〇年）の初稿本である。私も少しおくれて『甲骨金文学論叢』初集（一九五五年）を出して十集までつづけ、またかねて礎稿を用意していた『金文通釈』（一九六二年）を季刊で発表した。『通釈』は『白鶴美術館誌』として、第五十六集を出し、なお続刊を計画中である。

この間に、甲骨文の考釈としては、『京都大学人文科学研究所蔵甲骨文字』の考釈編（一九六〇年）を、伊藤道治氏が担当して解説し、また池田末利氏の『殷虚書契後編釈文稿』（一九六四年）が詳密な考釈を試みている。字書としては藤堂明保氏の［漢字語源辞典］（一九六五年）が出ているが、その書は書名の通り語源を論じたもので、字形学的には何の得るところもない。

私はさきに［甲骨金文学論叢］において試みた古代文字学の方法によって、［説文］の字説に全面的な修正を加えることを試み、［説文新義］一六冊（一九六九〜七四年）を刊行した。また一般書として［漢字］（岩波新書）、［漢字の世界］1・2（平凡社、東洋文庫）、［漢字百話］（中公新書）のほか、［甲骨文の世界］［金文の世界］（平凡社、東洋文庫）、［中国古代の文化］［中国古代の民俗］（講談社、学術文庫）などを書いた。私の文字学は、それを古代学の基礎として位置づけようとするものであり、文字学は古代学の中軸をなしている。

このような古代文字学の研究の達成度からみると、わが国の字典類の字説は、一般に甚だ貧弱なものである。それはその編集者たちが、これらの研究に無関心であり、また十分な知識を求めようとしていないからであろう。わが国最大の字書である諸橋博士の［大漢和辞典］は、戦前に完稿し、組版も用意されたものであるが、その刊行は昭和三〇年（一九五五年）にはじまり、五年後に至って刊行を終えた。漢字典としては類例のない浩瀚なものであるが、その字説は専ら［説文］により、これを補説するときにも、［段注］など［説文］の注家の文を引くのみで、独自の研究は全くない。当時には十分に依拠すべき資料がなかったとしても、「古籀《こちゅう》篇」「書契淵源」ののちに刊行された書としては、これらの研究を無視すべきではなかったであろう。

近年その要略本というべき「広漢和辞典」が出版され、字説の部分が全面的に改められている。ただその字説は一見して明らかなように、みだりに他家の研究をとり入れたもので、その拠るところをも明記せず、ときに俗説を交え、著しく体例を失ったものとなっている。漢字は表意字であるから、その字形や構造には意味的な連関、すなわちそれ自身の体系がある。その体系を理解することがなくては、「文を望んで説く」という恣意的な解釈に陥ることを免れない。そこには文字学としての、方法がなくてはならない。

文字学の方法　文字の形には、一定の意味が与えられている。その意味は、文字の成立した当時、その文字の使用に関与していた人たちにとって、共通した観念によるものとして、もとより自明のものであった。たとえば、𠙵《さい》は神に祈るとき、盟誓を行なうときの、祝詞や盟書を入れる器の形であることは、はじめから諒解されていることであった。それで、その器を木の枝の丫に結びつければ告となり、大きな竿につけてこれを掲げると史となる。史を、のちの人は歴史を意味する字とするが、当時は家廟に祭る内祭のことを史といった。甲骨文では、史はその意のみに用いられている。外に出て祭るときには、竿の上部に吹流しをつけた。それが事《まつり》で、使の初文である。事はもと祭祀を意味し、大祭を大事といった。使とはその祭の使者、他の地に赴いて祭祀を執行するものである。告と史と事と使と、これらの字は、その字形において系列をなし、その字義において共通するものをもっている。文字の全体は、そのような関係で各自に系列をなし、またその系列が声義において結合し組織されて、一大体系をなす。文字は孤立的なものでなく、つねにその全体の中においてあるという認識が必要である。

従って文字の研究には、まず系列的な研究が必要である。たとえば𠙵に従うものが、すべて祝禱の関係の字であることを確かめた上で、その解釈ははじめて妥当性をもつ。それには甲骨文・金文において、𠙵形を含む字の全体について、それを検証する手続きをとるべきである。従来𠙵はすべて口耳の口と解されていたが、さきの告・史・事・使において、そのような字形解釈の成立しがたいことは、容易に理解されよう。口を木の枝につるし、竿で通すことは、ありえないからである。

私はそのことを論証するために、かつて［釈史］（［甲骨金文学論叢］初集、一九五五年三月）を書いた。史の字説については、すでに王国維・内藤湖南の二家がその解釈を発表しているが、いずれも史を史官とするのちの用義に基づいて、記録のための簡札を執るもの、射儀における的中の矢数を司るものに起原するとする。しかし甲骨文において、それは内祭の意に用いられており、祝詞を奏する祭祀官がその原義である。その祭祀のしかたが前例慣行となって、記録とされることから歴史の意が生れるが、金文においても、史はなお祭祀儀礼の執行者であり、内史・内史尹《いん》・作冊《さくさく》内史のようにいう。

𠙵《さい》を祭祀祝禱のときの器とする解釈は、𠙵形を含む文字の全体のみでなく、それから派生する字形の全体についても、検証する必要がある。私はそのためにまた「載書関係字説」（『論叢』四集、一九五六年十二月）を書いた。祝禱や盟誓の書は古く載書とよばれたものであるから、𠙵をその載の初文（才・在・𢦏はみな𠙵に従う字）としてその音でよみ、その系列字の字形と声義を論じたものである。また曰《えつ》は、載書の器である𠙵の中に書を入れた形で、その蓋を啓《ひら》いて書を閲することを曰という。また言は、𠙵の上に入墨に用いる辛（針）を加えて神に誓うことを示す形で、言とは神に誓約することをいう。いずれも𠙵から派生した字であり、𠙵と曰・言は一系相承ける字である。そして曰はまたその系列字、言もその系列字をもつ。その全体を通じて、𠙵が祝禱の器であることが確定されるのである。

　文字は系列化を通じて、その形義が確かめられる。そのために私は、たとえば文身関係の系列字をまとめて「釈文」（『論叢』初集、一九五五年）を書き、祭祀祝冊の関係をまとめて「作冊考」（『論叢』二集、一九五五年五月）、自系列の字を「釈師」（『論叢』三集、一九五五年八月）、また古代の呪術として知られる媚蠱《びこ》に関する字を「媚蠱関係字説」（『論叢』七集、一九五八年五月）として論じた。別に南の字形を論じた〔釈南〕（〔甲骨学〕三号、一九五四年十月）、また金文に軍礼として行なわれる蔑暦の字義を論じた〔蔑暦解〕（〔甲骨学〕四・五号、一九五六年十月）を発表した。そしてそのような基礎作業の上に、〔説文〕の全面的な改訂を試みる〔説文新義〕の稿を進め、昭和四四（一九六九）年七月から四九（一九七四）年六月に及んで、五典書院主小野楠雄氏の義捐をえて、四〇〇〇ページに近いその全巻を刊行したのである。

私は戦後まもなく、〔卜辞の本質〕（一九四八年）、〔訓詁に於ける思惟の形式について〕（一九四八年）、〔帝の観念〕（一九四九年）、〔殷の族形態〕（一九五〇年）、〔殷の基礎社会〕（一九五一年）など、中国古代社会に関する論考を発表したが、それらはいずれも文字学的方法を多く用いている。しかしまだ、文字学の書をまとめるには至らなかった。文字学は私の研究においては、いわば通路であり、それを直接の対象とするものではなかったからである。

敗戦の翌年（一九四六年）の十一月に当用漢字表、その二年後（一九四八年）二月に当用漢字音訓表・当用漢字別表（教育漢字表）、翌年（一九四九年）四月に当用漢字字体表が、それぞれ法令としてではなく、内閣告示として公布された。学校教育と公文書を主たる対象とするものであったが、忽ちのうちに新聞・雑誌をはじめ、あらゆる印刷物がこれに追随して、漢字の字形は一瞬にして外科的整形を受けた。漢字が生れて以来、どのような時代にも、このように容易に、このように無原則に、このように徹底的に、全面的な変改を受けたことはない。はじめ当座の使用を意味した「当用」は、やがて「当為」の意とされ、いまは「常用」と名を改めている。この誤り多い字形は、これに服従しない限り、学業を履修して社会に出ることも、社会に出て種々の活動に従うことも、不可能となっている。誤りを正当として生きなければならぬという時代を、私は恥ずべきことだと思う。

五

字形の問題　試みに、常用漢字表のなかで、旧字形と異なるものとされる公・及・交・化・内・史・匹・分・月などの字形をみよう。これらはいわゆる活字体と筆記体との区別であって、以前には何ら問題とされることのなかった性質のものである。唐代に科挙《かきょ》の制が生れたとき、その用字を正字として定めたことがあり、それがいまの活字体の源流をなしている。活字体はもと、楷書として最も正しい字体であった。月は三日月が実体のあるものとして、その中に小点を加えた字である。点のないものは、夕であった。月中の二横画を左右とも接しなければならぬ理由は、何もない。このような正字化は、無用の区別を設けることになり、徒らに繁重を加えるのみである。

そのような正字化によって、かえって不統一を招き、字形を誤ることがある。たとえば辛

（辛）・音（音）・意（意）・新（新）・親（親）のうち、それぞれ（　）内の旧字形に対して辛・音などが正字とされるが、言については旧字形のままである。しかしこれらの字はもと一系をなすもので、すべて字形中に辛を含む。辛は細身の刀。入墨のときに用いるもので、墨溜りのあるものは章、これで文様を加えるのである。神に誓約するとき、自己詛盟の意を以て、𠙵の上にその辛をそえた形が言、すなわち詛盟誓約の言をいう。神意はその言に感応する「音なひ」として示される。それを音という。この暗示的な神の感応を、推測することを意といい、臆度する意である。辛・言・音・意は一系の字であるが、どうして言だけを除外したのであろう。

　辛は針形の器であり、神事に用いる木には針を投げ、矢を射て木をえらぶことがある。それは神意にかなう木であった。死者の位牌を作るとき、その新しい木がえらばれる。それを新という。新木で作られた位牌を拝する形を親という。それは親縁の人であり、子にとっては親であることが多い。これらはみな辛の系列字である。もし辛・言・音が同じ系列字であるという知識があれば、このような変改はなかったであろう。

　常用字のうちに、犬・伏・臭（臭）・突（突）・戻（戾）・状（狀）・就・献（獻）・黙（默）・器（器）・類（類）・抜（拔）・髪（髮）などの字がある。みな犬の形を含むその系列字であるが、そのうち小点を外したものが多い。この小点は犬の耳で、これによって人の正面形である犬と区別したものである。臭が犬の自（鼻）によって嗅覚を示す字であることは、あまりにも明らかであり、他はみな犬牲を用いることを示す字である。突は竈突で火を用いる聖所、戾は戸下に犬牲を埋めて墓基とする意。家や家も、その犬牲に従う字である。狀は版築などの建設のときの犬牲、就は京観《けいかん》（アーチ状の門）の落成のときの犬牲、獻は器物の製作のとき、牲血で清める釁《きん》礼を示す字である。器は明《めい》器として用いるものを、祝禱と犬牲で清める形。死者を哭する哭も、同じ立意の字である。默とは、そのとき言をタブーとする意を示す。類は天を祀《まつ》る祭名で、米（糓）や犬牲を供えて拝する祭儀であった。拔・髮に従う字はもと犮に作り、磔《たく》殺された犬牲の形で、祓《はら》うことを原義とする字であった。伏は伏瘞《ふくえい》というように、犠牲を地下に埋めることをいう。尊貴な人の墓室には、その玄室の坑下に、人と犬牲とを埋めた。安陽の殷墓には、武装したままの将軍と、犬牲とがともに坑下に埋められている例がある。また建物の前方、出入の要所などには、断首葬や獸牲を用いていることが多い。また犬牲を祭祀や呪儀に用いることは、甲骨文に極めて多くの例をみることができる。

字形を解釈することは、字形のもつ意味を理解することである。犬・犮・尤・豕・豖のように、それぞれ異なる形にしるされているものも、もとはみな犬牲を示すものであり、その字形構造のなかで、その意味を示している。このことを理解しなくては、字形の系列化と、その意味を把握することはできない。古代文字の字形を理解するには、その文字を成立させた社会の生活と習俗、その観念と思惟のしかたの全体を、古代学的な諸科学の知識を用意することによって、把握することが必要である。文字はそのような古代社会の記号であり、その表象に外ならぬものである。

字形の意味　文字を古代学的な立場から理解しようとする試みは、かつてなされたことがなかった。それは〔説文〕の字形学の権威があまりにも強く、新しい文字学の方法の導入を、容易に許さない状況にあったことも、その一因であろう。たとえば〔段注〕では〔説文〕を殆ど経典として扱っており、また章炳麟のように、音韻学に新しい発想を示した人でも、甲骨文・金文はみな偽作、信ずべからずとするなど、新しい資料に拒絶反応を示している。しかし資料的には、甲骨文・金文をこそ信ずべきであり、〔説文〕の依拠した篆《てん》文は、古代文字が字形的に整理された最終の段階のもので、すでにその初形を失っているところが多い。たとえば祭器であることを示す彝は、西周《せいしゅう》期の金文では、鶏を羽交い締めにして、その血を以て祭器を清めることを示しており、なお象形的な字であるが、秦公毀《しんこうき》では字が線条化されていて、いまの彝の字形に近い。〔説文〕はその秦篆《しんてん》の字形によって、彝を米と糸とに従う形とし、そのため字の立意を見失っている。

字形の理解には、字の系列的な把握が必要であること、その字形解釈に、古代学的な用意が必要であることは、すでに述べた𠙵系列の載書関係（口・曰・言・音の諸系列）の字、また犬牲による修祓を示す犬・犮・豕系列の字などによって、明らかであろうと思う。

文字は、その一点一画にみな要素としての意味があり、みだりにその長短を削り、点画を省略することを許さないものがある。いまの常用字には、者系統の字はすべて者の点を削って者とし、舎・害の中央の線を削って舎・害とし、隠・随からは工を略し、暦の禾を木に代えるなど、理由のない変改を加えている。理由のない変改は誤字に外ならない。

者は祝禱を収めた曰（呪符を入れた器）の上から、木の小枝や土をかけて埋めた形で、古代の聚落の周囲にめぐらした土垣を意味する。堵の初文である。のちには城壁の大きさの一定の単位を堵といった。堵はもとお土居に類するもので、その要所に呪符を埋めたが、これを書という。書は聿《いつ》（筆）と者（者）との会意字である。曰上に一点を加えているのは、土を示すもので、これによって老の従うところの形と区別される。この一点によって、系列の異なることが示されるのである。

舎や害は、そのような祝禱の機能を失わせるために、祝禱の器である𠙵を、把手のある長い針で突き通し、その呪能を捨て害することを示す字である。長針は𠙵に深く達することによって、はじめてその目的を達することができる。いまの字形である舎・害は、その針先を折り取っていて、舎・害の目的を達しがたい字である。

隠は隠が旧字形である。左偏はもと自に作り、甲骨文ではに作る。円木に足かけを刻みこんだ梯の形で、神が天地の間を陟降《ちょくこう》する神梯である。その降り立たす墜《ち》（地）に、神は姿を隠す。その「御身を隠し給ふ」ときの呪具が、工である。ㅂをもつ手は右、工をもつ手は左で、この左右を上下に重ねると尋（尋）となる。尋とは祝詞と呪具とを以て、神の所在を尋ねる意である。いまの隠は、神隠れの呪具である工を奪うているため、神はもはやその姿を隠すことはできない。随・堕などもみな神事に関する字であるが、すべて工を削っている。しかし惰だけは工がそのまま残されている。字の要素の省略において、何の原則もない。

盗はいま盗と書かれている。［説文］八下では盗に作り、次を涎とし、皿中のものを羨む意とした。これは［説文］の字説の誤りで、盗は皿中のものを欲する物乞いの類ではない。古い文献にみえる盗の用義例から考えると、盗とは族盟にそむき、血盟をけがす謀叛人、盟約の破棄者をいう。皿は血盟の盤、それに水を注ぎ、罵詈《ばり》を加えて盟誓を拒否するもの、いわば体制の否定者である。多くは集団として行動するもので、盗跖《とうせき》は従者数千人、諸侯もその威を避けたといわれる。魯《ろ》の実力者陽虎《ようこ》も、亡命するときは盗とよばれた。字形の解釈には、その初義の用法を知り、その時代を知ることを要するのである。

文字の系列　文字はその形によって意味を示し、その系列字は意味的な連関をもっている。𠙵に従うものは、載書関係の字として一系列をなし、それから分化した曰・言・音・意、またこれを音符とし声符とし限定符とする数百の字の全体にわたって、一の体系をなす。このような文字の体系は、その時代の意識体系と対応するものであり、その表象としての意味をもっている。

　このような文字の系列と体系とを通じて、文字学の立場から、古代の社会や文化の諸問題について、その意識面に照射を加えることが可能である。たとえば古代における罪悪観、法の起原の問題については、「書」呂刑篇のように、これを神話的に説く資料もあるが、「呂刑」篇の成立はおそらく戦国期に下るもので、法の起原的な形態についての、具体的な叙述はみられない。しかし文字学においては、獄訟関係の字、罪辜《ざいこ》関係の字の系列的な理解によって、容易にその問題に接近することができる。

　法の初文は灋《ほう》と書かれる。灋に含まれる廌《たい》は解廌《かいたい》とよばれる神羊で、重大な犯罪については羊神判が行なわれた。その方法は「墨子《ぼくし》」明鬼に、斉《せい》の社で行なわれた実例が記録されている。羊神判の勝者の羊には、神の祝福を示す文身が、心の形で加えられる。その字は慶である。敗訴者の羊は、その人（大）と、審判のとき神に宣誓した𠙵の蓋をとり去った凵とともに、水にすてる。その字が灋である。去は古く厺と書かれたが、去るとは祛《はら》うことである。

瀆も金文では廃の義に用いられる。廃棄して祛うのは、罪を汚れと考えるからである。罪悪は神に対する汚穢である。それで大祓いのように、これを水に流し捨て、祛い清めるのである。

死罪にあたるほどでない罪人たちは、神に犠牲としてささげ、また徒隷として奉仕させた。これらの犯罪者には、辛器で入墨を加え、あるいは眼睛を刺割するなどの方法をとった。臣・民はいずれも眼睛を傷つけたもの、童・妾は額に入墨したものである。これらは本来は神にささげられたもので、甲骨文には河神に妾を献じたことなどがみえる。隷とは穢れや災を移された人で、これも神にささげられるものであった。罪とはその本質において、神に対するものであった。

字書を、このような系列字の体系で作ることも可能であり、文字の全体的理解には、この方法によることがむしろ便宜である。先年私の監修した［漢字類編］は、その方法によるものであった。文字の系列的な理解に便するために、その系列字の一端を左に掲げておく。

載書　口（𠙵）　右　召　古　固　可　各　司　谷（俗・欲・容）　周（周）　告（告）
吾　敔　啓（啓）　唐（唐）　商　矞　咎　舍（舎）　害（害）　高　歌
僉　嚴（厳）　品　區（区）　歐（欧）　喿　臨　霝　靈（霊）　嚚　囂　㗊　噩
曰　旨　習（習）　曷　沓　魯　曹　曺　曶　朁　皆　某　晉　曆（暦）

占卜　卜　占　鼎（貞）卦

巫祝　巫　筮　若　匿　如　夭　笑　吳（呉）而　需　令　巽（選〔選〕・撰・饌）
　兄　祝（祝）莫　歎　難（難）

宗廟　宗　廟　客　安　完　冠　寬（寛）宥　家　賓（賓）宿　容　寡　寇　寢（寝）
　公（公）頌（頌）訟（訟）
　帚（婦）妻　每（毎）敏（敏）緐（繁）毒　齊（斉）齋（斎）齎　參（参）

祭祀　史　事　使　吏　祭　祀　有（有）宜

祼鬯　敢　嚴（厳）侵（侵）祲　釁　鬱

聖器　成（成）咸　威　滅　祕（秘）戒　哉　式　吉　臧　肇（肇）幾（幾）

神梯　陰　陽　陟　降　除　隱（隠）際　隙（隙）隔（隔）阿　隰　限　陋　隊（隊）墜（墜）隓　防　陼　隈　陳　險　隣　陵

聖域　土　才　在　廷　者（者・堵）禁　坐　封　夆

生子　字　名　產（産）孟　育（毓）存　棄　保　褒　隆（隆）

文身　文　彣　彥（彦）顏（顔）斐　彰　奭　爽　爾　畫

	凶兇㚇匈胸
盟誓	矢折誓盟（盟）質劑（剤）則（𠟭）智賊（賊）盗（盗）贖
	契（契）約（約）
修禊	攸修滌先前（前）斆
聖火	火主（主）叜（叟）燮熒烖焂密烈光炎粦
儀器	王士父尹君宰侯
呪器	日（玉）昜陽揚場禓瑒皇旻匽玩弄瑱
	貝賀賞得具（具）賚贅賜實（実）寶（宝）賫（積）貳
	（弍）賊（賊）敗
	工左尋（尋）隱（隠）塞展差
	習（習）𦐇翣椴旛
刑罰	辛辠辜憲（憲）辟刑刵辥黥執圉報籀械
獄訟	獄曹灋（法）去訊（𡀍）亟
徒隷	臣民童妾宦豎賢
	俘奴僕隷
死葬	死葬化（化）久匚眞（真）顚塡瑱鎭（鎮）愼（慎）瞋

莫墓宋(寂)高薨
尸屍哀褱襄袁衰(衰)喪展罠
屋亞(亜)罨遷(遷)僊票
沈泛窆浮(浮)流氾

鬼神
鬼畏異戴翼(翼)冀彪魃顛倛

死霊
亡(亡)匃曷喝(喝)遏惕咼禍(禍)丐句局高瘞

媚蠱
眉媚敚微(微)敫傲徵(徴)
蔑(蔑)夢(夢)薨(薨)寢瞢

道路
道(道)導(導)路途(途)除徐
御(御)衙衒術(術)

祭梟
方放敫儌邀覈竅邊(辺)縣(県)列烈

殴打
放毀敲殿毆(殴)變(変)更

呪霊
祟肴隷救殺攺(改)殺(殺)弑(弑)竅肆蛇蠱

犬牲
犬犮拔(抜)伏突(突)哭器(器)猒厭戾(戻)獄猷獻
(献)猌默(黙)類(類)瀨敬(敬)

城郭
邑都(都)城(城)衞(衛)圍(囲)京庸墉郭或國(国)

域

軍礼　禾　秝　和　休　厤　曆（暦）　歷（歴）　戲（戯）　劇

取　聝　馘

𠂤　師　帥　官　館（館）　追（追）　遣（遣）　歸（帰）

農耕　年　委　辰　農　蓐　穌　加　喜　嘉　台　始　畟　稷　夋　力　劦　靜（静）

啚　鄙　圖（図）

鳥占　進（進）　鳴　唯　雖　䧹　應（応）　膺　雝

獸尸　白　皋　睪（燡・斁・繹）　⿱雨革（霸〔覇〕）

天象　日　旦　朝（朝）　夕　夙　昃　星

云（雲）　虹　蜺　申（神）

無（舞・⿱雨無）

气　乞

望（望）　聞

医術　医　殹　毉　醫（医）

疾　齲

樂（楽）　𤻲（療）

兪　愈　癒（癒）

歌謡　可　訶　歌　[illegible]　謳　諺　誣　謦　詩　誦　謠（謡）

これらの系列字は、それぞれの系列字において相通ずる意味をもつとともに、またその形や声義において他の系列と関連するものをもつ。たとえば余は細い曲刀の形であるが、祝禱の𠙵を貫いてその呪能を害するときは舎となり、これを道路の呪儀に用いて、これを以て埋《まい》蠱《こ》などの禍を除くときは途・除・徐の義となり、これを医療に用いて、膿血を除いて盤（舟）に移すときは兪・愈・癒など治癒の字となり、また転じて輸送の意となる。ことばがその本来において意味していた意味の領域や相互の関係を、文字はおそらくその関連において表示する方法をとっているのであろう。そのことはまた、音の関係においてもいうことができる。そして文字のこのような縦横の関係を確かめてゆくことによって、文字ははじめてその体系をあらわすのである。

六

本書の収録字　この書にはすべて六八〇〇余字を収めた。字数としては、一般の中字典が約一万字前後を収めるのに対して、それよりやや少ないが、常用漢字の一九四五字にくらべると、約三・五倍に近い字数である。国語の語彙として用いられる字はもとより、中国の文献を読むのに必要な基本的な字は、殆んどこのうちに含まれている。

中国の文献には、多くの字が用いられているように考えられ易いが、実際の字数はそれほど多いものではない。試みに先秦の文献の用字概数をあげると、〔詩〕二八三九、〔書〕一九四三、〔論語〕一三五五、〔孟子〕一八八九、〔四書〕二三一七、〔老子〕八〇四、〔荘子〕三一八五、〔管子〕二九〇一、〔荀子《じゅんし》〕三六六八、〔韓非子《かんぴし》〕二七二九など、議論の宏博を以て知られる〔荘子〕〔荀子〕もなお三千数百字にすぎない。晋代では、最も博弁とされる葛洪《かっこう》の〔抱朴子《ほうぼくし》〕においても〔内篇〕三七六五、〔外篇〕三五〇二であるから、この程度が文字使用の一般的な限度とみられる。〔文選《もんぜん》〕は、修辞主義の最も盛行した六朝《りくちょう》期の作品の総集で、文字の最も繁多とされるものであるが、その字数は約七〇〇〇にすぎない。下って唐の時代では、李白《りはく》の詩の字数約三五六〇、杜甫《とほ》・韓愈《かんゆ》はともに約四三五〇、作詩三八〇〇余首に及ぶ白楽天《はくらくてん》においても、その字数は約四六〇〇前後という。白楽天の詩に親しんだわが国の王朝の人たちも、その程度の文字を駆使しえたことは、〔本朝文粋〕などの詩文によって知ることができる。

字書ということになれば、使用度に関係なく網羅的に字を録するものであるから、字数の多いのは当然である。「説文解字」には五四〇部に分って、九三五三字を収めるが、草部・木部・水部・女部・糸部・虫部・金部などに属する多数の字は、用いることもないものが多い。ついで魏《ぎ》の「広雅」一万八一五一字、梁の「玉篇」が二万二七二六字に及んでいるのは、六朝期の修辞の極盛と、また南北の方言分化の傾向を示す。そののち宋の「広韻」二万六一九四、明の「字彙」三万三一七九、清の「康熙字典」に至って四万二一七四字となるが、無用の異体俗体字を加えたためで、語彙に用いる字が増加したのではない。わが国の「大漢和辞典」はついに四万八九〇二字に達しているが、所要字の検索にはかえって不便である。

漢字は国語を表記するものであり、すなわち国字であるという立場からすれば、文字の選択はその必要度を考慮して定めるべきである。ただ文字をその系列において理解するために、必要とするものを加えて六八〇〇余の字数となった。国語の語彙として使用されている文字、また中国の文献を理解する上に必要とされる程度の文字は、殆んどこのなかに含まれている。

文字は五十音順に配列した。国語の語彙としてはその字音を用いるわけであるから、字音によって配列した。字音は漢呉音、唐宋音のように区別があるときは、最も一般的な音に従った。従来の字書は、「康熙字典」の部首法に従って、部首別の配列をするのが普通であるが、その部首法は必ずしも文字の構造に即したものでなく、検索にも不便なことが多い。中国の字書も、文字改革以来、字形が変改されて部首法や画数がみだれ、いまでは音別によるものが多い。わが国の字書が部首法によるべき理由は、はじめからないのである。

常用漢字の字数は一九四五字であるが、国字として作られた数例を除いて、他はみな音を使用する字である。漢字には形声の字が多く、［説文］における形声字は全体の八割に近い。漢字における表意的な構成のもの、すなわち象形・指事・会意字の総数は約一四〇〇字前後であり、それを基本として形声字が生れている。従ってその基本字の知識があれば、形声字の音は容易に推測しうるのである。

常用漢字は、学校教育などで制限的に教えられているものであるが、社会生活のなかでは指定外の字が実際に多く用いられている。人名・地名はもとより、専門書や古典・文献資料の世界に入れば、この種の制限は何の意味をももちうるものではない。それは最低限の知識である。それを最低限の知識として教えるのは別としても、すべてをこの最低限の範囲に限定すべきものではない。本書に収める約六八〇〇字の知識は、必要字の最低限度と考えてよいものであろうと思う。

音と訓　漢字は、もとは一音であったはずである。音が固定していなければ、文字として機能することはできない。ただ語義が分化するときに、四声《しせい》（平《ひょう》・上《じょう》・去《きょ》・入《にゅう》）といわれるアクセントや、母音の発音部位である開口・斉歯・合口・撮口の等呼をかえることがあり、そのため音に変化を生ずることがある。また音韻そのものも、時代的な変化や語の方言化によって、同じ字に各種の音が加えられることがある。六朝期にはその傾向が著しくなって、そのため多くの［切韻］類の書が作られた。その切韻類の反切を通じて、たとえば端と知、透と徹、定と澄との音の混合、また山と删、蕭と宵との混同というような現象がみられ、またそこから音韻史的な種々の問題を導くことができる。主として［玉篇］に基づくと思われる空海の［篆隷万象名義］や、陸法言の［切韻］を多く引く源順の［和名類聚抄］の反切音は、その時代のものである。その音韻は、国語の音韻に調和する形に改められているところがあるとしても、基本的にはその時期の漢字音であった。

中国では元以後に入声《にっしょう》音を失うなど、大きな音韻上の変化があった。それでのちの字書の反切音は、北宋のときの勅撰本［集韻］に拠るものが多いが、その書は字を四声に分かって反切を加えたもので、その反切字数は五万三五二五字にも及んでいる。わが国の［大漢和辞典］はこの［集韻］を録入したものであるが、実際に用いない音が多い。この書では、国語の語彙として実際に用いる音を、標準音として用いた。音によって字義を異にするものは、その音をもしるした。

わが国が漢字を受容するときに、その訓義をも合せて、国語と対応させることを求めたであろうことは、たとえば稲荷山古墳鉄剣銘のような文献以前の金石文が、すべて訓読を前提とする形式の文であることからも知られる。〔日本書紀〕の原注には多くの訓注があり、〔万葉〕では漢字の音訓的使用は、すでに自在巧妙を極めている。また〔日本霊異記《りよういき》〕のように古い訓注をもつものや、ヲコト点を加えたいわゆる点本類にも古訓があり、貴重な国語資料とされている。古い字書類にも和訓を加えているものが多く、これらを収集整理することは極めて重要であり、意味のある作業であるが、それはこの書の範囲外のことであるから、ここには通訓のみをあげた。漢字はその訓を通じて国語化され、その意味が理解されるのであるから、つとめてその訓義を用いるべきである。これによってその字音の使用が可能となる。漢字音訓表には、その点の配慮を加えるのがよいと思われる。

解説について　字形のうち、象形・指事・会意のように、形を主とするものについては、その初形と、初形によって示される意味とについて解説した。甲骨文・金文にその字形の存するものはその字形を録し、〔説文〕に載せる篆文、その他字形の資料とすべきものをあげ、その字形に即する解説を加えた。それぞれの字を、独立した項目として扱ったが、その系列字などによって補いうるところがあるので、その字には＊印を加えて表示した。文字は系列字のなかでその意味を確かめうるものであるから、なるべく参照字を併読されるように希望する。

形声字については、声符の選択の拠るところ、同じ声符の字の間にある語義の関連性について、一応の言及を試みた。たとえば暗・諳・闇に対しては「声符は音」とする。音は神に祈ることを示す言に対して、神の音なうことを示す字で、いわゆる「音づれ（訪れ）」であり、わが国でも「音づれ」は神寵をいう語に用いる。暗・諳・闇はみなそういう神意の示現と関係のある字で、神は幽暗のうちに、わずかにその音ずれを知らせるのである。それでこれらの字は、音の声義を承ける字である。

軍は車上に旗幟を立てた兵車で、軍の指揮者の乗る車乗であることを示す字である。それで揮《き》・軍《ぐん》・運《うん》はみな車を声符とする字であるが、それぞれ声が異なる。しかし全く系列の異なる音ではなく、その基本音から変化しうる範囲のうちにあるものである。［説文］において軍声とするものは二十二字、そのうち揮《き》・煇・翬、渾《こん》・惲・幝、運《うん》・鄆・緷などの声がある。このようにその声符と同声の用法が他に多く例があるときには、その音韻変化の過程についての説明を省き、同声の例を以てこれにかえた。

各《かく》を声符とする字に、格・額《がく》（頟）・洛《らく》・路《ろ》・略《りゃく》の声がある。［説文］の各声三十六文は、主として格・洛・路の三音に属しており、これもまたその基本音から変化したものと考えられる。この場合、その語頭音が、古くは子音の結合したものであること、すなわちkl-のような形のものであり、洛・路はkの脱落した音とみてよい。各は語頭音が見母に属するものであるが、見母の字には兼《けん》（嫌《けん》・慊・謙・廉《れん》・鎌・磏）、あるいは監《かん》（檻《かん》・鑑、藍《らん》・襤・覧）のように、同一の関係を示す字があることによって知られる。そしてこのような古い音構造は、おそらくかなり後までも残されていたらしい形迹がある。［詩］小雅［斯干《しかん》］に「これを約すること閣閣たり」（板を土に立ててうち固める）の閣々を、［毛伝］に「なほ歴歴のごとし」と注する。閣々と歴々とは、当時なおその頭音が近かったのであろう。各に洛の声があったのである。そしてこのような関係は、たとえば䜌《らん》（變《へん》・蠻《ばん》と巒《らん》・鑾《らん》）においてもpl-という語頭音を推測することができる。

由は［説文］にその字を収めないが、由声とするもの十九文があり、おそらく佚脱したものであろう。由声とするものに油《ゆう》・柚、宙《ちゅう》・冑、迪《てき》・笛、舳《じく》・軸、岫《しゅう》・袖などの声がある。由はおそらく卣《ゆう》ともと同原の字で、卣は瓠瓢《こひょう》の類の形。その果実が油化したもの、果殻のみ残って、内部が空虚となったものが宙、内部が空虚であるため、自由に回転するものが軸である。［説文］には袖《しゅう》を収めないが、岫（山すそ）と袖とは、また声義において通ずるところがあり、ふくらみをもってはみ出る意がある。

由のような音韻の変化は、同母、また同母同韻の字によって、それと相似た関係を証しうるものがある。たとえば攸《ゆう》は喩母幽韻《ゆぼゆういん》、由と同母同韻の字であるが、攸・悠《ゆう》、條《とう》・條《じょう》、滌《でき》・𥉻《てき》、脩《しゅう》・修、倏《しゅく》・儵《しゅく》の音があり、由の声の変化とすべて対応する関係にある。このような声の変化の対応関係を通じて、その法則を求めてゆくことによって、古代における音韻変化のありかたとその法則を帰納することができよう。

この書は字形学を主とするものであるから、音韻の問題には、必要な程度において言及するにとどめる。ただその音韻変化を考えるときにおいても、字の初形初義の把握が十分でなくては、その文字構造の変化に伴う声義の関係を、規則的な法則性の上に立って理解することはできない。音韻の研究も、字形学の基礎をもつのでなければ、確かなものとはなりえないのである。

この書を編集するにあたって、私の意図したところ、またそのために用意したところは、ほぼ以上のようなことである。この書は、字の起原的な形体と、その意味を明らかにすることを目的としている。字の初形初義を明らかにすることによって、その後の字義の推移を追迹し、言語史的な展開をたどることができる。初形初義を証するために、なるべく古い用義例をあげて証としたが、同様の方法によって字義の展開をあとづけ、文字の言語史的展開を整理すること、それが今後の字書に要求されている課題であろうと思う。この書は、その出発点を明らかにするために、まず字源の研究から着手した。文字の研究には、つねに系統的・全体的な把握を必要とする。そのことを指標として明らかにするために、この書を［字統」と名づけるのである。

（『字統』平凡社、一九八四年初出）

字訓の編集について

一　本書の趣旨

字訓と国語の問題　この書は、漢字を国字として使用し、その訓義が定着するに至った過程を、古代語の表記のしかたのうちに求めて、その適合性を検証することを、主たる目的とする。単音節語であり、語法的に孤立語とよばれる中国語を表記するための漢字を、多音節語であり、ウラル・アルタイ語系に属する国語の表記にとり入れることは、他の民族語の文字を借用する場合の一般の事例と、甚だしく異なるものであるが、どうしてそのようなことが可能であり、また適合するものであったかを考えようとするものである。国語・国字の問題の原点というべきものが、まずこの点にあると思うからである。

文字をもたなかったわが国では、国語を表記するのに漢字を用いた。漢字を国語の語義に合せてよむことを和訓といい、その訓を字訓という。「山《やま》」「川《かは》」「高《たか》し」「清《きよ》し」などがその例である。字訓は漢字を国語としてよむ方法であるのみでなく、また国語を漢字で表記する方法であった。字訓が国語表記の方法として一般に認められ、定着するとき、その字を常訓の字という。常訓の字は、いわば国語化された漢字である。そして、このような訓義の定着によって、さらに字音の使用が可能となる。「山川《さんせん》」「山河《さんが》」のようにいい、また「高大《こうだい》」「清明《せいめい》」という語が、字音のままで国語化され、語彙化される。漢字を国字として使用するのには、まずその訓義によって字義を理解すること、すなわち字訓の成立が不可欠の条件であった。この書は、その字訓の成立する過程を、古代の文献例によって検証しようとするのである。

漢字を国語表記の方法として採用することによって、その後の国語の展開は、漢字との関連をも含めて多様なものとなった。そのことが、国語の自律的な展開の上に、種々の影響を及ぼしたであろうことは疑いのないことであり、またその得失についても、それぞれの立場からの考えかたがなされている。しかしその評価のしかたの如何にかかわらず、漢字の国字化がすでに歴史的な事実である以上、それは歴史的にも必然性をもつ、回避しがたいものであったとしなければならない。字訓の問題は、そのような漢字国字化の、いわば関鍵をなすものであった。

字義と語義　字訓はまた、国語表記の方法というような手段にとどまるものでなく、国語の展開・発達の上にも、深くかかわるものであった。漢字の歴史は古く、漢字がわが国にもたらされた頃までに、その文字としての歴史は、すでに千数百年にも及んでいる。漢字が文字の体系として完成したのは、殷《いん》の安陽《あんよう》期の初頭であり、その萌芽的な形態は、殷中期の鄭《てい》州《しゅう》期にまで遡ることができる。殷の甲骨文、両周《しゅう》の金文、先秦《せんしん》の経籍、漢《かん》・魏《ぎ》以後の史文詩賦の類など、その集積された文字文化は、尨大な量に達している。字義はすでに歴史的に変化し、多義的に使用されており、いわゆる漢唐の古訓をその背景にもっている。それで国語と対応する漢字は一字にして多義、また同訓の字が甚だ多いという複雑な関係となる。たとえば「高」は、漢唐の古訓を集めた［経籍纂詁《けいせきせんこ》］によると「皐《たか》し、上なり、大なり、遠なり、貴なり、敬なり、養なり、伸なり、陵なり」、また［続補］に「崇なり、尊なり」などの諸義がある。「高」の初義は［説文解字《せつもんかいじ》］五下に「臺観の高き形に象《かたど》る」とあるように高楼の形で、高い建物を意味した。それは神を祀《まつ》るところであったから、𠙵《さい》（祝詞の器の形）に従う。国語の「たかし」はおそらく「岳《たけ》」と同根であるから、本来山の高いところをいう。そこも神を迎えるところであるから、「たかくら」「たかしく」「たかてらす」「たかひかる」

のように、「たか」は神聖・高貴の観念を含むものであった。「たかし」とする対象は異なるとしても、「高」と「たかし」とはその語義が近い。〔名義抄〕に「たかし」の訓を加えている字は百十数字にも及ぶが、高の字義が「たかし」の語義に最も近い。それで「高」を「たかし」とよむ訓が定着した。その訓がその字義を代表しうる関係にあるものであるから、これを正訓といい、また常訓という。

同訓異字　同訓の字が甚だ多いということが、それらの同訓の字を媒介として、また国語の語義領域に影響を与えるというようなことも、あったと思われる。たとえば「おもふ」と訓する字は、〔名義抄〕にその訓を加えるものは六十七字に及んでいる。それらの字にはいくらか用義上の区別があり、たとえば〔万葉〕には念・思・憶・想の諸字を用いるが、使用例約九百九十六例のうち、その半数が念、四割が思、他の表記法は仮名書き例をも合せて残り一割という割合である。〔記〕では他に「以・以為・為・欲・疑・懐」、〔紀〕ではさらに「惟・謂」などがあるが、何れも散文的な語彙で、主として漢籍を訓《よ》むときに用いる語、すなわち訓読語とみるべき字が多い。

国語の「おもふ」はおそらく面《おも》と同根で、それを活用した語であろう。名詞に「ふ」をそえて動詞化する例には、たとえば「外《よそ》ふ（装ふ）」「下《した》ふ（慕ふ）」「心《うら》ふ（卜ふ）」などがある。「おもふ」も人の感情が面《おもて》にあらわれるということが、その原義であろうと思われる。ものを考えるというよりも、もと感性的な語であったらしく、それより次第に情意の深さ、こまやかな心意を意味する語となった。そのような語義の展開からいえば、人を「おもふ」ことを想という。想は相声《そう》の字であるが、相には「相《すがた》」と「相《み》る」の意があり、その人を想見することをいう。人を面影にみることが「想ふ」であった。その想念が心に深まることを思という。思はもと囟《し》に従う字で、囟は脳骨の象形。囟の音には此《し》と同じく細砕の意があり、細もまた囟に従う。こまやかに心に思いわずらうことを思という。念は今に従う。今は歙《いん》（歙）・盦《あん》の字中に含まれていて、酒壺などに固く蓋《ふた》をする形の字。心に深くとどめて、思い念ずることをいう。〔万葉〕の相聞《そうもん》歌には、思よりも念の字の方がいくらか多い。その用字の上に、思念のしかたをあらわしているのであろう。憶は意に従い、意がその初文であった。意の字形に含まれている音は、神の「音なひ」「音づれ」をいう字である。識《し》られざる神の「音なひ」のように、心の深いところからとどめがたい力を以てあらわれてくるものを意という。それは自省によって「意《はか》り」、心のうちに「憶《おも》ひ」おこすものであるから、追憶のようにも用いる。懐（懷）は褱声《かい》。褱は衣と眔《なみだ》の会意字で、死者の衣襟に涙を垂れて、その人を「懐《おも》ひ」悲しむ意である。「以爲」は当否の判断、「謂」は心の中でことばとして表象し、その判断を確かめるような考えかたをいう。国語では、これらの字をみな「おもふ」とよむ。

また従って、これらの字のもつ語義が、みな「おもふ」という一語のうちに収斂されている。国語は漢字の多義性を通じて語義を拡大し、また多数の同訓異字をもつことによって、その字義を自己に収斂する。その分化し拡大した語義を、それぞれの方向性において示すとすれば、「想ふ」「思ふ」「念ふ」「憶ふ」「懐ふ」をそれぞれの字義において用いることができる。国語のもつ陰翳の深さは、その多様な表記法のうちにも一端の理由がある。作家がその作品の表現において字面を重んずるのも、そのためである。

本書の方法　国語のもつ多様な表記法の全体にわたって、漢字との対応関係を概観することが、この書の意図するところである。字訓の問題は、国語の発達、国語の表現法と分離しがたい関係をもっている。そのことを全体的に提示するために、ここには辞書の形式をとることにした。しかしこの書は単なる古語辞典でなく、また用義字典でもなく、字訓を通じて、両者の接点を明らかにすることを目的としている。その方法は、両者の語源・字源に遡り、それぞれの系列語の中で、その対応の関係と適合性とを考えようとするにある。そのためには、当然のことながら、いまの国語学的な視野が用意されなくてはならない。

わが国の国語学は、明治期の比較言語学的方法に対して、昭和期、特に戦後における系統論的研究の盛況のなかで、活潑な展開をみせている。その概況については、平凡社「日本語の歴史」（七巻、別巻一、昭和三十九年）、岩波書店［岩波講座 日本語］（十二巻、別巻一、昭和五十一年）、大修館書店［講座国語史］（六巻、昭和四十六年）、中央公論社［日本語の世界］（十六巻、昭和五十五年）のような大部な企画が逐次刊行され、各方面の研究が詳しく紹介されている。また昭和三十九年以後には［国語学論説資料］に関係論文や資料が収録され、すでに百巨冊に達している。いまそれらによって国語学の現況を考えながら、国字問題の基本にある字訓の問題を考えてみたいと思う。

二　語源と字源

語の対応　国語と漢字との語義の安定した対応の上に、字訓が成立する。その最も普通に用いられるものを、常訓の字という。常訓の字には、その語義領域の大部分が、重なり合うという関係にあることが必要である。語の初義より、語義の展開の方向をも含めて、一致しているという関係のあることが望ましい。字訓のように、文字の歴史において稀有の文字摂取の方法が成立するのは、国語の語構成と、漢字の字形構造とのうちに、相似た語意識がはたらいていることがあるからであろう。

たとえば、企《き》は「くはだつ」とよむ字である。「くは」は「かかと」。その形が平鍬に似ているからである。その「かかと」を立てることを、「くはだつ」という。企の字形は、人の立つ形の下に、大きな止（趾《あし》）を加えた形である。すなわち国語の「くはだつ」の形を、漢字として形象化すると企の字となる。「くはだつ」は、遠く望むときの姿勢であるから、企望ともいう。国語では、「くはだつ」は企立の意よりも、むしろ他に対して何ごとかを画策すること、すなわち企謀の意に用いる。企の字そのものも企立の意よりも、企謀の意に用いることが多い。両者はもと企立を意味する語であるが、のちにはむしろ企謀を意味する語となり、語の原意はかえって棄てられている。その初形初義が忘れられ、その転義において用いられている点において、両者はまた等しい。このような対応の関係があって、企を「企《くはだ》つ」とよむことは、完全に適合し、両者はまさしく対応の関係をもつのである。

顕《けん》（顯）は「顯《あらは》る」とも、また「顯《た》つ」ともよむ字である。顕は［説文《せつもん》］九上に「頭の明飾なり」とあって、㬎《けん》を頭飾とみているようである。［段注《だん》］に「冕弁《べんべん》・充耳《じゅうじ》（耳飾り）の類なり。引伸して凡そ明の稱と爲す」というが、字形の解釈を誤り、頭飾の義に用いた例もなく、引伸の過程も明らかでない。［説文］の頭の字は顯を誤った誤衍の字で、「顯は明飾なり」がその原文であろう。［荀子《じゅんし》］天論に「隱顯」を対待の義に用いているように、顯は本来は幽・隠に対する語である。国語では［名義抄］に「アラハスナリ、アキラカナリ、アキラカニ」とみえ、それが本義である。顕は㬎を拜する形。㬎の上部の日は玉の形。下部の糸二つは、わが国の「白香《しらか》・木綿《ゆふ》しで」の類とみてよい。頁《けつ》は礼容を整えて、それを拝すること。玉に白香などをつけて祀《まつ》り、これを拝するのは、死者の霊を招くためであり、これに対して幽界から死者の霊が「顯《た》ち、顯《あら》はれる」ことを顯という。現はその省略形とみてよい字で、同じく玉を拝する形である。現は［説文］にみえず、仏典に多くみえる字である。［万葉］には「現《うつつ》にも夢《いめ》にも」（十一・二六〇一）のように、夢に対して用いる。現実に、目前にあらわれることであるが、それは玉などを用いる「魂《たま》よばひ」に対して、霊が現前することをいう。「あらはる」は「ある」を語根とし、この世に生れ出ること、幽隠より姿をあらわすことである。顯や現の字形は、まさにその「魂よばひ」の方法を、その字形のうちに示しているが、［説文］がその字形解釈を失っているのは、当時そのような古俗の知識がすでに失われていたからであろう。このような対比を通じて、かえって字の初義が明らかとなることがある。

字源と語源　中国の文字は殷《いん》王朝が形成されたその晩期、王朝的規模がようやく完成されようとする時期に生れた。漢字はその時代の意識・習俗・観念を反映するものとして作られている。そしてわが国が漢字を摂受した時代は、歴史的にはまさしく王朝の形成期、完成期にあった。その時代意識は、漢字が生れた時代のそれと、著しい類同性をもっている。それゆえにわが国の古語・古俗を以て文字の字形・字義の解釈を試みると、よく適合することが多いのである。漢字を摂受した時代の人々が、漢字のそのような字形解釈をなしえたわけではないが、その字訓には、期せずして相似た体験の反映がみられる。漢字を生み、国語が形成された当時の両者の基礎体験というべきものが、その絶対年代の相違にもかかわらず、ふしぎなほどの類同性をもつものであったと考えてよい。おそらくそのことが、両者の適合を可能にする条件としても、はたらいていたのではないかと思う。

国語と漢字との、このような対応の関係を確かめるためには、まず国語の語源と、漢字の字源とについて、できるだけ十分な知識をもつことが必要である。そのうち漢字については、甲骨文・金文など、文字の成立当時の資料が多く出土して、その研究が著しく容易となった。私の〔説文新義〕十六巻は、この新しい同時資料によって、〔説文〕の字説に改訂を試みたものであり、また〔字統〕は、その成果によって、字書として体系的な解説を試みたものである。

国語の語源研究については、なおかなり問題が多い。殊に系統論の問題があって、そのために混迷を加えているところもある。系統論は本来体系としての問題であるから、体系的な対応の関係が確認されない限り、語源説としてはあまり有益な結果をもたらすものでないように、私は思う。国語にしても、漢字を以て示される中国の古代語にしても、それぞれの語彙を系列的に整理し、その系列の中で理解することが、まず必要であると考える。漢字もまた、孤立語がシナ・チベット語族に限られているため、系統論的な問題は殆んどなく、その語源は、漢字のもつ形・声・義のそれぞれの系列の中で考えるほかないものである。要するに国語についても、漢字についても、それぞれ系列的な体系のなかで語源・字義を考え、その語群としての対応の関係を求めるという方法をとるべきであろうと思う。

系列語における対応　語の系列を考えるために、本書では基本語としてあげた見出し語の条下に、その系列の語や関連語・対義語などをあげた。またその訓義をもつ漢字についても、同源とみられる系列字をあげて、その字源や字義の展開をあとづけることにした。その両者の系列的な対比を通じて、語義の対応の関係を一層明らかにすることができよう。

語の系列化の方法としては、次のようなことが考えられる。国語のタ行の語には、手《て》を語根とするものが多い。手はその母音交替によって、タ行の全体にわたるものがある。

違《たが》ふ、寶《たから》(手座)、縮《た》く、揉《た》む、保《たも》つ、力《ちから》、契《ちぎ》る、築《つ》く、塚《つか》、舂《つ》く、繼《つ》ぐ、作《つく》る、續《つづ》く、端《つま》、富《と》む、捕《と》る、取《と》る

などは、みな手の活用語であると考えてよい。それでもし、手は朝鮮語と同系であるとする語源説を主張するものがあるとすれば、朝鮮の古代語においても、これと対応するような系列語があることを実証するのでなければならない。また目《め》においても「招《ま》く、任《ま》く、召《め》す、

愛《め》ぐ、恵《めぐ》む、めづらし、守《も》る」などが、やはり同じく系列語をなすものである。「め」を原南洋語とする論者は、この点の対応についての説明を必要とするのである。

国語と訓義の関係において対応する漢字においても、同じく系列的な関係をもつものがある。そしてそのような系列の対応の上に、安定した字訓が成立するのである。たとえば「まらひと」は客人を意味する語であるが、稀なる人、凡俗ならざるものをいう。また「まひと」ともいい、「ま」とは霊なるものを意味する。本来は客神を意味する語であったのであろう。〔神代紀〕下に「希客者」、〔霊異記〕や〔今昔〕に「客神」、〔欽明紀〕に「賓」の字を用いる。〔名義抄〕に「客・賓客《マラヒト》」とあって、客《きゃく》と賓《ひん》とがその常訓の字である。

客《きゃく》は各《かく》声に従う字。各は口（𠙵《さい》、祝詞の器の形）の上に、下降する足の形である夂《ち》を加えたもので、神に祈り、その神霊の降下することを示し、「各《いた》る」とよむ。また「格《いた》る」ともいう。廟中に神霊としてあらわれるものを客という。これを迎えることを「恪《つつし》む」という。金文には各に従う異構の字がなお多いが、これらの字は、各の声義を以て系列をなすものである。

賓《ひん》（賓）は𡧍《ひん》と貝とに従う。宀《べん》は廟屋《びょうおく》、万は犠牲として供えた牲体の下部、貝もまた神に供えるもので、このようにして客神を迎える。ゆえにまた賓客という。賓と客とは殆んど同義で、金文には賓客と連言して用いることが多い。賓声の字に儐・擯・殯・濱（浜）があり、儐は客神の義を人に及ぼしていうもので、主客を以ていうときの賓の異文。また擯は〔説文〕八上に儐の別体の字とするものであるが、祭祀儀礼のときに主客を輔佐するものを擯介という。擯斥の意に用いるのは、その転義とみられる。殯とは死者を賓送する礼をいう。死者は生者に対してすでに賓であり、神霊として遇すべきものであった。〔説文〕四下に「死して棺に在り。まさに葬柩に遷さんとして、これを賓遇す」という。殯祭のことが終ると、死者は客として扱われる。濱（浜）はもと瀕《ひん》に作る字である。浜は水涯の意に用いるが、本来は水葬の行なわれるところをいう語であったと考えられる。水葬の俗は中国の古俗にもあって、〔詩〕小雅〔鼓鍾《こしょう》〕は淮《わい》水に臨んで淑人君子を弔う詩であり、また邶《はい》風〔二子乗舟《にしじょうしゅう》〕なども、その俗を歌うものかと思われる。

水浜に人を弔うことは、浜（濱）の初文である瀕の構造のうちにも示されている。〔国語〕斉《せい》語に「死に濱《ちか》づく」とあるのは瀕字の義で、瀕は水涯に近づく意の字である。瀕は渉《しょう》（渉）に従う形にしるされ、金文では順もまた渉に従う形であった。順とは順子、すなわち孝子をいう。頁《けつ》は儀礼に従うときの貌《かたち》で、瀕・順は水涯に臨んで何らかの儀礼を行なう意の字である。思うに瀕の一体をまた濱に作ることからいえば、水涯で人を葬り、また神霊を迎える儀礼をいう字であろう。その行為を瀕といい、その人を順といい、そのところを濱といい、う。客と賓とは、それぞれその系列の字を介して、その字義が明確にされ、賓客を「まらひと」と訓することの妥当性が確かめられるのである。

この書は、国語と漢字の訓義との関係を明らかにするために、右のような方法をとることを意図した。尤も各条にわたってその終始を細説することは極めて困難なことであるから、ほぼその大綱をしるすにとどめた。ただ字訓の適合性を考えるために、必要な程度の記述を試みたにすぎないが、語源と字源、語義と字義との対応を、その系列の全体のなかで考えるということに、この書の趣旨があることを、明らかにしておきたい。

三　語源の研究

語源の意識　語源に対する意識は、ことばがある霊的な機能をもち、呪的に作用しうるという、ことだま的な観念の発生とともに、古いものであろうと思われる。ことだま的な観念がわが国だけのものでないことは、漢字の口・言の両部に属する字に、呪祝に関係のある字が多いことからも知られる。原初的にもせよ、およそ宗教的観念のあるところには、必ずことだま的な観念がある。たとえば言《げん》・語《ご》においても、言は辛《はり》と𠙵《さい》（祝詞を収める器）とに従うて、神に誓約し、もしたがうときには辛で入墨し、神の制裁を受けることを示す字である。語の初文は吾、⧗の形に組んだ木で𠙵を覆い、その呪祝を敔《まも》ることを示す字である。言は攻撃的、語は防禦的なことばを意味した。わが国の「ことば」は、事《こと》・異《こと》・別《こと》としてあらわれたもの、存在一般が具体的な特殊としてあらわれることをいう。そのゆえにことばは、存在にかかわることができた。ことばを単なる伝達の手段と考えるのは、極めて皮相な言語観である。

原初的な宗教的観念は、やがて神話を生む。言語現象と神話現象とが、平行の関係あるいはまた因果関係に立つものであることは、神話学の説くところであり、神々の自性や機能も、神名そのものに表象されていることが多い。たとえば「いざなき」「いざなみ」は、「いざなふ」意をもつ国生みの男女神としての名であり、その国生みのはじめはまず胞《え》の形に似た淡路島であった。淡路とは「阿波《あは》への道」で、粟の国への道の意である。その粟に連ねて穂の語を加え、淡路の名は「淡道《あはぢ》の穂《ほ》の狭別《さわけ》の嶋《しま》」といい、神話として扱われる。この国生み説話には、歴史的な契機としては、淡路がその当時「御食《みけ》つ國」として皇室と深い因縁を有していたこと、また皇子分封の観念の反映があるともされるが、説話構成の方法は、このようにことばの連想によるところが多いものである。このことは東西の神話の全体に通じてみられるもので、松村武雄の『言語と民族』（昭和二十三年、東海書房）には西欧神話の諸例が多く紹介されている。

初期の語源学　語源を学問的な考察の対象とすることは、古典を学問的研究の対象とすることに伴って生れたもので、わが国にあっては近世以後のことである。松永貞徳の「和句《わぐ》解《げ》」がその先駆をなすものであった。いろは順の編成で六巻、一四九七語の語源を述べたもので、「五音・五音通・上略・中略・下略・上下略・同音・横通」など、語の構造を分析する方法により解説を加えているが、民間語源的な説明が多い。雨《あめ》を天《あめ》と同語とし、色《いろ》を「いつつに」の下略、上を「浮方《うへ》」の意とするなど、極めて簡略なものであるが、その通略の方法は、のちの賀茂真淵の「語意考」や貝原益軒の「日本釈名《にほんしやくみやう》」に大きな影響を与えた。

　体系的に国語学の基礎を樹《た》てたといわれる「和字正濫抄《わじしやうらんせう》」を著した契沖には、またのちに「円珠庵雑記《えんじゆあんざつき》」とよばれる「雑記」「雑考」の類があって、「雑記」は「雑々記」と合せて二帖、「雑考」は三帖、また「契沖雑考」と題するもの十三巻があり、語源説は「雑記」の類に多くしるされている。考証的な学風であるに拘わらず、その語源説は民間的な俗説が多く、「刀《かたな》。もろはなる劒の、かた〳〵なければ、片無《かたな》といふ歟《か》」、「笠《かさ》。重《かさ》なるといふ略歟。瘡《かさ》もおなじ心なるべし」、「父《かそ》。数ふる意歟。世をかそふる時、父に繼ぎて子をいふ也」、「花《はな》。はなとは、はじめをいへば、實にのそめていふ歟。鼻の字を、はなとも、はじめともよむにて思ふべし」、「猫《ねこま》。鼠子待《ねこまち》の略歟。鼠の類につらねことといふあれば、ねことのみいふは、略語の中にことわり背くべし」など、中にはいくらか当るものもあるけれども、学問的な語源学というには甚だ遠いものである。

益軒・白石・徂徠の語源研究　わが国の語源学は、伝統的な歌学や新興の国学の中からではなく、むしろ儒学を修めた新しい知識人たちによって、大きく躍進した。貝原益軒の「日本釈名」、新井白石の「東雅《とうが》」はその方法論の上からも注目すべきものであり、また荻生徂《おぎゅうそ》徠《らい》の「南留別志《なるべし》」も示唆的な見解に富むもので、当時の国学の徒に大きな衝撃を与えたものであった。

「日本釈名」は三巻。天象・時節以下二十三類に分ち、千百語を解説する。後漢《ごかん》の劉熙《りゅうき》の「釈名《しゃくみょう》」の名を取り、「釈名」が「日《じつ》は實《じつ》なり。月《げつ》は闕《けつ》なり」のように徹底的な音義説であるように、この書にも通俗的な音義的語源説が多い。語を「自《じ》語」（天地・父母など、本来の語）、「轉語」（上《かみ》〜君《きみ》、染《そみ》〜墨《すみ》）、「略語」、「借語」（日《ひ》〜火《ひ》）、「義語」（複合語。明時《あかとき》〜暁）、「反語」（かな反し。はたおり〜はとり）、「延約音」（あはうみ〜あふみ）、「子語」（派生語。水《み》〜源《みなもと》・溝《みぞ》・汀《みぎは》・港《みなと》）、「音《いん》語」（字音の借用語。石灰《しつくい》唐音。猿《ましら》梵）に分けるなど、その方法は「和句解」よりもいくらか詳しいが、その語源説は「家《いゑ》、いは居なり、ゑはよしなり」のような俗説が多い。かつ契沖の「和字正濫抄」によって正されている仮名の用法にも無頓着であるなど、不用意な点がある。白石の「東雅」は、その批判の意をも含めて書かれたものであった。

「東雅」二十巻は、中国の古字書「爾雅《じが》」の名を取るものであるが、内容は「和名類聚抄《わみやうるゐじゅせう》」の分類によって、物名について語源的解釈を加えたものである。白石六十三歳、その晩年、一時寓居のときに「賤息共へ書付取らせ候はんと存じ、反古に一條二條書きしるし」たものを、のち「和名抄」の次第に整理したものであるというが、その首巻「總論」に述べるところは、国語学的な用意の全般に及び、堂々たる論文の内容をもつ。朝鮮の使節との応接や、「蝦夷志」をはじめ「西洋紀聞」「采覧異言」のような聞き書きなどによって、隣接の諸族や国外の事情にも通じていた白石の国語観には、従来にない視野の広さがあり、また緇徒《しと》の間に伝えられていた「韻鏡」をも、すでにその語源説に活用している。「總論」中、外来語に言及した部分三条を録しておく。

　舊說に、漢字の音を轉じて、和訓《わくん》となせしありといふ事あり。似たる事は似たれど、其義を盡《つく》せりともおもはれず。漢字の音を用ひて、其音の轉じぬとみえし類は、彼音を轉じて、此語となすに意《こころ》ありしにはあらず、……五方《ごほう》の言の中、我國ほどその聲音すくなきはあらず。漢字の音のごとき、我國になき所のものは、其音自から轉ぜざることを得ず。たとへば、呉をよびてクレといひ、漢を呼びてアヤといふがごとき、呉《グー》の字、訛胡《くわこの》切《せつ》、角《かく》の次濁の音をもてよぶべけれど、それらの音は、我國のなき所なれば、呼び得《う》ることのかなはずして、すなはち轉じてクレとなりし也。また漢《ハァヌ》の字、虞汗《ぐかんの》切、羽《う》の次清の音をもて呼ぶべけれど、これも我國になき音也しかば、呼び得ることのかなはずして、すなはち轉じてアナとなり、アナまた轉じてアヤとなりし也。漢をよびてアナといひ、またアヤといひし事、日本紀にみえたり其餘の音のごときも、亦これに同じ。また此間《かん》の語、ひとり漢字の音の轉ぜしのみにもあらず、韓地《かんち》の方言の轉ぜしもすくなからず。たとへば、太古の時よりいひ嗣《つぎ》て、海をよびてはアマといひしを、また韓地の方言によりて、ワタともいひけり。日本紀の釋訓《しやくくん》に、海を讀みてホタイといふ事のみえし、卽ち此れ也。猶今も朝鮮東南の俗、海を呼びてバタイといふ也。今によりて古を推すに、日本紀釋訓にホタイとみえしは、或はボタイ、或はまた禾《ワ》タイの字、訛りてホタイとなりしもしるべからず。ボといひ、バといふ音のごときは、此國になき所也ければ、其音轉じてワタとならざる事を得ず。これらはみな其音を轉じてよびしにはあらねど、其音の自ら轉じたりけるなり。

梵語の此間の語となりし例、其の一、二をこゝに擧げつべし。たとへば猿をマシラといひ、杜鵑をホトヽギスといひ、水をアカといひ、南風をハエといひ、界をタツキといひ、燒をタクといひ、殕をカビといひ、斑をマダラといひ、曲鉤をハリといひ、調布をテヅクリといひ、杖をカセヅエといひ、智をサトシといひ、愚をヲロカといひ、盛りなるをサカエといひ、生をカリといひ、本事《ほんじ》あるをサダカといひ、本事なきをサダカナラヌといふの類、またなを多かり。

これらの梵語にはみなその原語をあげて示しているが、これら外来語に対する白石の論断は、国語の語源に対するときの慎重な態度にくらべると、かなり独断に走るところがある。これは白石のみでなく、一般に系統論者の最も陥りやすい欠陥であるといえよう。白石は「天文第一、天象」の天以下十七語、「歳時」の歳以下十三語に対してそれぞれ長文の解説を加えながら、その半数以上の語に対して「義不詳」とし、語源の断定を避けている。たとえば露についていう。

露　義不詳。萬葉集抄には「ツといふは水なり。水の白きをツユといふ」と見えけり。白色をユといふ義は雪の註にみえたり。ツユとは、そのツブ／＼として、白をいひしもしるべからず。粒をツブといふも、ツといひしには、圓なる義ありしに似てけり。古訓には、圓、讀てツブラといふなり

〔万葉集抄〕の説に満足せず、さらに補説を加えているが、なおその語を「義不詳」としている。「解すべからざるもの、強ひてその説をつくるべからず」というその原則は、全巻を通じて厳密に守られている。また古事を以て古語を解するという語源説の重要な原則も守られており、「神祇、神祠」鳥居の条に、わが国の古伝を引いてその起原を説き、また漢・梵の制とする説に対しては、「我國太古の事に於ては、漢梵の事を雜引きて、其徴とすべきにあらず」とし、その語義を「義不詳」としている。白石にはまた〔文字考〕〔同文通考〕〔東音譜〕などがあり、内外の文字・声韻の学を究めた上で、この語源学を試みたものであ

るが、しかも古語の大部分については軽々しく論断することを避けている。

白石と同じ時期の荻生徂徠も、唐音に通じ、満文の研究をもすでに試みており、語学の才能の豊かな人であった。その著［南留別志］五巻は、和漢のことを随筆風に論じたものであるが、なかに語源説も多くみえている。

春は犂《は》るなり。秋は飽《あき》なり。夏はあつきなり。冬はひゆるなり。辛《から》は輕《から》なり。甘《あま》は重《おも》なり。酸《す》は清《す》むなり。苦《にがし》は濁《にご》るなり。

梨壺《なしつぼ》・桐壺《きりつぼ》は壼《こん》（宮中の道）と壺《こ》ととりちがへたるなり。

黒はくらきなり。赤はあかるきなり。白はしるきなり。青はあはきなり。黄は木なるべし。

悔、くゆるといふは音なり。呉音、けなり。けはくゑなり。ぐゑんじ、へんぐゑのごとし。

ばうじといふは、榜示なり。傍示とかくは誤なり。

［南留別志］と題するが、極めて論断的であり、論証をも殆んど省略しているので、篠崎維章らが［可成三註《なるべしさんちゅう》］三巻を書いてその補翼につとめた。しかし国学の立場からは、富士《ふじ》谷《たに》成章《しげあきら》の［非南留別志］をはじめ、多くの反論の書が出た。壺は壼《こん》の誤りでなく、つぼ前栽《せんざい》の意を以て用いたもので、梨壺・桐壺はその樹木を以て名をえたものであること、また「悔の

説も妄なり。音によつてはたらく訓はなき事なり」と論じている。成章は皆川淇園《みながわきえん》の実弟であり、淇園は漢文語法の研究者として知られる人。成章は［挿頭抄《かざしせう》］［脚結抄《あゆひせう》］など、国語文法の組織者として知られる人である。その文法学は、本居宣長より春庭、東条義門へと継承され、わが国の文法学の正宗となった。

延約通略の説　宣長に先だって賀茂真淵が出て、［万葉集］の研究を通じて古代語の研究に巨歩を進め、語源学の方法としても延約通略の説を立てて［語意考］を作り、その説がわが国の語源研究の方法として、その後久しく用いられた。それは「五十聯圖」とよばれる五十音図によって語の構造、用言の活用形や音韻の現象を説明しようとするものであった。「延言《のべこと》」は「見る〜見らく」「散る〜散らふ」など複語尾をもつ再活用語、「約言《つづめこと》」は「遠淡《とほつあは》海《うみ》〜遠江《とほたふみ》」「和幣《にぎたへ》〜和布《にぎて》」「我妹子《わがいもこ》〜我妹子《わぎもこ》」などがそれである。また「饑《う》ゑ〜饑《ゑ》」「念《おも》ふ〜念《も》ふ」「音《おと》〜音《と》」のようなものも竪《たて》の直音で、いわゆる「約言」であり、「略音」ではないという。「通音」は「轉廻通《うつしめぐらしかよふ》」とよばれ、「うら・ぶれ」は「わ・び」、また「見まし」「行かまし」を「見む」「行かむ」というのもその例であるとする。「略言《はぶくこと》」の例としては「高脚《たかあし》〜高脚《たかし》」「家《いへ》〜家《へ》」「道《みち》〜道《ち》」は上略、「天《あめ》〜天《あ》」「足《あし》〜足《あ》」「時《とき》〜時《と》」というのは下略の例であるとする。

これらの例のうちにも、すでに妥当でないものが多いが、このような方法がのち長くわが国の語源学を支配した。その説は鹿持雅澄《かもちまさずみ》の「雅言成法」に至って一層詳密なものとなり、江戸期最大の辞書である谷川士清《たにがわことすが》の「和訓栞《わくんのしをり》」九十三巻をはじめ、昭和初年に至って刊行された大槻文彦の「大言海」に至るまで、その語源説の基本的な方法とされている。しかし昭和十二年に橋本進吉が講演で発表し、その五年後に公刊された上代特殊仮名に関する研究によって、語源学にはじめて科学的な根拠が与えられ、また戦後には国語音韻学の発達、古訓点の研究の進展や、また系統論の盛行によって、わが国の語源学はその相貌を一変する。いわゆる延約通略は特定の音韻現象として理解すべきものであって、みだりに一般化しうるものでないことが知られるようになった。ただこのために、近世以来の語源説に対する警戒が不当に強められて、これら先人たちによって成就された成果に対しても、一概にこれを否定し、その方法についても一種の拒絶反応とみるべき傾向を生じた。そのことが国語語源学の不振、系統論への指向を招く原因となったともみられるところがある。吉田金彦の「日本語語源学の方法」（昭和五十一年）に、そのことに対する反省の必要が提言されている。

四　特殊仮名以後

特殊仮名の発見　特殊仮名の問題は、仮名書きされている古代語の用字例を帰納することによって発見された。そのような用字例を用意したものは、宣長門下の石塚龍麿であった。その『仮名遣奥山路《かなづかひおくのやまみち》』に整理されている資料の意味するところを、はじめて国語学的に明らかにしたものは、橋本進吉の研究であった。

「假名遣ひ」や仮名文字の研究は、契沖の『和字正濫抄《わじしやうらんせう》』によってその基礎が定められ、「を・お」「は・わ」の区別もその時に明らかにされた。下って本居宣長の『古事記伝』巻頭の「總論、假名の事」には、さらに仮名表記に使用される文字に、語彙によって一定の字群があって相乱れないこと、清濁の区別のあることなどが、詳しく論ぜられている。宣長はその字群の整理を門下の石塚龍麿に試みさせ、龍麿は『万葉』の表音仮名例を集めて『仮名遣奥山路』三巻（一七九八年刊）を作った。これによって一定の語の仮名表記に、一定の仮名文字の群があることが知られたが、その資料には特殊仮名が失われたのちの混乱した例も加えられており、また音韻や語法に関する研究が未発達であったこともあって、十分な成果をあげるに至らなかった。

橋本進吉は契沖・宣長らの研究をあとづけながら、この特殊仮名の事実に着目し、これに国語学的な整理を加えて、昭和十二年に講演発表を行ない、その内容は十七年六月、明世堂から「古代国語の音韻に就いて」と題して出版された。その付録に「萬葉假名類別表」があり、エのア行ヤ行の別、キ・ケ・コ・ソ・ト・ノ・ヒ・ヘ・ミ・メ・モ・ヨ・ロの十三類について、甲乙二類の用字を列している。いまその表により、また〔記〕〔紀〕その他の古文献の仮名資料を、訓仮名をも加えて整理したものをあげると、次の通りである。

エ（ア行）　衣・愛・依・哀・埃、榎・得
エ（ヤ行）　叡・延・曳・遙・要、兄・江・枝・吉
キ（甲）　支・岐・伎・妓・吉・棄・企・祇・祁、寸・杵・來
ギ（甲）　藝・岐・伎・儀・蟻・祇
キ（乙）　歸・己・紀・記・忌・幾・機・基・奇・綺・騎・寄・氣・既・貴・癸、木・樹・城・黄
ギ（乙）　疑・擬・義・宜
ケ（甲）　祁・計・稽・家・奚・鷄・谿・啓・價・賈・介・結、異
ゲ（甲）　牙・雅、下・夏・霓
ケ（乙）　氣・開・既・概・慨・階・戒・凱・愷・居・擧・希、毛・食・消・笥

ゲ（乙）宜・義・皚・碍・礙・偈、削
コ（甲）古・故・胡・姑・祜・枯・固・高・庫・顧・孤、子・兒・小・粉・籠
ゴ（甲）胡・呉・娯・誤・虞・五・吾・悟・後・侯
コ（乙）許・己・忌・巨・渠・去・居・擧・虚・據・莒・興、木
ゴ（乙）其・期・碁・語・馭・御・凝
ソ（甲）蘇・宗・素・泝・祖・巷・嗽、十・麻・磯
ゾ（甲）俗
ソ（乙）曾・層・贈・增・僧・憎・則・賊・所・諸、其・衣・襲・彼・苑・背
ゾ（乙）敍・鋤・序・茹・存・鐏・賊
ト（甲）刀・斗・土・杜・度・渡・妬・覩・都・徒・塗・圖、外・砥・礪・戸・聰
・利・速・門
ド（甲）度・渡・土・奴・怒
ト（乙）止・等・登・鄧・騰・縢・藤・臺（台）・苔・苫・澄・得、迹・跡・鳥・十
・與・常・飛
ド（乙）杼・騰・藤・縢・廼・耐・特
ノ（甲）奴・怒・弩・努、野

ノ（乙）　能・乃・廼、荷・笑・篦
ヒ（甲）　比・毘・卑・辟・避・譬・臂・必・賓・嬪、日・氷・檜・負・飯
ビ（甲）　毘・毗・妣・弭・寐・鼻・彌・婢
ヒ（乙）　非・斐・悲・肥・彼・被・飛・祕、火・乾・簸・樋
ビ（乙）　備・眉・媚・縻、傍
ヘ（甲）　敝・幣・弊・弊・蔽・平・俾・鞞・鼙・覇・陛・反・返・遍・弁、伯・部・方・隔・重・邊・畔・家
ベ（甲）　辨・謎・便・別・婢・鼙
ヘ（乙）　閇・閉・倍・陪・杯・珮・俳・沛・拝・背、綜・瓮・缶・甕・瓶・經・戸
ベ（乙）　倍・陪・毎・謎
ミ（甲）　美・彌・瀰・弭・寐・湄・民・敏、三・參・御・見・視・眷・水
ミ（乙）　未・味・尾・微、箕・實・身
メ（甲）　賣・咩・迷・謎・綿・面・馬、女・婦
メ（乙）　米・毎・梅・瑇・妹・昧・晩、目・眼・海藻
モ（甲）　毛
モ（乙）　母

ヨ（甲）　用・庸・遙・容・欲、夜
ヨ（乙）　余・餘・与・與・譽・予・預・豫・已、四・世・代・吉
ロ（甲）　漏・路・露・婁・樓・魯・盧
ロ（乙）　呂・侶・閭・廬・慮・稜・勒・里

右のうち「モ」の部分については、有坂秀世が、龍麿の研究において〔記〕の表音仮名のうちチ・モにも二類があるとする部分を検討して、チにはその区別が存在せず、モについては毛と母との間に甲乙の別があることを論じた。その区別が〔万葉〕においては巻五の旅人・憶良のような当時の年輩者の作歌に主としてみえることから、その当時モの区別が、次第に失われはじめていたのであろうとする推測を試みている。

特殊仮名は朝鮮資料にそのことを示すらしい事実がみえず、わが国の古代語に独自のものであったと思われるが、奈良末期にはモをはじめとして次第に混乱がおこり、平安初期に至って崩壊する。その崩壊の原因は、音韻結合の法則が弛緩して、その規範性を失うに至ったからであろうとされている。方言表記のうちにまず両者の混乱がみられ、それがのち全般に及んだものと考えられる。この二様の音の表記に用いられた漢字の字音は、またそれと対応するものであったはずであり、たとえばキ甲に支部・至部の字、キ乙に之部・脂部の字を用いることが多いというような、対応の比較的明らかにしやすいものもあるが、しかしその対

応の明らかでないものもある。［韻鏡］と適合するところが多いといわれるから、おそらくその原音に忠実に配当されていたのであろう。

母音調和の法則　特殊仮名の研究はその後有坂秀世らによって推進され、その結果古代国語に音節結合の法則として母音調和の事実のあることなどが知られた。この音韻法則は、のちの語源研究に極めて大きな影響を与えた。有坂の示した母音調和の法則は、次のようなものであった。

第一則　甲類のオ列音と乙類のオ列音とは、同一語根（動詞は語幹）内に共存することが無い。

第二則　ウ列音と乙類のオ列音とは、同一語根（動詞は語幹）内に共存することが少ない。就中ウ列音とオ列音とから成る二音節の結合単位に於て、そのオ列音は乙類のものではあり得ない。

第三則　ア列音と乙類のオ列音とは、同一語根（動詞は語幹）内に共存することが少ない。

第一則の甲類のオ列音が二つ以上共存する例には、ここ（揉む音）・百《もも》・股《もも》・親《いとこ》・しのの（濡れる状）の五例、乙類のオ列音が二つ以上共存する例は、事《こと》・言《こと》・異《こと》・殊《こと》・隠《こも》る・頃《ころ》・殺《ころ》す・嘖《ころ》ぶ・凝《ころ》・底《そこ》・濯《そそ》く・聳《そそ》る・園《その》・そよ（物の音）・床《とこ》・常《とこ》・とど（物の音）・止《とど》む・殿《との》・淀《よど》・九《ここの》・心《こころ》・衣《ころも》・所《ところ》・宜《よろ》し

などである。乙類例は有坂のあげるものは八十例に近く、その語例が多い。

第二則はウ列音プラス甲類オ列音に、

愚《うこ》・糞《くそ》・雲《くも》・黒《くろ》・苞《つと》・集《つど》ふ・太《ふと》し・室《むろ》・袋《ふくろ》

また、ウ列音プラス乙類オ列音共存の例に、

樹末《とぶさ》・後《うしろ》・釧《くしろ》・蓆《むしろ》・妖言《およづれ》・時鳥《ほととぎす》

など、前者に十四例、後者に六例をあげる。後者には二音節語の例がなく、この六例もなおその構成要素を分析しうるもので、このままでは原則化しがたいものとする考えかたもある。

第三則の、ア列音が甲類オ列音と共存するものには、

具《そな》ふ・戯《そば》ふ・空《そら》・遊《あそ》ぶ・幽《かそ》か・數《かぞ》・門《かど》・角《かど》・遙《はろ》か・惑《まと》ふ・眉《まよ》・樂《たの》し・爭《あらそ》ふ・炫《かがよ》ふ・漂《ただよ》ふ・柞《ははそ》

など、三十五例。ア列音が乙類のオ列音と共存する例として、

臥《こや》る・柧棱《そば》・咎《とが》・留《とま》る・父《かぞ》・瓠《よさ》・阿曾《あそ》（親称）・頼《たの》む・圓《まろ》し・樹末《とぶさ》・率《あども》ふ・行《おこな》ふ・拝《をろが》む・灼然《いやちこ》

など十五例をあげる。この十五例については、その構成要素の分析がなお可能であるとみら

れるものもあり、いわば第二次的な結合のしかたと考えられる。このような音節構造の分析は、その後の研究者によって、さらに進められ、国語学の最も重要な領域を占めるものとなった。池上禎造・望月世教・金田一京助・河野六郎らにそれぞれ有益な補足があり、「上代特殊仮名研究史」（江湖山恒明、昭和五十三年）のような専著が出されている。

特殊仮名と語源説・系統論　国語の語源を考えるとき、甲乙二類の仮名にわたるものについては、必ずその類に従って考え、その系列を正すことが必要である。本書では、仮名表記のあるものはまずその例をあげて甲乙の別をしるし、またその系列語によって甲乙を分ちうるものについても、そのことを注記した。特殊仮名論以前の語源説は、すべてその立場からの再検討が必要である。たとえば、髪・上・頭のミがすべて甲類であるのに対して、神のミが乙類であることから、この両者を同系の語と解した旧説は、今では成立しがたいものとなった。ただ渡部昇一「国語のイデオロギー」（昭和五十二年）のように、甲乙を別のものでなく、分化の関係に立つとする考えかたもあるが、すべてを分化で説くことも困難なようである。また紙のミの甲乙が明らかでないのは、その語がのちの外来語であるからであろう。表記に甲乙二類の区別をもつかどうかによって、語としての新古、また資料としての新古をも考えることができる。もし特殊仮名にみられるような音韻現象が、はるかな遠古の時代にすでに存していたとすれば、それは当然国語の系統論とも深い関係をもつことが推測されよう。さらにその表記に用いられた漢字音との対応を通じて、当時の漢字音との関係も考えられる。特殊仮名の問題は、国語史の領域のみでなく、漢字の音韻史とも深く交渉するところをもつのである。有坂その他に、その領域に関する研究がある。

五　最初の筆録者

古刀剣銘　わが国は自国の文字の成立する以前に漢字文化圏と接触し、その文字を使用することとなった。そのことが、わが国のことばの生活に、おそらく運命的な影響を及ぼしたであろうと思われる。単音節語の表記文字である漢字を、多音節語である国語の表記に用いるには、これを音標化するほかはなかった。漢字は本来象形文字であり、表意の文字である。エジプトの聖刻文字も、メソポタミアの楔形文字も、もとはみな象形文字であった。しかし語系を異にする他の民族がこれを用いるときには、すべて音標化され、アルファベットとなった。漢字も、はじめはアルファベット、すなわち仮名化されて、固有名詞の表記などに用いられた。最も古い資料としては、江田船山古墳出土の大刀銘と、稲荷山古墳出土の鉄剣銘とがある。江田船山古墳の大刀銘には、

治天下〔犭复〕□□□齒大王世、奉（爲）典（曹）人名无（利）弖、八月中、用大錡釜并四尺廷刀、八十練六十捃三寸上好□刀、服此刀者長壽、子孫洋々得其恩也、不失其所統、作刀者名
　伊太加、書者張安也

とあり、全体の構文は漢文の形式をとる。文頭がもし反正の「水歯別命」の御名をしるすものならば、〔犭复〕は「〔犭复〕《たじひ》」であり、この部分は国語の文脈でしるされている。欠字が多くてよみ難い部分があったが、のち稲荷山古墳鉄剣の出土によって、〔犭复〕は獲、歯は鹵、その五字は「わかたける」と改読すべきものと考えられるようになった。すなわち雄略期のものである。

稲荷山鉄剣銘には、表裏二面に、

辛亥年七月中記、乎獲居臣上祖名意富比垝、其児名加利足尼、其児名弖已加利獲居、其児名多加披次獲居、其児名多沙鬼獲居、其児名半弖比
其児名加差波余、其児名乎獲居臣、世々爲杖刀人首、奉事來至今、獲加多支鹵大王寺、在斯鬼宮時、吾左治天下、令作此百練利刀、記吾奉事根原也

としるされており、その文は次のように解読される。

辛亥の年（四七一年？）の七月中《に》記す。乎獲居臣《をわけのおみ》の上祖《かみつおや》の名は意富比垝《おほひこ》、其の児の名は加利足尼《かりのすくね》、其の児の名は弖已加利獲居《てよかりわけ》、其の児の名は多加披次獲居《たかひしわけ》、其の児の名は多沙《たさ》鬼獲居《きわけ》、其の児の名は半弖比《はてひ》。以上、表

其の児の名は加差波余《かさはよ》、其の児の名は乎獲居臣《をわけのおみ》。世々《よよ》杖刀人の首と為《な》り、事《つか》へ奉《まつ》り来《きた》りて今に至る。獲加多支鹵《わかたける》の大王《おほきみ》（雄略）の寺、斯鬼宮《しきのみや》に在《いま》す時に、吾《われ》、天下《あめのした》を左《たす》け治む。此の百練の利刀を作ら令《し》め、吾が事《つか》へ奉《まつ》れる根原を記《しる》すなり。以上、裏

この銘も全体の構文は漢文であるが、なかに仮名書きの固有名詞や非漢文的な語法も加えられている。

中と之　この文にみえる「七月中」の「中」は、江田船山大刀銘に「八月中」とあり、また法隆寺釈迦三尊光背銘（推古三十一年、六二三年）にも「三月中」の語がみえる。この「中」については、暦用語で二十四節と関係があるとする説もあるが、中国の文献にはその例がみえない。ただ鮮卑《せんぴ》族である北魏《ほくぎ》の漢文にその語法があり、その「中」は古代モンゴル語の tu にあたり、「……において」の意であろうとする説があって、「庭つ鳥」「沖《おき》つ鳥」「目《ま》つ毛」の「つ」もその語であるともいわれるが、そのような複合語の中に、外来語が接辞として入りうるものかどうか、なお疑問とすべきであろう。

この「中」は、また慶州《けいしゅう》の新羅《しらぎ》の古墳から出た銀器の銘に「延壽元年、太歳在卯三月中、太王敬造合杅用三斤六兩」「延壽元年、太歳在辛三月中、太王敬造合杅三斤」とあり、高句《こうく》麗《り》の長寿王は、すなわち広開大王の次の王であるから、この紀年は四五一年辛卯とみてよい。

稲荷山鉄剣銘の紀年を四七一年とすれば、それと甚だ時期の近いものであり、「中」は北魏より高句麗を経て、わが国にもたらされた語法である。そのような表記法が、わが国では推古期に至るまで行なわれていたのである。

昭和五十四年一月、奈良市北瀬町の丘陵斜面茶畑から、木炭槨内の遺骨とともに、太安万《おほのやすま》呂《ろ》の墓誌が出土した。その墓誌には「左京四條四坊従四位下勳五等太朝臣安萬侶、以癸亥年七月六日卒之、養老七年（七二三年）十二月十五日己巳」としるされている。この「卒之」という形式も中国の文献にその例をみないもので、六世紀の朝鮮碑文にみえる語法であるという。すなわち百済《くだら》の漢文にみえるもので、八世紀の安万呂の墓誌にまで、そのような表記のしかたが伝えられたのである。「之」は古代朝鮮語では、動詞の終止形を示す語尾であるという。「中」「之」に対するこれらの解釈は、小川環樹博士らの見解として、村山七郎氏の著書に紹介されたものによった。

漢文中の破格とみられるこのような語法のうちに、朝鮮漢文の影響が、かなりのちまでも遺存していることは、わが国における文筆の担持者が、朝鮮から渡来した史部たちの伝承を、久しきにわたって承けていたことを示す事実である。ただこのような語法は、金石類など特殊な分野において、一の形式として伝承されていたものであり、一般の言語生活や表記の上に及ぶものでなかったことはいうまでもない。しかし古代の文献の成立に、渡来者が関与した公算は甚だ大きい。橋本進吉の「万葉集は支那人が書いたか」は、昭和十二年に書かれた随筆風のもので、ある人のそのような素朴な質問に答える形でしるされたものである。「万葉」の時代には、歌をよむ人たちの用字法は変通自在を極めており、ある意味では、その表記力はのちの人の及びがたいほど、精妙なものであった。最古の剣銘の時代より、すでに三百年近くを経ているのである。

孝徳・斉明紀の挽歌　わが国における最初の筆録者は、いうまでもなく渡来者であった。そのことはすでにあげた「三月中」「卒之」のような用字法からも知りうることである。筆録者が渡来者であったのみでなく、かれらがまたわが国の古代文学の創作にもかかわっていたであろうことを、推測すべき理由がある。「紀」の巻末に近く、「孝徳紀」大化五年に二首、「斉明紀」四年五月に三首、同年十月に三首の連作の挽歌がしるされている。

「孝徳紀」のものは、「皇太子《ひつぎのみこ》（中大兄）、造媛《みやつこひめ》徂逝《みまか》りぬと聞かして愴然傷怛《いたくいた》み哀泣《かな》しみたまふこと極めて甚《はなはだ》しかりき。是《ここ》に野中《のなか》の川原　史滿《かはらのふひとまろ》、進みて歌を奉《たてまつ》りき。歌に曰《い》ひしく」として、

山川《やまがは》に鴛鴦《をし》二《ふた》つ居《ゐ》て偶《たぐひ》よく偶《たぐ》へる妹《いも》を誰《たれ》か率《ゐ》にけむ　其一《それひとつ》　一一三
本毎《もとごと》に花は咲けども何《なに》とかも愛《うつく》し妹《いも》がまた咲き出來《でこ》ぬ　其二《それふたつ》　一一四

の二首を録している。「和名抄」に「河内國丹比郡野中郷」とあり、「姓氏録《しやうじろく》」に「河原連《かはらのむらじ》・廣階 連《ひろはしのむらじ》と同じき祖《おや》、陳思王植《ちんのしわうち》の後《すゑ》なり」とあって、蕃別の後である。天平期の墨書土器に「川原藏人凡《おふし》」の名などがみえ、当時は川原としるしたものであろう。「紀」に録する歌は進献歌となっているが、その頃には弔葬のとき歌を進献する慣例があったのではないかと思われる。原歌はおそらく三首で、その一を佚したものであろう。六朝《りくちよう》期の挽歌に三首一連のものが多く、その俗が朝鮮を経て、わが国にも行なわれたものであろう。

「斉明紀」四年五月、皇孫建王《みまごたけるのみこ》が八歳にして夭折したことを傷み慟《なげ》いて、「朕《わ》が陵《みさざき》に合《あは》せ葬《はぶ》れ」とのたもうてよまれた歌として、

今城《いまき》なる小山《をむれ》が上《うへ》に雲だにも著《しる》くし立たば何《なに》か歎かむ　其一《それひとつ》　一一六

射《い》ゆ鹿猪《しし》を認《つな》ぐ川上《かはへ》の若草《わかくさ》の若くありきと吾《あ》が思《も》はなくに　其二《それふたつ》　一一七

飛鳥川《あすかがは》漲《みなぎ》らひつつ行く水の間《あひだ》もなくも思ほゆるかも　其三《それみつ》　一一八

の三首を録し、「天皇《すめらみこと》、時々《ときどき》に唱《うた》ひたまひて悲哭《みね》す」としるしている。「山《むれ》」が朝鮮の語であることは、この際注意すべきである。またその十月、紀温湯《きのゆ》に赴いて「愴爾《いた》み悲泣《かなし》び」、「乃《すな》ち《は》口號《くちうた》」したものとして、

山越えて海渡るともおもしろき今城《いまき》の中《うち》は忘らゆましじ　其一《それひとつ》　一一九

水門《みなと》の潮《うしほ》の下《くだ》り海下《うなくだ》り後《うしろ》も暗《くれ》に置きてか行かむ　其二《それふたつ》　一二〇

愛《うつく》しき吾《あ》が若き子を置きてか行かむ　其三《それみつ》　一二一

の三首の歌を録し、「秦大蔵造萬里《はだのおほくらのみやつこまろ》に詔《みことのり》して、斯《こ》の歌を傳へて、世に勿《な》忘れしめそと曰《の》りたまひき」という。「斯の歌を傳へて」を、岩波大系本［古代歌謡集］の頭注に「記録として書き残させる意であろう」としているが、［孝徳紀］の例からみても、これらの歌は旨を承けて献進したものと思われ、また秦氏に伝誦を命ぜられたことも、秦氏がそのことを、職掌の一部としていたからであろう。［万葉］巻十五、天平八年新羅に赴く使人等の歌群の中にみえる「秦間満《はだのはしまろ》」は、おそらく秦氏の族人であろうと思われるが、この歌群の「當所誦詠歌」を含む冒頭の一群において、名のしるされている唯一の人である。その人は他に所見がなく、詳しくはその経歴を知りがたいが、肥前松浦《まつら》の夜泊の歌群にみえる「秦田麿《はだのたまろ》」（十五・三六八二）と同一人であろうかといわれ、ともかくこの使節団の一員であったことは明らかである。「當所誦詠」の古歌は、難所を通るとき、一種の呪誦として歌われたものであるが、その古歌を含む冒頭の一群には秦氏の名のみがみえている。そのような誦詠は、あるいは秦氏の伝承するところであったかも知れない。斉明が「山越えて」以下三首の挽歌を、「秦大蔵造萬里に詔して」伝承させたというようなことが、この当時にもなお承け継がれていたのであろう。

儀礼の伝承と史　わが国の葬送の歌で最も古い形式をもつものは、倭建命《やまとたけるのみこと》を葬るときの「なづきの田の」、「浅小竹原《あさじのはら》」、「海處《が》行けば」、「濱《はま》つ千《ち》鳥《とり》」の四首一連で、「是《こ》の四《よ》歌《うた》は皆其の御葬《みはぶり》に歌ひたりき。故《かれ》、今に至るまで其の歌は、天皇《すめらみこと》の大御葬《おほみはぶり》に歌ふなり」とされているものである。この当時、短歌の定型はまだ成立していなかったのであろう。短歌の歴史からいえば、このような弔葬の歌や、呪的儀礼に用いたものが最も古く、先にあげた斉明期の短歌は最も確実な資料とみるべきものである。しかもそれらの歌に、多く渡来者が関与しているのは、葬送などの儀礼を整えるときに、外来の文化が関与する機会が多かったからであろう。斉明期の葬送の歌に三首一連の形式のものが多いことは、倭建命の挽歌が四首で構成され、その歌がおそらく葬送儀礼の儀節と対応するものであったと考えられるように、やはりその当時の葬送の儀節に対応するものであったのであろう。それはまた、六朝期挽歌に多くみられる三首構成の挽歌の形式とも、おそらく関係をもつものであろうと思われる。一般の事情としては、東西の史《ふひと》がすべて渡来者であったという当時の文字事情をも、考えることが必要である。おそらく中国の文献に通じ、自国の文筆を能くし、さらにわが国のことばや生活にも通じた人たちによって、最初の記録が行なわれたであろうことは疑いないことである。稲荷山鉄剣銘の「中」、安万呂墓誌の「卒之」のような破格の用字があるのはそのためであるが、国語の音韻に対応する特殊仮名を識別し、それに相当する漢字音を選択することも、はじめはおそらくその人たちによってなされたであろう。稲荷山鉄剣銘の「獲居《わけ》(別)」「意富比垝《おほひこ》(彦)」「多支鹵《たける》(建)」において、「居」は乙類、「比垝」は甲類、「支」は甲類であるが、それぞれ甲乙の別に合う字が用いられている。天武期より約二百数十年前のことである。史の伝統は、その頃より以来すでに存したものであろう。

六　字訓の成立

字訓と訓読法　ここにいう字訓とは、その国のことばで漢字を訓むことであり、わが国では和訓という。しかしこのような漢字の用法は、わが国の他には殆んどその例をみないものであり、また漢字がその音訓を通じてすでに国字であることからいえば、字訓とはすなわち国訓である。中国にも訓詁の学があり、また詁訓ともいう。『毛詩正義』に「詁なるものは古なり。古今、言を異にす。これを通じて人をして知らしむるなり。訓なるものは道なり。物の貌を道《い》ひて、以て人に告ぐるなり」とあり、古今四方の言を異にするものを通ずることをいう。漢字においては、古今の字義の推移を明らかにすることを訓詁といった。その字義を国語におきかえることを字訓という。

漢より唐に至る古典の学は、宋・明《みん》の学が義理を明らかにすることを主とするのに対して、その訓詁を通ずることを主とした。字義は時代とともに変化し、また地域によってその義を異にすることがある。そのため漢字は、概ね一字にして数義をかねる。ときには「離」に十六義あり、「辟」に三十七義ありといわれるように、数十義にも及ぶことがある。一般に極めて多義性の語であるとみられる。また同訓異字の例も多く、「詩」毛伝の訓義において「大なり」と訓するもの五十字、「病なり」と訓するもの二十二字に及ぶ。漢字はこのような訓義を通じて字義が理解され、その理解の上に立って熟語化され、その訓と音とを通じて国語を構成し、国語表現の方法となる。訓義的な理解が、その字音の使用を可能にしている。もし訓義的な理解がなくては、漢字は文字として十分に機能することが、おそらく不可能であったであろうと思われる。

漢字は、朝鮮を経由してわが国にもたらされた。従って朝鮮における漢字のありかたが、そのままわが国にも伝えられたと考えられやすいが、事実は必ずしもそうではない。朝鮮においては、字訓としての漢字は殆んど一般化しなかった。すべての漢字を、その国語でよみ解くという作業は行なわれることがなかった。たとえば「礼記《らいき》」曲礼《きよくらい》上の「鸚鵡《あうむ》は能《よ》く言《ものい》ふも、飛ぶ鳥を離れず。猩猩《しやうじやう》は能《よ》く言《ものい》ふも、禽獣を離れず」という文は、そのように自国の語に移し、その語法に改めてよむのでなく、成語的な部分をそのまま音読し、わが国の送り仮名に相当する部分を漢字の字音で示して加え、これを吐《と》といった。文書に用いるときには吏《り》

吐《と》といい、のち吏読《りと》・吏道《りと》とよばれるものがそれである。さきの「曲礼」の文を、河野六郎氏の解説によってしるすと、

鸚鵡 是（i）能言 爲那（hana）不離飛鳥 爲彌（hamya）、猩猩 是（i）能言 爲那（hana）不離禽獸 是尼（ini）

となる。「是」は主格の「が」、「爲那」は「するも」という仮定形、「爲彌」は「す」という動詞でわが国のサ変にあたり、「是尼」は「にして」という指定の助動詞にあたる語のようである。吐以外の部分は、漢語のまま音読し、主語・述語のほか、品詞に分解せず、イディオムのような扱いをしたのであろう。これをわが国の「宣命《せんみやう》」と同じ形式とするのは、全く誤った見解である。

古代朝鮮における誓記体と吏読体　朝鮮における表記の形式は、金思燁氏によると、初期の誓記体式、ついで吏読体、最後に郷札体となったという。吏読はさきにあげたように漢文の間に助詞や語尾など、朝鮮語の形態要素を加えたもので、李朝初期にハングルが作られるまで行なわれた。吏読混用の金石文の最古のものは、真興王二十九（五六八）年の巡狩碑文、真平王十三（五九一）年の慶州南山新城碑、甘山寺弥勒阿弥陀仏像後記（七一九年）、上院寺鐘記（七二五年）など、ほぼわが国の金石文の時期と並行する。わが国には「癸未」（四四三

年か）紀年の隅田《すだ》神宮蔵人物画像鏡、「辛亥」（四七一年か）紀年の稲荷山鉄剣銘、同期の江田船山大刀銘、下って法隆寺薬師像光背銘（六〇七年）以下の金石文がある。

前漢《ぜんかん》の武《ぶ》帝が朝鮮に楽浪《らくろう》など四郡を置いてその支配をはじめたころから、この地にも大量の文字文化がもたらされた。直接に漢の支配を受けた地では、漢語が公用語として優位を占め、漢音漢語がそのまま行なわれることが多かった。金氏が初期の誓記体式としてあげる文は、次のようなものである。

壬申年六月十六日、二人竝誓記、天前誓、今自三年以後、忠道執持、過失无誓、若此事失、天大罪得誓、若國不安大亂世、可容行誓之、又別先辛未年七月廿二日大誓、詩尚書禮傳倫得誓三年

これをわが国の訓読法によって訓み下すと、次のようになるようである。

壬申の年六月十六日、二人竝びに誓ひて記す。天の前に誓ふ。今自《よ》り三年以後、忠道を執り持ち、過失无《な》からんことを誓ふ。若《も》し此の事を失せば、天の大罪を得んことを誓ふ。若し國安からず、大いに世を亂るるときは、容《よろ》しく（忠道を）行ふべきことを誓ふ。又別に先ごろ辛未の年七月廿二日に大いに誓へり。詩・尚書・禮・傳を倫《たがひ》に得（習得）んことを誓ふこと、三年なり。

漢文がいわゆる棒読みされており、その語順はわが国のよみかたと同じである。漢語はみ

な音読されたらしく、「不安」「亂世」も語順を改めて分読することがない。また「誓之」の「之」は他の誓字下にみえず、「卒之」のようにしるす古い百済漢文の例からみて、用言の終止形をなす語のようである。

次の吏読体のものでは、たとえば葛項寺石塔記（七五八年）にいう。

二塔天寶十七年戊戌中 立在之、娚姉妹三人業 以成在之、娚者零妙寺言寂法師 在旀、姉者照文皇太后君旀 在旀、妹者敬信太王旀 在也

右に活字を小さくした部分は、金氏が吐《と》、すなわち送り仮名とする部分である。なお「戊戌中」の「中」は北魏文にもみえるもので、「に」と釈すべき外来語である（二九七頁「中と之」の項参照）。文意は、

二塔は天宝十七年戊戌の年に、娚姉妹三人の業として作った。娚は零妙寺言寂法師であり、姉は照文皇太后君の旀であり、妹は敬信太王の旀である。

と解される。旀は字書にみえず、ただ「新撰字鏡」に「旀 美卑の反、平益なり、加なり、滿なり、廣なり、終なり、轉なり、合なり、弊なり、縫なり、縫弊なり、縫補□なり」とあり、その声義を以ていえば彌の字である。彌を弥とするし、また譌《か》して旀となったものであろう。幼児や女性に用いることがあり、ここもその意であろうと思われる。

新羅の郷歌　のちに行なわれる郷札の原型をなすものに郷歌《きようか》があり、八世紀ごろのものが多いとされる。［三国遺事］に十四首、また十世紀の半頃、僧均如《きんじよ》が作った仏教賛歌十一首があり、漢字の音訓を借りて、新羅語の歌を表記した。長形のものは6 6・6 6」6 6・6 6」（前句）、3・5〜9・6」（後句）、また短形は6 6・6 6という定型である。八世紀ごろ、仏教の流布による賛仏歌として、また三国抗争の際の軍歌として、新羅の末年に作られたものが多い。そのような定型が、わが国の定型歌の成立に関係があったかどうかについて、かつて土田杏村《きようそん》と小倉進平との間に論争が行なわれたこともあるが、6音を基調とするものと5・7音を基調とするものとの間に、詩形上の交渉を考えることはできない。いま賛仏歌の第三首と短歌の例を、小倉進平訳をそえて録しておく。

火條執音馬　佛前灯乙直體良焉多衣
　燈の箸を執り　佛前の燈火を搔き直せば
灯炷隱須彌也　灯油隱大海逸留去耶
　燈心は須彌山にして　燈油は大海なり
手焉法界毛叱色只爲旀　手良每如法叱供乙留
　手は法界に達せしめ　手每に法供を持し
法界滿賜仁佛體　佛佛周物叱供爲白制

法界に満ち給ふ佛　其の佛々に周物を供へまつる
阿耶　法供沙叱多奈　伊於衣波最勝供也
法の供物をや多けれど　これぞ最も勝れたる供物なるべき［広修供養歌第三］

「阿耶」は嘆辞。「あはれ」のように句間に投入する語である。

紫布岩乎过希　執音乎手母牛放教遣
赭き巖の邊に　牽ける手より母牛を放ち給ひ
吾肹不喩慚肹伊賜等　燕肹折叱可獻乎理音如
我を厭ひ給はずば　花を手折りて獻じまつらむ［老人献花歌第十三］

金石文にしても郷歌にしても、すべて棒読みの形式で、漢語の中にその固有語を音仮名を以てつづけて入れる方法がとられており、そこには漢文の語序に対応しようとする姿勢がない。それで漢文の形式と自国語の構文とは、いわば融和する場所をもつことがなかったのである。

日本漢文　その点については、わが国の受容のしかたはかなり異なるもので、漢文の語序をそのままにして、これを自国語として返り読みするという方法をとり、そこに両者の接点を求めている。すでにあげた江田船山大刀銘の「治天下」「不失其所統」、また稲荷山鉄剣銘の「吾左治天下、令作此百練利刀、記吾奉事根原也」のような文は、そのまま音読したとは考えがたい。また法隆寺薬師像光背銘においても、漢文の形式をとりながら、それを国語としてよむという方法がとられている。

池邊大宮治天下天皇、大御身勞賜時、歳次丙午年、召於大王天皇與太子而誓願賜、我大御病、太平欲坐。故、將造寺薬師像作仕奉詔。然當時崩賜、造不堪者、小治田大宮治天下大王天皇及東宮聖王、大命受賜而、歳次丁卯年、仕奉。

池邊《いけべ》の大宮に天《あめ》の下治《したし》らしめしし天皇《すめろき》、大御《おほみ》身《み》勞《いたつ》き賜ひし時、歳《ほし》（木星）は丙午《ひのえうま》に次《やど》るの年なり。大王 天皇《おほきみのすめろき》と太子《ひつぎのみこ》とを召して誓願し賜ひ、我が大御病《おほみやまひ》、太《た》平《ひ》らぎなむと欲《おも》ほし坐《ま》す。故《かれ》、將《まさ》に寺を造り薬師像を作り仕へ奉《まつ》らむと詔《の》りたまふ。然《しか》れども當時崩《かむさ》り賜ひて、造り堪《あ》へざれば、小《を》治田《はりだ》の大宮に天の下治《し》らしめしし大王天皇と東宮聖王と、大命を受け賜ひて、歳は丁卯《ひのとう》に次るの年に、仕へ奉りき。

構文はすべて漢文の形式であるが、国語的な語彙や敬語法のような特殊な語法については、国語的な表記のしかたがみられる。漢文では受詔・承詔のようにいうべきところを「受賜而」のようにいうのは、いくらか語源的な意識もあってのことであろう。賜を敬語的に用いることは朝鮮の古い資料にもみえるが、必ずしもその例によったものではない。敬語の表記には、全体として特殊な表記法が多くみられるからである。

この造像銘は、おそらく訓読した文のような形でよまれたものであろう。全文中、音読したとみられる語は「誓願《せいくわむ》」「薬師《やくし》」の二語のみであり、その点で古代朝鮮における漢字の使用と、基本的に異なるものがある。このような訓読法こそが、漢字を受容するに当っての、わが国の基本原則であったといってよい。ものの名の訳しがたいものは別として、すべて国語として訓読することが原則であった。「鸚鵡《あうむ》は能《よ》く言《ものい》ふも、飛ぶ鳥を離れず」においては、鸚鵡のように移していうことのできないものを除いて、すべて漢語を用いなかった。「不離飛鳥」をイディオムのようにそのまま音読することは、全く行なわれなかった。かりに連語を音読するとしても、それは訓によってすでにその字義が理解され、国語化の条件が備わってからのことであった。漢字は、はじめから訓むべきものとしてわが国に受容された。漢字音が用いられるのは、固有名詞などをしるすときの音仮名としてであり、それはいわば国際的な表記法であった。いわゆる万葉仮名と吏読との間に深い関係があることについては、姜斗興に「吏読と万葉仮名の研究」(昭和五十七年)がある。固有名詞などを他国の人に伝えるのには、はじめはその方法しかなかったからである。

七　万葉の表記

〔記〕〔紀〕の音訓表記　古代の文献のうち〔記〕〔紀〕〔万葉〕は国語表記の最も重要な資料である。ただ〔紀〕は漢文体、〔記〕は国語の文脈や語法をある程度考慮に入れた折衷的な準漢文体で、いずれも国語をそのまま表記したものではない。従って歌謡のように原形を存する必要があるときには、一字一音の形式をとる。また神名・人名・地名なども、「速素《はやす》戔嗚神《さのをのかみ》」「天宇受賣命《あめのうずめのみこと》」のように表記することがある。常訓のある字は訓み誤ることもなかったのであろうが、特定の語には音注を施して、〔孝徳紀〕大化元年「垂 此を之娜屢《しだる》と云《い》ふ」、二年「兄 此を制《せ》と云ふ」、〔記〕上「高天原 高の下の天を訓みて阿麻《あま》と云ふ。下は此に效《なら》ふ」、「久羅下那《くらげな》州多陀用弊流《すただよへる》時 流の字より以上《かみ》の十字は音《こゑ》を以《もち》ゐる」のようにいう。ときには「宇比地邇《うひぢにの》上 神《かみ》。次に妹須比智邇《いもすひぢにの》去 神《かみ》 此の二はしらの神の名は音《こゑ》を以ゐる」のように、音注とともに上・去の声を加えていることがある。おそらくその誦読法と関係があるものであろう。〔紀〕の音注についてはその同時性を疑問とする考えかたもあるが、〔紀〕の本文を大体三部分に分かって、そこにみられる使用仮名の偏倚現象と、音注の仮名の偏倚現象がほぼ対応を示していること、また特殊仮名としての甲乙の区別にまだ混乱がみられないことなどからみて、概ね原注と考えてよいものと思う。注の形式は〔記〕と似ており、〔記〕の音注についても同様に原注とみてよい。ただ〔記〕〔紀〕の文が書かれたその当時において、どのようにその文が訓まれていたかについては、のちの訓読史の示す経過からみても、不安定なものであったかと推測する人も多い。亀井孝に「古事記はよめるか」(「論集」第四所収)という長文の一篇があって、その字訓と訓読のことを問題としているのもそのためである。

「古事記」の「序」には、知られているように、太安万呂がその編述にあたっての用意をのべた文がある。いまその表記に関する部分だけを引く。

然《しか》あれども上古《かみつよ》の時は、言《こと》と意《こころ》と並《とも》に朴《すなほ》にして、文《ふみ》を敷《し》き句を構《かま》ふること、字《からな》に於《お》きては即ち難《かた》し。已《すで》に訓《よみ》に因《よ》りて述べたるは、詞《ことば》心に逮《およ》ばず。全《また》く音《こゑ》を以《も》ちて連ねたるは、事《こと》の趣《おもぶき》更に長し。是《ここ》を以《も》ちて、今一句《いまひとこと》の中《うち》にもあれ、音《こゑ》と訓《よみ》とを交《まじ》へ用《もち》ゐ、一事《ひとこと》の内《うち》にもあれ、全《また》く訓《よみ》を以《も》ちて錄《しる》しぬ。即ち辭《ことば》の理《ことわり》の見え叵《がた》きは、注《しるべ》を以《も》ちて明《あか》し、意《こころ》の況《おもぶき》の解《さと》り易《やす》きは、更に注《しるべ》せず。亦《また》姓《うぢ》に於《おき》て日下《にちげ》を玖佐訶《くさか》と謂《い》ふ。名《な》に於《おき》て帯《たい》の字《からな》を多羅斯《たらし》と謂《い》ふ。如此《かくあ》る類《たぐひ》は、本《もと》の随《まにま》に改めず。

この最後の一句によると、稗田阿礼《ひえだのあれ》が誦習したものには「原古事記」ともよぶべき台本があり、阿礼はこれを伝承された誦習のしかたで、抑揚などをつけてよんでいたのであろう。安万呂の編述の作業は、それをこの文体に書き改め、その旧辞を誤りなく伝えることであった。

本の随に改めず　「記」の歌謡は、すべて一字一音の形式でしるされている。ただ一条だけ、歌謡に似た形式のものが、音訓の交え書きでしるされており、それがあるいは、原資料のもつ表記をそのまま伝えているものではないかと思われる。［記］清寧にみえる「室寿《むろほき》の詞《ことば》」で、［記］には「爾《しか》して遂《つひ》に兄儛《えま》ひぬ。次に弟《おと》儛はむとする時、為詠《うた》ひて曰《い》はく」として、次の一篇をあげている。

物部之　我夫子之　取佩　於大刀之手上　丹畫著　其緒者　載赤幡　立赤幡見者　五十隱　山三尾之　竹矣訶岐此二字以音　苅　末押縻魚簀　如調八絃琴　所治賜天下　伊耶本和氣　天皇之御子　市邊之　押齒王之　奴末

物部《もののふ》の我《わ》が夫子《せこ》が　取り佩《は》ける大刀《たち》の手上《たかみ》に　丹畫《にか》き著《つ》け　其の緒《を》は　赤幡《あかはたの》載せ　赤幡《あかはた》立てて見れば　五十隱《いかく》る山の三尾《みを》の　竹を訶岐《かき》此の二字は音《こゑ》を以《もち》ゐる　苅《か》り　末押《すゑお》し縻《なびか》す魚簀《なす》（如す）八絃《やつを》の琴《こと》を調《しら》べたる如《ごと》　天下《あめのしたを》所治《さ》め賜ひし　伊耶本和氣《いざほわけ》の天皇《すめらみこと》の御子《みこ》　市《いち》邊《のへ》の押齒　王《おしはのおほきみ》の奴　末《やつこすゑ》

［顕宗前紀］や［播磨風土記］美嚢郡志深《みなぎのこほりしじみ》の里《さと》の条に、後半の自己の名をあらわす部分がそれぞれ伝えられているが、［記］はそれらよりはるかに完成された形のものとなっている。おそらく阿礼誦習のとき、すでにこの形となっていたものであろう。またその表記法も、おそらく「本《もと》の随《まにま》に改めず」しるされているものであろう。その表記にはいくらか漢文の形式を残しているが、大体において［万葉］の表記に極めて近いものである。安万呂が［記］を

撰進した和銅五（七一二）年は、［万葉］では藤原京、人麻呂の時代がすでに終り、やがて大伴旅人・山上憶良の時代に移りゆく時であった。［万葉］の表記法で最も自在を極めたものが、「人麿作歌」や［人麻呂歌集］にみえるものであることからいえば、この時期が、漢字を用いて国語を表記するという手法が、最も円熟に達した時である。［元明万葉］ともよばれる巻一後半・巻二の編集には、安麻呂が参加していたであろうと推測する研究者もある。またその数年後には、憶良の［類聚歌林《るいじゅかりん》］もすでに編纂されていたようである。和銅・養老には、［万葉］の表記法がその頂点に達しており、漢字の国字化が最も進んだときであった。

［人麻呂歌集］歌の表記法　歌の表記法は、大別して［記］［紀］や［万葉］の東歌《あずまうた》・防人《さきもり》歌や巻十七以下に多くみられるような一字一音形式のものと、音訓を交え書きする形式との二類に分かちうる。一字一音形式は、古く行なわれた固有名詞の表記法と同じ形式であるが、これを［記］［紀］に用いたのは、その本文が漢文脈であるのに対比させたもので、字数が定型的に揃うということも、形式上の要件とされていたものであろう。東歌や防人歌がその形式であるのは、口誦によるもので原表記がなく、方言が多くて訓ではその音表記が困難であったという事情があろう。また旅人や家持にその形式のものが多いのは、漢詩に擬して字数を整えることに慣れ、また序や書簡の漢文体に対応させることへの配慮があったものと思

われる。巻一・巻二が宮廷歌を中心として、教養的な意味をかねてまず編纂されたものであるとするならば、そこでの表記法もまた当時において規範性をもつものであったと考えてよい。そこでは、

茜草指　武良前野逝　標野行　野守者不見哉　君之袖布流　［万葉］一・二〇
茜草《あかね》さす紫野逝《ゆ》き標野《しめの》行き野守《のもり》は見ずや君が袖《そで》ふる

紫草能　爾保敝類妹乎　爾苦久有者　人嬬故爾　吾戀目八方　［万葉］一・二一
紫草《むらさき》の匂《にほ》へる妹《いも》をにくくあらば人嬬故《ひとづまゆゑ》に吾《われ》戀ひめやも

のような表記がなされている。前者では「武良前《むらさき》」のようなあてよみ、「逝」と「行」と字をかえるなど、また後者では「紫」に常訓の字を用い、「にほへる」「にくく」は仮名書き、「やも」には「八方」を用いるなど、かなり恣意的な表記を試みている。集中にはこのような表記のしかたが多く、音表記の省略もあまりない。いわば当時においてすでに一般的な、ごく普通の表記法であったと思われる。

巻一において、ただ一首だけ省略法のみえるものに、人麻呂の「阿騎野《あきの》に宿る」一連中の一首がある。「短歌」四首中の第三首、

東　野炎　立所見而　反見爲者　月西渡　［万葉］一・四八
東《ひむかし》の野に炎《かぎろひ》の立つ見えて反《かへ》り見すれば月西渡《かたぶき》ぬ

がそれである。持統の命で軽皇子《かるのみこ》に扈従し、安騎野に旅宿りして父君を偲び、その早朝受霊の呪儀のことを歌ったこの一連は、おそらく人麻呂の原表記をそのまま伝えているものであろうが、一連中の他の歌詞には殆んど省略表記がみられない。しかしこの一首において、「東野炎」の三字を「東《ひむかし》の野に炎《かぎろひ》の」とよむことは、おそらくこの呪儀に関与した人たちの間にのみ可能であったのではないかと思われる。この歌は契沖もなお訓み解くことができず、賀茂真淵の『万葉考』に至ってはじめて今の訓みをえたものである。

表記と表現　人麻呂に省略体の表記法が多いことはよく知られており、主格の「が」「の」、助動詞の「む」「らむ」の表記をすべて略するものがある。これを略体歌、またその表記のあるものは非略体歌とよばれているが、何れも『人麻呂歌集』中のものであり、「人麿作歌」にはその例は殆んどない。

白玉　従手纏　不忘　念（心）　何畢　『万葉』十一・二四四七
白玉《しらたま》を手に纏《ま》きしより忘れじと念《おも》へる心何《いつ》か畢《をは》らむ

春楊　葛山　發雲　立座　妹念　『万葉』十一・二四五三
春楊《はるやなぎ》葛城山《かづらきやま》に立つ雲の立ちても居ても妹《いも》をしぞ念《おも》ふ

山代　泉小菅　凡浪　妹心　吾不念　『万葉』十一・二四七二

山城《やましろ》の泉の小菅《こすげ》凡《なみ》なみに妹《いも》が心を吾《わ》が念《おも》はなくに

以上は巻十一の「寄物陳思歌」で、前後の「正述心緒」「問答」と合せて百四十九首、みな「人麻呂歌集」中のものである。おそらくその分類法も表記も、原歌集のそれを踏襲しているものであろう。

この簡略な表記形式のものを、表記の初期的原始性を示すものとする高木市之助の見解を承けて、稲岡耕二がその表記法に細密な考察を加えた「万葉表記論」（昭和五十一年）は、この表記法を人麻呂早期のものと結論し、いわゆる「歌集歌」を「人麿作歌」以前の作品とした。その後この結論を用いて人麻呂論を展開する人もあるが、この表記法のもつ性格は決して原初性を示すものではなく、むしろそれ自体が完成された、一種の表現法としての性格をもつ。漢詩において、一字一字のもつ響きがたがいに重畳して交響を発するように、その表記には一種の精練さを想わせるものがある。立体的・構築的に、その視覚形象性を感じさせるものがある。このような表記法は、おそらく特定の集団の中で、深い相互理解の上にのみ成就されたものと考えられ、「人麻呂歌集」はそのような集団の中で成立したものであろう。人麻呂に殯葬の歌が多いことは、人麻呂が葬部《はふりべ》的な集団に属する人であったことを推測させる。それはおそらく典礼者の集団であったので、各地の歌垣歌や旋頭歌の類も収録され、「當所誦詠歌」の類も加えられている。呪歌・儀礼歌としての歌の歴史が、ここにその修辞においても表記においても、完成されるのである。そして歌の場が儀礼的な場から朝廷貴紳の生活の場に移ったのちにも、古俗を伝える歌の伝統はこの集団の中に生きつづけて「人麻呂歌集」となり、のちの「国風暗黒の時代」にも底深く流れつづけて、「古今集」の「よみ人知らず」の歌につづく。このような歌の歴史からみると、略体・非略体のようによばれる「人麻呂歌集」は、わが国の字訓表記の達しえた極点にあり、すでに表記の方法の域をこえて、表現そのものにまで達したものといえよう。ここでは漢字は、奔放自在の操作によって、完全に国字化されているのである。

八　語源説と系統論

国語と系統論　国語は類型論的にはウラル・アルタイ語系に属している。その音韻や言語構造、語序や文法組織などは、蒙古・満州・朝鮮の諸語と同じ類型をもつ。そのように同じ類型に属するものが、系統論的にも親近の関係をもつものであることは、一般論としては考えうることであるから、国語についても、当然のこととして、そのなかで系統論を考えようとすることが試みられた。同じ語系に属する朝鮮語と日本語との類似点としては、次の諸点があげられている。

1、形容詞が動詞と同じく活用形をもつ。
2、名詞に接合する所属人称語尾の類がない。
3、述語に接合する人称語尾がない。
4、指示語に近（この）、中（その）、遠（あの）の三系列がある。
5、用言の活用形に、敬意表現の形態素が組みこまれている。
6、ｒとｌとの音韻的区別がない。
7、アクセントをもつ。朝鮮ではいま方言の一部に遺存する。

このような日鮮語の比較は、一九世紀後半に東洋に渡航してきた西洋人たちによって開始された。すでに印欧語の比較研究によって、その系統論的な研究が進められていた西洋では、その方法を他の語系の考察にも適用することができたからである。わが国の文法を西洋の文法学で組織することを試みたホフマンの「日本文典」（一八六六年）には、すでに系統論的な考察の一部が加えられているという。ついで日本領事・朝鮮総領事として赴任したアストンは、この両国語を比較して「日本語と朝鮮語の比較研究」（一八七九年）をかき、「音韻體系・文法の機能・文法的手續の性格」の三章に分かって両者の関係を論じ、また単語をも比較して、その関係を、印欧語族の最も遠い関係にある二言語間のそれと、ほぼ同様の関係にあるものとした。同じ系列中にある語としては、その全体的な対応が稀薄であると考えたのであろう。印欧語は、多くの語族に分かれているが、それはもと同一の祖語から分派したもので、全体として密接な系統関係をもっている。しかしウラル・アルタイ語系は、日鮮語をも含めて、必ずしもそのような系統関係に立つものではない。また音韻や文法においてその類型が相似たものであっても、それは系統関係とは別の次元のものであるとする考えかたもある。問題は、両者の間にどれだけの共通語をもつかということによって、その親近度をはかる外はない。まず語彙を比較することが、その親近度をはかる捷径であると考えられた。ここでも語彙を中心として、その比較の結果を検討してゆきたい。

朝鮮語との比較　わが国の東洋学の先駆者である白鳥庫吉は、わが国の古代史より西域史に及ぶ広汎な領域において、開拓者的な研究を進めた人である。一八九七年に「日本書紀に見えたる韓語の解釈」（「全集」第三巻）において「曾尸茂梨《そしもり》」「河《なれ》・山《むれ》」「圭島《にりむせま》」「倶知《くち》（鷹）」「王《こにきし》・君《きし》」「上哆唎《おこしたり》・下哆唎《あるしたり》」「帯山城《しとろむれさし》」「質《むかはり》」「熟皮《にひり》」「母《おも》」「王《おらか》・妃《おりく》・夫人《はしかし》・女郎《えはし》・子《とも》」の諸語をあげてその朝鮮語としての解釈を示し、このうち「母《おも》」のように国語として解釈されているものについて、その誤りであることを詳論している。

　新井氏（白石）は此言は日本より韓地に傳はりしか、はた韓地より日本に傳はりしかにつきて疑を遺されしに、本居氏（宣長）は之を皇國言なりと斷言せり。また何の據る處かある。余輩の見る處によれば、此言は他の言の如く日本より彼國に傳へたるにもあらず、又彼國より我國に傳へたるにもあらず。彼國も我邦も太古より母をオモといひしなり。

これは日鮮共同祖語説の考えかたであるが、しかし金沢庄三郎の「日韓両国語同系論」(一九一〇年)の主張する同系論とは異なり、両国語の間には「密接の類似ありとは思はず」(「朝鮮語とUral-Altai語との比較研究」序、「全集」第三巻)と断言している。朝鮮語とウラル・アルタイ語の比較については、五百九十五語をあげてその語系に属することを明らかにしたが、国語がその系統に属するか否かについては、なお結論を保留している。晩年に執筆した「日本語の系統」(一九三六年)では、むしろ日鮮同系に対して否定的な立場をとった。

「紀」にみえる朝鮮語を論じた翌年(一八九八年)、白鳥は「日本の古語と朝鮮語との比較」(「全集」第二巻)をかき、両者の類似について語序・尊敬語・助詞のほか、ラ行音を以てはじまる語のないこと、濁音符を用いなかったことなどをあげている。この論文で扱われた語彙は約二百四十語であるが、そのうちに疑問とすべきものがかなり含まれている。いまその語彙のみをあげ、対音の表記を略する。篇末に、アルファベット順にした対音表がそえられている。

漂《ただよ》ふ　如《ごと》　萌《も》え　騰《あが》る　時《とき》　生《な》る・成《な》る　味《うま》し　常《とこ》　如《なす》・似《なす》　告《の》り　祝詞《のりと》　疎《さか》る　故《かれ》・《から》

迄《まで》　照《て》る　汁《しる》（酒《しる》）　酒《さけ》　釀《か》む　笠《かさ》　立《た》つ　穗《ほ》　咲《さ》く　惡《まが》・禍《まが》　直《なほ》・猶《なほ》　陰《ほど》　忌《い》む　嫌《きら》ふ　齋《いは》ふ　打《う》つ　族《うから》　敲《たた》く　伴《とも》　茅《ち》　色《いろ》　設《まけ》　積《つ》む　落《お》つ　濡《ぬ》る　藻《も》　朝臣《あそみ》　臣《やっこ》・奴《やつこ》　安《やす》　淺《あさ》　束《つか》　尋《ひろ》　張《は》る　延《は》ふ　遙《はる》か　原《はら》　萬《よろづ》　百《もも・ほ》　諸《もろ》　苫《とま》　欲《ほ》る　數《かず》　垂《た》る　繰《く》る　延《の》ぶ　焚《た》く　罵詈《のり》　叩頭《のみ》　織《お》る　縫《ぬ》ふ　針《はり》　磐《いは》・岩《いは》　土《つち》　日《ひ》・火《ひ》　月《つき》　星《ほし》　雲《くも》　黑《くろ》　申《まを》す　云《い》ふ　思《おも》ふ　未《いま》だ　豈《あに》・否《あに》　何《いっ》　熟《にぎ》・饒《にぎ》　荒《あら》　爲《ため》　陰《くも》る・曇《くも》る　析《さ》く　隱《くも》る　方《も》　負《お》ふ　覆《お》ふ　寢《ね》　示《しめ》す　斷《た》つ　切《き》る　刺《さ》す　剃《そ》る　摺《す》る　貫《つらぬ》く　結《むす》ぶ　狹《せば》し　越《こ》え　暖《あた》か　閉《と》づ　暑《あつ》し　泣《な》く　緩《ぬる》し　癢《かゆ》し　滌《すす》ぐ　速《はや》し　凝《こ》る　盡《つ》く　吐《は》く　剝《は》ぐ　登《のぼ》る　恐《おそ》る　苦《くる》し　吹《ふ》く　襲《おそ》ふ　晴《は》る　尋《たづ》ぬ　潤《し》む　噬《か》む　愚《おろ》か　掘《ほ》る・墾《は》る　與《あた》ふ　散《はふ》る　瀉《そそ》ぐ　少《すくな》し　磨《と》ぐ　牛《うし》　馬《うま》　熊《くま》　鯨《くぢら》　蛇《へみ》　鶴《つる》　龜《かめ》　雁《かり》　鳩《はと》　鳥《とり》　螢《ほたる》　蜘蛛《くも》　蟹《かに》　蜂《はち》　蠅《はへ》　兎《うさぎ》　爪《つめ》　唾《つばき》　息《いき》　乳《ち》　梟《ふくろ》　竹《たけ》　飯《いひ》　串《くし》　兄《あに》　畠《はたけ》　瓦《かはら》　繩《なは》　竈《かま》　煤《すす》　引《ひ》く　罹《かか》る　代《かは》る　郡《こほり》　村《むら》　隈《くま》　衣《そ》　方《かた》　本《もと》　上《うへ》　白《しろ》　瓜《うり》　腹《はら》　後《しり》　帶《たらし》　連《つれ》　附《つ》く・繼《つ》ぐ　奉《まつ》る　三枝《さきくさ》　旋《めぐ》る　汝《な》　己《おの》　誰《たれ》　其《それ》　彼所《そこ》　乎《か》　母《おも》　身《み》　統《すま》る　捲《ま》く　鉛《なまり》　一《ひと》　事《こと》

一見して動詞・形容詞（語根形）が甚だ多いことが注意される。一般に語彙の比較においては、名詞にその類似形の多いことが普通である。その比較のしかたは「漂《ただよ》ふ」は「朝鮮語漂蕩を ttöťăn と云ふ。國語の tatayohu と同音なり」、「味《うま》し」は「朝鮮語、味を mat と云ふ」、また国語の「如《なす》・似《に》る・馴《な》る・習ふ・竝ぶ」を「齊《な》らす」の対音 naran と同語源とするなど、その語形の比較に甚だ無理の多いことが知られる。名詞においても、たとえば「蛇《へみ》」は国語では「紐《ひも》・鱧《はも》・はぶ・はふ」などと同系の語で一系をなすものであるから、「蛇」だけが外来語ということはありえない。

比較言語論の前提　その後、金沢庄三郎の「日韓両国語同系論」が出て、百数十語に及ぶ比較を試み、朝鮮語を日本語の一方言とする立場をとった。これはいくらか当時の時勢にも関するところがあり、のちの「日鮮同祖論」(昭和四年稿、十八年刊)では、天孫降臨など神代の事迹を、概ね韓語を以て解し、朝鮮を神国としている。何れも極端の論というほかない。その後にも系統論的にこの問題を論ずる人が多く、それらの諸論著を通じて両者間に対応する語としてあげられているものは、約二百五十語前後である。近時の金思燁「古代朝鮮語と日本語」(一九八一年)のように、千三百余語をあげる人もあるが、この両国語を比較研究する上にはなお多くの困難な条件があり、安易な類比を許さないものがある。それは金氏も認めているように、「記」「紀」にとりあげられている語彙は体言が大部分であり、用言が極めてわずかで比例を失していること、比較の対象とされる朝鮮語がすべて現代語であることなどである。国語資料が七・八世紀を中心とするものであるのに対して、古代朝鮮語は金石文と郷歌、及びわが国の古い文献に遺存するものなど寥々たるもので、比較の方法もないものである。それで厳密な学問的立場からいえば、河野六郎〔日本語と朝鮮語の二三の類似〕(〔著作集〕第一巻)に「若し兩言語の親近性が非常に近いものであつたならば、此等の障碍(朝鮮語の形成が多角的なものであったこと、その諸民族の言語が殆ど具体的に知られていないということ=白川注)にも拘らず現代傳承せられてゐる各々の言語財の中に何らかの音韻對應を示す共通言語財を發見するに必ずしも困難ではなかつたらうと考へる時、兩言語の親近性の度合も我々が希望するが如く緊密なものではなかつたといふ消極的結論を覆ふ譯にはいかないのである」という結論を、承認する外ない。

両国語の対応ということは、単なる語形の類似によって容易に牽合しうるものではない。それは音韻法則の上からも、また語彙の系列の上からも、その十分な関連の中にあることが確かめられた上で、はじめて対応の関係を認めることができるのである。たとえば音韻の上では、国語のuと朝鮮語のoとが、対応するという事実がある。その例として、河野氏の指摘するところによると、左のような語彙がある。

また国語のöが朝鮮語のɐと対応するという関係のものがある(次々頁表)。

このような音韻の対応の上に立って、たとえば国語のkumaと朝鮮語のkomaとの対比が一応可能となる。かつkomaは語源的には「黒い」kem-, kam-,「烏」kamagui,「蜘蛛」kemyiとみな同源の語で、いまのkomは末母音の脱落した形であるという。わが国の文献に「久《こ》

Jap. u	Kor. o
1.kura ‘谷’	kor ‘谷’
2.kusa ‘草’	koc>kkoc‘ ‘花’
3.kusi ‘串’	koc ‘串’
4.kufa-si ‘美’	kop-～kof～ ‘美’
5.kuro ‘畦’	kor, korang ‘畦間ノ溝’
6.kuda ‘管’	kot- ‘眞直ナ’
7.kudira ‘鯨’	korai ‘鯨’
8.kuwa ‘鍬’	koangi ‘鍬’
9.fuku, fugu ‘河豚’	pok ‘河豚’
10.nuka-ru ‘泥ル’	nok- ‘融ケル’
11.nu, numa ‘沼’	non ‘水田’
12.mu ‘身’	mom ‘身’
13.suka-su ‘賺ス’	sok- ‘欺カレル’
14.uri ‘瓜’	oi ‘瓜’
15.tuti ‘土’	tork ‘石’

麻《ま》那利《なり》（こむなり）」（「雄略紀」二十一年）、「熊川《くまなれ》」（「継体紀」二十三年）としるされているものである。

このような手続きを経た上で、白石が「東雅」に述べているような「熊」語源説が、一応成立することになるのである。

Jap. ö	Kor. ɐ ［ʌ］
töri '鳥'	tɐrk '鶏'
götö-si '如'	kɐt-h(ɐ)- '如' *cf.*Manj. gese
mötö '本'	mɐt- '嫡・伯'
köfori(köföri?) '郡'	kɐfɐr＞kour＞kor '郡'

尤もこのようなことは、日本語が、朝鮮語を祖語とするものであることを意味するものではない。すでにアストンが指摘しているように、両国語の距離は、印欧語における最も遠い二国語間の距離とほぼ等しいものとされており、語の対応のみられるものも、その文物などを介して移入された一部の事実にとどまるのである。「熊」についても『東雅』には、もと神を意味する古語の「くま」に、熊の意の百済の方言である「くま」を示す熊の字をあてたものと解し、その語源は神であったとしている。熊（kamui）をまた神の義とすることはアイヌの古い民俗であり、それならばこの語は、むしろその系列の関係において考えることを必要とするものとなる。朝鮮と交渉をもつ遥か以前の縄文時代に、すでにアイヌとの地続きの交渉があったと考えられるからである。

蒙古語との比較　ウラル・アルタイ語系のなかで、朝鮮語とともに国語と親縁の関係をもつとされる蒙古語・満州語についても、国語との対比が早くから試みられていた。那珂《なか》通世《みちよ》の『成吉思汗実録』の翻訳をはじめ、白鳥庫吉・内藤湖南らがその研究に着手していたが、周辺諸族の考古学的・民族学的研究の先駆者であった鳥居龍蔵に、日蒙類似語に就いての比較を試みた「日蒙類似語に就て」(一九〇七年、［全集］第八巻)の一篇があり、百七例をあげて詳しい解説を加えている。

いまそのうちの語彙の一部を摘録する。

保土岐《ほとき》(瓺)Boitgha, 繒《はた》Hib háták, 本陀理《ほだり》(秀罇・盃)Hóndagá, 麻羅《まら》(天津《あまつ》麻羅《まら》・鉄)Témur, 阿藝《あぎ》(我君)Abogái, abgai, abigai, 阿勢《あせ》(兄・長)Ahá, 宇志《うし》(大人・主)Échin, 宇士《うじ》(蛆)udu, 蕃登《ほと》(陰)udughu(udukhu), 汁《しる》Shilu, 甘《あま》Amtái, 旨《うま》Amtaté, 巧《うま》Amta, 黒《くろ》Khara, 暗《くら》しKharanghoi, 明《かがや》きGhéghén, 黄昏《たそがれ》Tasoramoi, 時《とき》Chak, 朧《おぼろ》Burkhúk, 殿《あらか》Baragha, 座《くら》Ghér, 鶴《たづ》Toghrōh, 瓦《かはら》Wara, 寺《てら》(女真語)T'ài-yīh-lâh, 箭《さ》Somo, 森《もり》Barar, 本《もと》Moto(木)、馬《むま》Mori, muri, murin, 知陀流《ちだる》Chidara, 身《み》Béi, 左左良《ささら》Sara(月)(契丹語Saili, ダクール語Sara, Saroro, 朝鮮語Tal)、知《ち》(尊称)chi, chin, 若《わか》Baghá, 剝ぐHaghár, 墾《は》るHághálo-moi, 波羅《はら》(波流《はる》・遥)Hóla, 葬《はふり》Ghéhúr(墓)、度《たび》Tahín, 統《す》ぶChumu, chum, 死《しに》Sunu(滅する)、真《ま・まこと》Mun, Maghót(是・本性)、高《たか》(天《あま》)Téngéri, Abhá(満州語)、塞《さへ》Suhé, 鬼《しこ》Suk(死霊)

これらの比較語には、それぞれの語についてかなり詳細な説明が加えられており、ときには蒙古語のみでなく、その周辺の諸族語、朝鮮語をも引証して、その類似性を主張している。しかしこのような語彙の比較は、その系列語をはじめ音韻・文法にわたってその対応の関係をも証明してはじめて比較が成立しうるものであり、ここにみえる語彙についても、その手続きが必要であることはいうまでもない。ただたとえば「ささら」のように、国語の中に孤立的に存し、その語義も語源も明らかでないようなものについては、その手続きを経ずして比較の対象とすることもできよう。

「万葉」にみえる「ささら」は四例であるが、そのうち三例が七夕説話に関するものであることからいえば、その語はその説話の中の語として渡来したものとすることができよう。「万葉」の、

山の端《は》の左佐良榎壮子《ささらえをとこ》天《あま》の原門《はらと》度《わた》る光見らくし好《よ》しも　六・九八三

の左注に「月の別名を佐散良衣壮士《ささらえをとこ》と曰《い》ふなり」とみえるが、「万葉」の多くの注釈書のうち、この鳥居説に注意したものはまだ管見にない。語が外来の文化や習俗に伴って国語の中に入りこむのは、概ねこのような場合のものであり、これを国語の系列の中で解しようとしても成功するものではない。一般に外来の語は、このように系列から外れて、孤立的なものとして存するものである。「天《あめ》なる左佐羅《ささら》の小野《をの》の」（三・四二〇）、「天《あめ》なるや神樂良《ささら》の小野《をの》に」（十

六・三八八七）などの語は、「ささ」の音からの連想によってのちに作られたもので、天上の小野という発想はわが国本来のものではない。「ささら」の原義は、万葉びとにもすでに知られていなかったのであろう。

「かささぎ」も、おそらく七夕説話に伴って、朝鮮から渡来したものであろう。白石の［東雅］に「かさ」（朝鮮語）・「さわぎ」（和語）とする韓和合成説、金沢庄三郎に「かさ」（朝鮮語）・鵲《じやく》（漢字音）とする韓漢合成説があるが、伴信友《ばんのぶとも》の［比古婆衣《ひこばえ》］に、宋の孫穆《そんぼく》の［雞林類事］に「鵲を喝則寄《かつそき》と曰《い》ふ」とあるのを引いて、韓語としているのが正しいようである。外来の「七夕説話」は、蒙古語の「ささら」、韓語の「かささぎ」などの語を伴って、わが国に伝えられたのであった。七夕の説話は、五世紀の高句麗古墳の壁画にもすでに描かれている。

南方語系統論　国語が南方語と関係をもつものでないかという考えかたも、かなり早くから提出されていたものであった。人種論や文化史的な関心から、特に水稲耕作とそれに伴う祭祀儀礼などを介して、その文化的交渉が注目されていた。それで明治期にすでに井上哲次郎の［人種言語及び宗教等の比較に依り、日本人の位置を論ず］（［東方協会報告］第二十）、坪井九馬三《くめぞう》の［倭人考］（［史学雑誌］一九二四年三月）などがあり、昭和期に入って安藤正次の「登陀流・血垂考」（昭和四年「古典と古語」所収）が出て、台湾蛮族の語にその祖語を求め、南方説の一証とした。ただしこの語は、蒙古語の文語 Chidara,「欽定蒙文彙書」に「焔頭飛煤」と訳するものであることを、鳥居がすでに論じている。

その後、新村出・奥里将建・松岡静雄らにもそれぞれ類似語の比較研究があるが、最も体系的に系統論として南方説を主張したものに、松本信広の諸論考がある。その「オーストロアジア語に関する諸問題」（昭和六年「日本民族文化の起源」2所収）の中で、日本語と交渉のある南方語として九十七の語彙があげられている。対応語は南方諸族の語にわたっており、表記が煩雑となるので、いま国語の語彙のみを録する。

手《た・て》　顔《かほ》・頬《ほほ》　向《む》き　目《ま・め》　口《くち》　顎《あご・あぎ》　鶏冠《さか・とさか》（毛）　腹《はら》　腸《わた》　肝《きも》」　肺《ふくふくし》　臍《ほぞ》　女陰《ほと》　身體《からだ》　身《み・む》　心《こころ》　乳《ち》　皮《かは》　指《ゆび》　人《ひと》」　女《をみな》　子《こ》　親《おや》・母《おや》・父《おや》　兄《あに》　弟《おと》　妹《いも》　神《かみ》　我《あ・あれ》・汝《な》　晝《ひる》・日《ひる》　閃《きらめ》く」　夕《ゆふ》　雲《くも》　雨《あめ》・雷《いかづち》　時《とき》　火《ひ》　暑《あつ》　玉《たま》　海石《いくり》・碇《いかり》　土《つち》」　木《こ・け・き》　葉《は》　稲《いね・しね》　米《こめ》　籾《もみ》　精米《しらげよね》　竹《たけ》　森《もり》　畑《はた・はたけ》　澤《さわ》」　園《その》　畔《くろ》　峯《みね・ね》　峡《かひ》　羽々《はは》（蛇）　大蛇《うわばみ・をろち》　蝮《たじひ》　谷蟇《たにぐく》　蟇《ひきがへる》　蜥蜴《とかげ》」　鹿《しか》　猿《さる》　熊《くま》　虫《むし》　蛭《ひる》　蜂《はち》　蛾《ひひる》　蟻《あり》　巣《す》・住《す》む　櫃《ひっ》」　箱《はこ》　舵《かぢ・かじ》　鋒《ほこ》・矛《ほこ》　飲《の》む　嘗《な》む　浴《あ》む　洗《あら》ふ　滌《すす》ぐ　掻《か》く・踵《かかと》　抱《いだ》く・抱《だ》く　抱《いだか》ふ」　黥《さ》く　斷《た》つ　墾《はり》　張《は》る（毆《は》る）　伴《ともな》ふ・友《とも》　歌《うた》ふ・歌《うた》　剥《は》ぐ　摩《す》る・剃《そ》る　焚《た》く　枯《か》る」　丘《たけ》・高《たか》　新《あら》・生《あ》る　諸《もろ》・群《むれ・むら》　果《は》て　巻《ま》く・巡《めぐ》る　丸《まる》・鞠《まり》　輪《わ》・羂《わな》

これらは身体をいう語をはじめ名詞が殆んどであり、動詞・形容詞は至って少ない。かつ語数も百に満たず、語彙統計学の対象としても甚だ不十分なものである。ただ系統論的な問題を別として、古代における文化的交渉の痕迹を南方語のうちに求めるときは、なお多くの興味ある課題があるようである。

たとえば［応神紀］五年、また［記］仁徳にみえる「枯野《からの》」とよばれる舟の名は、［紀］原注には軽野《かるの》が転じたものであるとしているが、もと古代の越《えつ》人が大船をよんだ舸艫《こうろく》と関係があり、また［神功前紀］にみえる「艘《かはら》」とも連なるとする説などに興味がもたれる。舸艫は［広雅《こうが》］釈名にみえ、［三国志］呉《ご》書、呂蒙《りよもう》伝などにも用いられていて、大船をいう。

南方語は今では南島諸族の全体、印度洋より南太平洋の全域にわたる範囲にまで拡大され、その系統論が内外の研究者によって討究されている。わが国では新村出・松本信広にはじまり、泉井久之助・大野晋・村山七郎らの諸氏によってその研究が進められているが、北方系にくらべて、その系統論的な可能性は遥かに乏しいように思う。

また中国語とともに単音節語であるチベット・ビルマ語系と国語との対比も検討されているが、たとえば国語の「は」が「歯・刃・葉」のように、一つの音で三単語を意味しうるような語は、その語系の諸族の中には見出されないことが報告されていて、ここにも特に親密な対応関係は求めがたいようである。

九　字書と字訓研究

訓点と訓釈語　漢字の音訓を用いて国語を表記する方法が行なわれるとともに、経籍や仏典を国語に翻読することも進められた。古剣銘などの金石文以来、漢文の形式で書かれている文章はすべて国語でよまれていたものであり、『懐風藻』のような漢詩集も、『万葉』に含まれている序や注記、往来の書簡なども漢文の形式であるが、すべて訓読されていたものである。経籍や仏典なども、訓読によってはじめてその意味を理解しうるものであるから、その工夫が試みられた。

漢文と国語とはその構造が異なり、語序も異なっている。それで漢文をよむときには、「返り読み」を必要とする。その順序を示す「返り点」を加えた資料では『華厳刊定記』（延暦七年、七八八年）に一・二・三で語序を示した例があって最も古い。しかし返り点がなくてもそのように訓んだのであるから、わが国では当初からその訓みかたであった。それで付注は、概ね漢字漢語を国語に訓み直すときの訓釈語である。『記』『紀』に加えられている注、また仏典や『文選《もんぜん》』『遊仙窟』、わが国の文献でも『日本霊異記』などには、その訓注の類が多く残されている。常訓の字でなく、漢字の特定の用法に対する訓であるから訓釈といい、その語を訓釈語という。おそらくそのような語を集め、あるいは加えたと思われるものに、奈良期においてすでに「楊氏《やうし》漢語抄《かんごせう》」「弁色立成《べんしよくりつせい》」「書中要」などがあって、のちの「新撰字鏡」や「和名類聚抄《わみやうるゐじゆせう》」にも引かれている。訓読語とともに、漢文の語法がそのまま訓釈を通じて国語化されることもあった。山田孝雄「漢文の訓読によりて伝へられたる語法」（一九三五年）はその類の語例を集めて、その異同を論じたものである。

仏典にも訓釈が加えられたが、その法は「一切経音義」などの形式によるもので、奈良期に盛行した「金光《こんくわう》明《みやう》最勝王《さいしようわう》経《きやう》」には、当時すでに多数の義疏・音義の類があった。また平安期に入ってからは、仏典にいわゆる「ヲコト点」を加えた多数の点本がある。点本は古くからの伝承によって加点したものであるから、そのうちに多くの古訓を伝えている。また訓点には片カナを伴うことが多く、やがて片カナの成立を促した。

字書の編纂　大伴家持や淡海三船など、奈良期の遺響を伝える人が没し（七八五年）、やがて弘仁期の漢詩文全盛の期を迎え、菅家がその文藻をあらわすころ、「新撰字鏡」や「本草《ほんざう》和名《わみやう》」が作られた。僧昌住の「新撰字鏡」は、空海の「篆隷万象名義《てんれいばんしやうめいぎ》」と同じく、大体「玉篇」の体例によった字書で、見出し字二万余、ときに字音仮名で和訓を加えており、語彙が豊富であること、特殊仮名コの区別がなお保たれていることなど、資料的に貴重とされる。

天治書写本（一一二四年）、享和刊本（一八〇三年）の二種があり、享和本は校訂本とみられる。字の分類・配列には、利用者の便宜を配慮したあとがあり、その分類法はのちの［和名類聚抄］にも継承されている。

勅撰本［本草和名］（九一八年）は大医博士深根輔仁《ふかねのすけひと》の編するところ。［本草］の草木類にそれぞれ和名を加えたもので、音仮名を用いてその古名をしるしている。ア行ヤ行の混乱や清濁の区別をしるさないものも多いが、他の文献にみえない語彙が多く、国語資料として有益である。

［和名類聚抄］（九三一〜九三八年頃）は源順《みなもとのしたがう》の撰。十巻本と、これを増訂し、また地名をも加えた二十巻本とがある。物名を主とするもので、その分類・配列はほぼ［新撰字鏡］により、二百九十一種に上る和漢の書を参考して解説し、音仮名で和名をしるしている。平安中期の語彙を主とするが、もとより古語をも多く録しており、ときに俗語にも及んでいる。清濁の別をしるしており、特殊仮名の区別はすでに失われている。狩谷棭斎《かりやえきさい》の［箋注《せんちゅう》］は、多く内外の文献を引いて考証につとめており、参考となる。

点本の研究　［類聚名義抄《るるじゅみやうぎせう》］は永保元（一〇八一）年以後の成立とみられ、すでに平安末期のものであるが、また［三宝類字集］［三宝名義抄］ともいわれるように、多く仏典の古訓を録する。経伝や仏典のよみ方は概ね秘伝とされて、加点・加訓・そえ書きなど数種の方法を用いて、その秘密性を保持した。たとえば吉沢義則［点本書目］（昭和六年）の解説によると、［揚雄伝］天暦二年点では「列《ツ(ラネ)た里シ》屏《里ソ(ケテ)》」、また、［大唐三蔵玄奘法師表啓］の加点では「闠《ヒ(ラ)カ(レ)》」「圖《は(カ)リコとを》」のようにしるされているという。片仮名の部分はカナ点、平仮名の部分はヲコト点、（　）内は補読すべき部分である。表記されなかった部分は、あるいは口授されたのであろう。ともかくその訓みかたは、幾重もの方法で他見を拒み、秘伝とされていたのである。

この［点本書目］はのちさらに増補が加えられたが、このおびただしい資料を解読することは、極めて精力を要することである。まず明治期に、大矢透が種々の困難を排して資料を捜集し、はじめてその門径を開いた。［仮名遣及仮名字体沿革資料］［仮名源流考］［周代古音考］の諸書は、その記念すべき成果であった。つづいて春日政治がその研究を継承し、戦後に至って［西大寺本金光明最勝王経古点の国語学的研究］（昭和二十三年）を刊行し、訓点語の研究に巨歩を進めた。また中田祝夫の［古点本の国語学的研究］（昭和二十九年）には、［地蔵十輪経元慶七（八八三）年訓点］［法華経玄賛淳祐古点］（九五〇年頃）等数種の訓読訳文と合せて、訓読史・国語史的に精密な論考を試み、訓読語の研究は大きな成果を示した。また同年発刊された京都大学文学部訓点語学会の［訓点語と訓点資料］では、資料の蒐集と解読・整理に、営々たる努力がつづけられた。これらをすべて字訓の学とよぶならば、字訓の学は、今ではゆたかな沃土をもつに至ったといってよい。

［書紀］古訓の研究　字訓の学は、いわば漢字を媒介とする国語研究である。従ってその研究には、漢字の字形学的・音韻史的・訓詁的研究もまた、その重要な部分を占めるものであることはいうまでもない。この点について、従来いくらか遺憾な点がなかったとはいえないように思う。それは、漢字の使用が国語の正常な発達の方向に否定的にはたらいて、国語の中に不協和なものをもたらしたとする、一種の偏見によるものであろうと思う。字訓の歴史を考えると、漢字はむしろ国語を補完するものであり、漢字を国字化することによって、国語はその表現力を一層高めたということができる。そのことは初期において、すでに［万葉集］の表記のうちに、みごとに実践されているのである。［万葉］における表記を、かりにかな文字に書きかえてみても、あの表記の達成した一種の表現力には、はるかに及びうるものではない。

字訓を主とする古典の研究は、従来必ずしも多くない。それはむしろ漢籍を修める者の為すべきことであるとして、国語学からはかえって除外される傾向があった。［紀］の注釈者である谷川士清《ことすが》の［日本書紀通証］、河村秀根《ほつね》の［日本書紀集解《しっかい》］、鈴木重胤《しげたね》の［日本書紀伝」などには、それぞれ関説するところがあるけれども、字訓を主とする研究はまだ十分に注意されることはなかった。はじめて訓詁を専論したものに神田喜一郎の「日本書紀古訓攷証」（『全集』第二巻）があり、名篇として知られている。著者はわが国における漢学史・漢文学史に精通し、またわが国の旧鈔本についても多くの解題を試みており、それらは「旧鈔本叢説」（『全集』第三巻）に収められている。

「日本書紀古訓攷証」（昭和十七年「支那学」、昭和二十四年刊）は、その序に、「書紀」古訓のうちに常訓と異なるものが多く、しかも「この種の研究の世に出づるを闃《げき》として聞かず。我が學界の憾事と謂ふべきにあらずや」として、

嬰ウナケル　緣ノホル　礭如カタクツヨシ　屬アヒ　鍾アタレリ　光宅ミチヲリ　勒トトノヘ　登スナハチ　梗アレタリ　逸民カクルルタミ」　泌ハヤク　磴カケハシ　燾ノスル　岐嶷カフロ、カフロニマシマス　凌ノホリ　展カソフ　天罰龔行ウチツツミヲモツツシミオコナヘ　流ホトコリナム　宿モトヨリ　烽候トフヒ」　書信フミツカヒ　同船ハシフネ、モロキフネ（諸木舟）　屬（厲）ハケミテ　爲當モシ、ハタ　乍マタ、アルヰハ、アルトキハ　靡盬イトマナシ　擧マエナヘ、マツリコツヘシ、ヲコナヘ　別風ヨモノカセ　山椒ヤマノスヱ

の二十九条をあげ、漢唐の古訓によってその字義を論じ、綿密な考証を試みている。なおこの種の考証を試みたものには、のち春日政治・小島憲之らの論考がある。小島は当時の字訓

が、原本〔玉篇〕に由来するものが多いことに着目して、〔紀〕〔万葉〕中の難訓の語を、そこから説明しようとした。

古訓がその字義にあたることはもとより当然のことであるが、字訓と字義とが正しく対応の関係にあることを理解することによって、その表現への理解は一層深められる。それでたとえば同訓異字の例においても、その用義法が適切であるかどうかを考えることも、必要な作業の一つであろうと思う。同訓異字の例は、〔記〕〔紀〕〔万葉〕を通じて甚だ多いが、そのことに特に留意を示している例は必ずしも多くない。日本思想大系本〔古事記〕には、巻末に「訓読補注」と「類義字一覧」「同訓異字一覧」が加えられていて、〔記〕の用字例についての考察が試みられている。このような整理は、〔紀〕や〔万葉〕においてもまた重要なことであり、たとえば〔万葉〕における念・思・憶の別は、訓読ではすべて廃して思の字におきかえられていることが多いが、このようなことは原表記に忠実な方法ではないと思う。〔万葉〕作家論では、一字一義の用法が殊に厳密に論ぜられていることが多いが、このような全体的な問題についても留意されるべきであろうと思う。

語源と字源対比の試み　漢字と国語との対応ということからいえば、字義と語義との対応を、さらにその字源・語源にまで遡らせて論及することも必要となることがある。語の形態が異なり、その音が異なるものであっても、その語意識の根柢に対応するものがあって、はじめて語の対応の関係を求めうるからである。いわゆる比較言語学とは異なった方法と分野において、その語意識の深部において、国語と漢字とのかかわりかたを考える必要がある。そこに同文といわれるこの比類のない文化史的事実を理解する、真の方法があるように思う。その意味で、大野晋「日本語の世界」(昭和五十三年)には、新しい問題が提示されているといえよう。

そこでは「日本語の源をさぐる」として「生きる・とらえる・くむ・感じる」の四項に分かち、「はらい(祓)・わざわい・さだめ・ある」など四十一語についてその語源を説き、それにあたる漢字の字源と比較して、その語意識のうちにある発想の共通性を求めようとしたもので、従来に例をみない試みであるといってよい。ただたとえば「はらふ」においては、次のような解釈が示されている。「はらふ」とは国語において罪けがれを払い除くことを原義とする語である。それに対する漢字の祓《ふつ》は犮《ふつ》に従うており、犮は犬にノを加えて、犬がその尾を左右に振ることを示す。振ることによって払うのであるから、「はらふ」と祓とはその語義が一致する、というような解説のしかたである。

犮は犬が尾を振る形ではない。磔殺されている犬の形であることは、字の初形からみても明らかである。祓は犬牲を供えて罪禍を祓《はら》うもので、伏《ふく》が人牲と犬牲とを埋めて伏瘞《ふくえい》とするのと同じである。祓の音は勿《ふつ》・非《ひ》・無《む》・蔑《べつ》の古声と近く、これらを否定詞に用いるように、祓は本来否定・排斥の意をもつものであろう。すなわち呪禁・修祓《しゅうふつ》を原義とする語である。国語の「はらふ」には祓除《ふつじょ》とともに払攘《ふつじょう》の意があり、「はく・はなつ・はぬ・はふる（放る）・ひらく・ひる・ひれ・ふく・ふす・ふゆ・ふる・へなる・ほる（放る）」などと関連をもつ系列の語と思われる。国語では振る・放つという行為的な表現から「攘《はら》ふ」「祓《はら》ふ」となり、漢字ではその語はもと禁止・否定の命令語であったらしい。祓の字形はその義の上に立って、その方法を字形構造の上に示したものである。示《じ》は神卓の形。すべて神事に関することを示す限定符である。

在《ざい》は「あり・ある」とよむ。その字については、在は才《さい》と土《ど》との合字で、才は水をせき止めること、「流れを土でせきとめるという意味から、在という字は作られた」（五七頁）としるされているが、これも字形の解釈が確かでない。在は土ではなく、士（鉞《まさかり》の頭部の形）に従う字である。才は「澪標《みをつくし》」の形であるが、榜示《ぼうじ》に用いる木。在はもと神の所在を示し、聖器である鉞頭《えつとう》を以て聖地であることを榜示し、のち占有・支配の意となった。「ある」が「生《あ》る・顕《あ》る」の語系に属するものならば、それは聖なるものの出現を意味するものであるから、在と「あり」とはまさにその語義において対応する。才系統の字も才・哉《さい》・載《さい》・裁《さい》など、みな神事に関することを「はじめる」意があり、その語意識のうちに親近なものがある。

十　系列語について

語の系列　ことばは同じ語根をもつ系列語として、その語群を構成することが多い。たとえば「目《め》」は、人の五官のなかでも極めて重要な機能をもつところである。それで目を語根として、それを活用し、語尾を加え、詞性を変化することによって、甚だ多くの系列語を生むのである。

招《ま》く・瞬《またた》く・眼《まなこ》・眼交《まなかひ》・前《まへ》・守《まも》る・見《み》る・愛《めぐ》し・恵《めぐ》む・愛《め》づ・珍《めづら》し・求《もと》む・守《も》る

などは、その母音を交替し、語尾を加えるなどによって派生した語で、すべて目の機能に関しており、その系列語とみてよい。また「手《て》」においては、

互《たがひ》・違《たが》ふ・寶《たから》(手座)・縮《た》く・襷《たすき》・助《たす》く・叩《たた》く・戰《たたか》ふ・立《た》つ・便《たづき》・携《たづさ》ふ・尋《たづ》ぬ・辿《たど》る・樂《たの》し・慮《たばか》る・賜《たま》ふ・溜《た》む・揉《た》む・拱《たむだ》く・便《たより》・撓《たわ》む・築《つ》く・使《つか》ふ・握《つか》む・舂《つ》く・衝《つ》く・著《つ》く・作《つく》る・繕《つくろ》ふ・傳《つた》ふ・續《つづ》く・探《つ》む・積《つ》む・價《て》・代《て》・留《とど》む・執《とら》ふ・取《と》る

などが、同じく母音の交替や語尾を加えることなどによって、派生した語であると考えられる。また、

明《あ》く・明《あか》し・明《あき》らか・明《あき》らかに・明《あき》らけし・明《あき》らむ・開《あ》く・放《あか》つ・赤《あか》・赤《あか》し・赤《あか》ら・赤《あか》

らひく・赤《あけ》・暴《あからさま》・宴《あかり》・曙《あけぼの》・暁《あかつき》・茜《あかね》・現《あきつ》なども同根の語の分化したもので、みなその語義において関連するところがある。このような関係にあるものを、系列語とよぶことにする。

字の系列　漢字の声義にも、そのような関係のものがある。もともと単音節語である中国語においては、「その声近ければ義近し」という原則の示すように、声の近い語には同じ系列の語が多く、そのために四声の別なども生れたものと思われる。声近ければ義近しという関係は、本来その字がなくて、他の字の声を借りてその語を示そうとした仮借《かしゃ》字において、特に顕著にみられることである。たとえば、代名詞は本来その字がなく、すべて仮借字である。そこで一つの語を示すために、多くの字がいわば音標的な記号として用いられる。字の本義とは全く関係がなく、その音だけを用いるのである。その代名詞の第一人称には、

朕《よう》　台《い》　予《よ》　余《よ》」　我《が》　言《げん》　吾《ぎょ》

などが用いられ、前者は余母《よぼ》、中古音でいえば喩母《ゆぼ》四等に属する字であり、後者は疑母《ぎぼ》に属する。［詩］において「言」が一人称の我として解されることがあるのも、同じく疑母に属するからである。これらの字は、朕はもと舟に従い、舟（盤）中に物を入れて奉じ賸《おく》る意、台は厶《し》（㠯《すき》）と𠙵《さい》（祝詞の器）とに従い、農耕の成功を祈る儀礼で怡《い》の初文、また我は鋸《のこぎり》の象

形で鋸《きょ》の初文、吾は⧗形の大きな蓋《ふた》をㅂの上においてその呪能を吾《まも》る意で敔《ぎょ》の初文であり、もとすべて別義の字であるが、その声を仮借して代名詞に用いる。そしてその初義はむしろ忘れられ、多くは殆んど代名詞としてのみ用いられるようになった。

また二人称代名詞には、

女《じょ》・汝《じょ》・而《じ》・爾《じ》・乃《じょう》・廼《じょう》・戎《じゅう》　若《じゃく》」　子　吾子　公　君　卿

などが用いられ、前者はみな舌頭泥母《でいぼ》に属する字で、その声を仮借して用いる。また後者は本来は身分呼称を示す語から転化したもので、子《し》も古くは王子のような貴族の子弟を意味した。「夫子《ふうし》」とは「夫《か》の子《ひと》」、「夫人《かのひと》」と同じように尊称に用いる複合語である。近称の指示代名詞には「此《し》・茲《じ》・斯《し》・是《ぜ》・時《じ》・寔《じつ》・爾《じ》」などがあるが、これらは歯音の心母《しんぼ》・清母《せいぼ》・精《せい》母《ぼ》などに属するもので、その原音が近く、一系の語として用いられたものであろう。

漢字の声と義　漢字の構造において、その字の属する部首の字は限定符としての意味をもつものであり、字義の上に限定符として関与するところがあるとみてよい。たとえば目部の字は目に関し、手部の字は手を以てする行為に関する字である。

会意字においては、会意字を構成する各々の要素がその字義に関与する。たとえば公《こう》は廟の中廷の平面形を示し、公廟の意である。そこで祖霊を祀《まつ》り、その徳を称《たた》えることを頌《しょう》といい、廟前で族内の紛争を裁定することを訟《しょう》という。もとその祖廟における行為をいい、ともにその吉凶の礼をいう語で同声の字であるが、おそらくアクセントでその吉凶を区別していたのであろう。

同声もしくは近似の声の字には、同義もしくは近似の義をもつものがある。同じ声符に従うて系列をなすものを声系という。たとえば莫《ぼ》は茻《そう》中に日が没する形で、暮《ぼ》の初文である。ゆえに暮を本義とする。その声系の字は、その本義を承けることを原則とする。すなわち薄暮幽暗の意が、基本義としてその声系の字に継承されているとみてよい。［説文］において「莫聲」とするものはすべて二十一字。嘆・謨・模・摸・蓦・幕・貘・慕・驀・漠・摹・蟆・墓・募のほか、歺《がつ》部・邑《ゆう》部・彡《ひょう》部・女《じょ》部・金《きん》部にその字がある。そのうち莫の声義を承けるものには、みな薄暮幽暗の意があり、不安定な状態などをいう語となる。ただその声符を用いながらも、声を以て他と通用するときには、その通用の義に従うことがある。たとえば摸・摹はまた撫摩《ぶま》と声義が通じて、その義に用いる。撫摩の字の従う無・麻は、無は舞の初文、麻は廟中に用いる麻糸の意であるが、撫摩は撫摩するときの擬声語である。系列字のうちにも、他の声系の字と通用してその系列に入るものがある。また同様に、他の声系の字と通用して、その系列の字義を用いるものがある。

紐と韻　国語の系列語は、その音と義との関係によって容易に系列を辿りうるが、漢字の場合には通仮の関係があって、同じ声符をもつもののうちにも、他の系列と通用し、他の系列に属するものがあり、語群の構成に困難が多い。後漢《ごかん》の劉熙《りゆうき》の「釈名《しやくみよう》」は、同音もしくは近似音によって語源を解釈しようとした初期の音義的語源字書であるが、それは「日《じつ》は實《じつ》なり」、「月《げつ》は闕《けつ》なり」、「風《ふう》は氾《はん》なり、放《はう》なり」、「霜《さう》は喪《さう》なり」、「火《くわ》は化《くわ》なり」、「土《と》は吐《と》なり」のように、ただ音を合せて解するのみの、全く非体系的な語源説であった。「説文」の解釈も殆んどこれと同じ方法であり、その時代の言語観を示す解釈である。日の古音は熱《ねつ》と近く、同じく日母《じつぼ》の字。月は牙《が》・劓《ぎ》（鼻切り）・刖《げつ》（足切り）と同じく疑母《ぎぼ》の字である。通用という関係は、頭音もしくは尾韻において、同一もしくは通用の関係があるときに、はじめて成り立ちうるものである。

摸《ぼ》 mak は撫《ぶ》 phiua と通用する。撫・拊《ふ》はともに滂母《ぼうぼ》の字で頭音は同じ。拊は手で強く胸をうつ意の字である。摸は明母《めいぼ》で、滂母と明母とは通用しうる関係にある。母はまた声母・古紐《こちゆう》といわれるもので語の頭音。そのように通用の関係にあるものを旁紐《ぼうちゆう》という。韻においては撫は魚韻《ぎよ》、摸は鐸韻《たく》であり、魚・鐸の両韻は通用しうる関係にある。これを対転という。

旁紐や対転は、各字母（紐）の間、また各韻の間に一定の関係で成り立つ。すべての字は、その頭音において牙音（舌根）・舌頭・舌面・重脣・軽脣・歯頭（舌尖）・正歯（捲舌と舌面）・

陽声	入声	陰声
21　蒸《じょう》	10　職《しょく》	1　之《し》
冬《とう》	11　覺《かく》	2　幽《いう》
	12　藥《やく》	3　宵《せう》
22　東《とう》	13　屋《をく》	4　侯《こう》
23　陽《よう》	14　鐸《たく》	5　魚《ぎょ》
24　耕《かう》	15　錫《せき》	6　支《し》
25　眞《しん》	16　質《しつ》	7　脂《し》
26　文《ぶん》	17　物《ぶつ》	8　微《び》
27　元《げん》	18　月《げつ》	9　歌《か》
28　侵《しん》	19　緝《しふ》	
29　談《だん》	20　盍《かふ》	

喉音等に分れ、たとえば牙音は見・渓・群・疑の四母、舌頭音は端・透・定・泥・来の五母のように、合せて三十六字母のいずれかに属する。また韻は時期によって分部を異にするが、古韻は陰・入・陽の三声、之・支・物・質・陽・東など合せて二十九部とする説によった。
いまその声母と古韻の表を、王力《おうりき》氏の「同源字典」などによって掲げておく。

喉音　影　暁　匣（中古匣・喩$_3$）
牙音　見　渓　群　疑

舌音　端（中古端・知）透（中古透・徹）定（中古定・澄）泥（中古泥・娘）来
　余（喩4）章（照3）昌（穿3）船（床3）書（審3）禅　日
歯音　精　清　従　心　邪　荘（照2）初（穿2）崇（牀2）山（審2）
脣音　幫（中古幫・非）滂（中古滂・敷）並（中古並・奉）明（中古明・微）

表中の数字は等呼、［韻鏡］にいう二等音（イ）・三等音（ウ）・四等音（ユ）のことである。声母のたてかたは古くは専ら［韻鏡］によったが、今では音韻学の著しい進展によって、声母の名称や音価について、新しい研究が多く提出されている。

　右の表を王念孫の二十一部に比較すると、陰声・陽声には大差がなく、入声において緝・盍の他に九韻を加えている。また冬部は、［楚辞］の押韻に至って分出するもので、［楚辞］の分韻は三十部となる。

　陰声は母音で終るもの、入声はｋｔｐ（ｆ）のように子音で終るもの、陽声はng n mなど鼻声で終るものであるが、陰・入の音の間に、一定の関係で通韻となるものがある。すなわち之・職、幽・覚、宵・薬、侯・屋、魚・鐸、支・錫、脂・質の韻は相互に通用することがある。この関係を対転という。すなわち陰入対転である。

　また陰声と陽声との間にも、いわゆる陰陽対転の関係をもつものがあり、之・蒸、侯・東、微・文、歌・元がそれである。また陽声と入声との間では真・質、元・月、談・盍が対転の関係にある。

対転は陰・入・陽の声の異なるものの間における通韻の関係であるが、同じく陰声あるいは陽声などの間に通韻の関係があることを、旁転《ぼうてん》という。之・幽、幽・宵、幽・侯、之・魚は陰声、蒸・侵、陽・談、陽・元、耕・真は陽声、職・緝、鐸・盍、物・緝は入声である。そのほかにも、韻尾が同じであるときには、脂・微（陰）、脂・歌（陰）、真・文（陽）、真・元（陽）、職・覚（入）、屋・覚（入）、質・月（入）、緝・盍（入）が合韻となることがある。

傍紐と通韻と系列語　漢字の示す語源を系列的に考察することは、主としてこの紐と韻との関係によって、同声もしくは通転の語を求め、その系列を構成する方法をとる。すなわち［説文］や［釈名］のような音義説とは全く異なり、清《しん》代の訓詁学と、現代の音韻史的研究とを参考としながら、新しい語源学の方向を考えることが必要である。

清朝の考証学は訓詁を中心とするものであり、訓詁の学は古典研究の最も重要な分野を占めている。その分野において、卓越した業績を残したものに王念孫《おうねんそん》・王引之《いんし》父子があり、［読書雑志］［経義述聞《けいぎじゅつぶん》］［経伝釈詞《けいでんしゃくし》］などにその精華が示されている。訓詁のむつかしさは、声が仮借通用することが多く、その本字や用義を明らかにしがたいことがあるためである。「詁訓の指は、聲音に存す。字の聲同じく聲近き者は經傳往往にして假借す。學者、聲を以て義を求め、其の假借の字を破りて、讀むに本字を以てせば、則ち渙然《くわんぜん》として冰釋せん」（「経義述聞」、王引之「叙」）というのがその方法であった。しかしこの場合においても、字の本義が明らかでなくては、本義・転義・仮借の別を立てることすら困難である。本義の学は、字形の学である「説文解字《せつもんかいじ》」の分野であるが、その最高の研究の書といわれる段玉裁《だんぎょくさい》の「説文解字注」も、ただ「説文」の説を布演するのみで、その字形学を改めてこれを体系化することはなかった。清末の兪樾《ゆえつ》の「群経平議《ぐんけいへいぎ》」、馬瑞辰《ばずいしん》の「毛詩伝箋通釈《もうしでんせんつうしゃく》」、馬宗霍《ばそうかく》の「説文解字引経考」など、みな訓詁の学としてすぐれたものであるが、それらはただ古注のうちに訓詁の例を求め、音の相通によって義を解するもので、いわば経験的な判断によるものにすぎない。

　字源の学は、文字成立期の同時資料である甲骨文・金文の出現によって、はじめて可能となった。王氏父子の訓詁学の伝統の上に立って、この新資料を研究に導入したものに楊樹達《ようじゅたつ》があり、「積微居金文説《せきびきょきんぶんせつ》」以下、すぐれた研究が多い。また専ら甲骨文・金文によって経籍の訓詁を説くものに于省吾《うせいご》がある。しかしこの両者においても、字形学的な研究は殆んど行なわれていない。台湾では屈万里《くつばんり》教授が、「詩」「書」の注にその学の適用を試みている。新出資料の研究は、李孝定《りこうてい》の「甲骨文字集釈」、周法高《しゅうほうこう》教授の「金文詁林」「金文詁林補」に諸家の説が集録されているが、体系的な書を成したものはない。今のところ小著「説文新義」

十六巻、及び「字統」が唯一のものであるといってよいと思う。訓詁の学はまず字の初形初義を明らかにしてはじめて成立しうるものであり、これなくしてはその端緒を求めることも不可能である。

音韻の学、殊に古韻については、清朝の小学家《しょうがく》によってかなりの整理が進められ、それを語源の学に適用しようとする試みもあった。清末の章炳麟《しょうへいりん》は兪樾に学び、また悉曇《しったん》の学にも通じ、「音は形に寓し、義は音に寓す」という原則を掲げて、音を以て字義を説いた。「文始《ぶんし》」「国故論衡《こくころんこう》」「小学答問」など、数種の著書がある。章氏の方法は、たとえば土《ど》は度《ど》、地を度《はか》って法度《ほうど》とする。度居は宅、また託寄、図画・計難の意より選択の意となり、陽に対転して商となり、商度の意となるとする。字はこのように音を以て通転し、語義を広めるという。なお一例をあげると、京は魚に対転して虚、孳乳して壙、また魚に対転して野、孳乳して鱷《きょう》（海の大魚）、魚に対転して格、また魚に対転して枯・殆、陽に対転して穅となる。穅は穀の皮であるから、虚の義に合い、字義は次第に循環するという。ただこのような字説では、字義は転々として止まるところを知らず、語源の研究は全く無原則なものとなる。しかしこのような字説を集めて単語家族と称し、古・各・京を一系の語とし、その共通義を「枯れて固くなったもの」と解するような説が、一時わが国にも行なわれたことがある。章氏の学を承けるものに、中国では馬叙倫《ばじょりん》の「説文解字六書疏証《りくしょそしょう》」三十巻があり、すべて章氏の方法を踏襲している。わが国の延約通略の説よりも、なお無原則なものである。ときに卜文・金文に及ぶことがあっても、その形義に達せず、殆ど得るところのない書である。

同源字説　語源の学においては、古代の音韻の学を修め、厳密にその法則に即して、声義の近くして相通ずるものを求めるものに、王力氏の「同源字典」がある。王氏は声の通ずる字を集めて、それに音韻的な説明を施し、その一類のものを同源とし、一系の語とした。たとえば「無《な》し」とよむ字に、

無・无 miua（明母魚韻）　毋（同音）　亡・罔 miuang（魚陽対転）　無 miua・莫 mak（魚鐸対転）　無 miua・靡 miai（魚歌通転）　靡 miai・蔑 miat（歌月対転）　蔑 miat・末 muat（月部畳韻）　蔑 miat・末・勿 miuət（月物旁転）

などがあり、みなその声を以て相通用する。これらの字には、否定の意をその本義とするものはなく、ただみなその声を以て仮借するものである。無は舞の初文。无・亡は死者の象。毋はもと母に作り、毋はのちに制止の字として作られた字である。莫は暮夜、罔は網の初文。蔑は戦勝のとき、敵の呪祝をなす媚《び》女《じょ》を戈《ほこ》にかけて殺し、その呪力を失わせる意で、もと旌《せい》表《ひょう》を意味する功閥《こうべつ》の閥の初文。西周の金文に、功歴を旌表することを「蔑暦《べつれき》」という。靡は風に吹かれて草木がなびくこと。末は枝の梢末、勿は吹流しの形で祓《はら》う意がある。これらの

字を有無の無、また否定の意に用いるのはすべて仮借。字義において最も近いものは蔑・勿で、その本義のうちに呪禁の意をも含んでいたとみられるが、有無の字に用いるのはやはり仮借である。これらの字は、みなその音において一系をなしており、代名詞や助詞と同じような性質の語である。ただ王氏の書においても、語の系列化がなお不十分なところがあり、特に字の初形初義を定めず、本義と通仮との関係が明らかにされていない。このような系列の字も、その本義と仮借義とを区別して、はじめてその系統を考え、系列化をなしうるのである。

語源学の究極にあるもの　国語を、その関連語と合せて系列化し、また漢字をその声義の関係を通じて系列化した上で、両者の対応関係を確かめることがはじめて可能となり、また意味のあるものとなる。このような対応関係は、印欧語などにおける比較言語学が対象とするところとは、全く別なものである。ここには、相互の間に語の系統関係や語形の類似というような現象は何もない。しかし系列として把握された語は、それぞれの国語の体系の中で、ことばとして表現すべきものを、その意識構造の根柢において含んでおり、語として形成されれ、あるいは字として形象化されるときに、そのような意識が強くはたらいていたはずである。国語では「なし」の「な」の音、漢字ではおそらくm音が、そのような意識を示す原音であったのであろう。語源学の究極は、そのような造語意識の根柢にある音感の世界にまで迫るべきものであるかも知れない。露伴学人が「音幻」と称するものが、おそらくそれであるように思われる。それはさきに述べた音義説とは全く異なって、音のうちに語の本質を求めようとする言語起原論である。

十一　音と義

［**雅語音声考**］　音に義ありという清代考証学者の主張は、漢字に限らず、語がすべて音によって構成されるものである以上、すべての言語に妥当するはずである。語は従って音によって系列をなし、複合して語群をなす。その中心をなすところに、いわば原音原義というべきものがあるはずである。

　そのような音への意識は、最も原初的な形態では擬声語・擬態語としてあらわれる。擬声語はその状態をそのまま音声的に、また擬態語はその状態を音声的なものに移して表現したものとみてよい。「ささ」、「そそ」、「うらうら」、「こをろこをろ」、「さゐさゐ」、「さゑさゑ」、「たわたわ」、「はろばろ」のように畳語の形をとるものにその例が多いが、それらにはさらにこれを語根として、名詞・動詞・形容詞・副詞の形となるものがある。「鶏《かけ》・川《かは》・雀《すずめ》」はそのまま名詞となり、「動く・めく　潤《うる》ふ・ほふ　灼《かか》る・やく　騒《さわ》く　氷る　噪《そそ》く　戦《そよ》ぐ　撓《とを》む　旗めく」などは動詞となり、「粒ら・らなり・さに　幽《かそ》か・けし　ほのか・けし　清《さや》か・けし」などは形容詞・副詞形となる。これらの語の原義は、おそらくその第一音のうちにすでに含まれているものであり、その第二音によって方向づけられ、さらに語尾が加えられて語の構造が定まるという経過をたどったものであろう。漢字でいえば紐《ちゅう》（語頭音）・韻（母音を含む語尾）・連綿（双声・畳韻などの連語）というような関係に、ほぼ近いものである。

このような語の成立に注目して、はじめてこのことを考察の対象としたものは、おそらく鈴木朖《あきら》の「雅語音声考《がごおんじやうかう》」であろう。朖には品詞の別を論じた「言語四種論」、活用形を七段に分かって語の接続を論じた「活語断続譜」などがある。その主とするところは文法学であるが、語の発生を論じた「雅語音声考」（一八一六年）は本居太平の序を付して刊行されたもので、言語の本質論として当時比類のないものであった。「言語ニハ、音聲ヲ以テ物事ヲ象リウツス事多シ」として、そのような擬声・擬態の語を次の四種に分かって述べている。いまその語彙のみをあげる。カタカナの部分がいわゆるオノマトペである。

一、鳥・獣・蟲の聲をうつせる言
郭公《ホトトキす》・鶯《ウクヒす》・雉《キギし》・鴉《カラす》・覺賀鳥《カクガのとり》・蟋蟀《コホロギ》・螽斯《キリキリす》・雁《カリ》・鶏《カケ》・鸛《ツミ》・梟《フクロフ》・雞《カケロ》・雀《ススめ》・雛《ヒな》・猫《ネこ》・犬《イぬ》・イばゆ・イななく（馬声）・鹿《カヒヨ》・蟬《セみ》・蚊《カ》・虻《アム》・鵠《クグヒ》・鶯《ホホキ》・鹿《カ》・蛙《カヘル》・斑鳩《イカルガ》

二、人の聲をうつせる言

吹《フく》・吸《スふ》・歔《ススる》・咬《カむ》・カカ呑む・吐《ハく》・呼《ヲめく》・招《ヲく》・呻《ウメく》・呼《ヨぶ》・諾《ウベなふ》・否《イナむ》・ヱラヱラに・笑《エラぐ》・ムヽと笑《ワラ》ふ・ヨヽと泣く・香《カぐはし》・嗅《カぐ》・臭《クさし》・鼻ヒ・ヒシ〳〵・息《イき》・顫《ワナナく》・戰《ヲノノく》・憐《アハレむ》・怪《アヤし》・アヤに・アナに・咡《ササやく》

三、萬物の聲をうつせる言

コヲロ・カワラ・瓦《カハラ》・ユラに・ユスる・サヤぐ・ソヨぐ・騷《サワぐ》・サヰ〳〵・響《トヨむ》・轟《トドロく》・叩《タタく》・ヒヽく・啄《ツツく》・衝《ツく》・磋《スる》・擦《サする》・鈴《スズ》・笛《フゑ》・鐘《カね》・琴《コと》・フタめく・ツブリ・滌《ススく》・注《ソソぐ》・雨ソボ降る・シタむ・滴《シタたる》・シト・シトヽ・刺《サす》・鋤《スき》

四、萬の形・有樣・意・しわざをうつせる言

明《アか》・赤《アか》・有《アリ》・有々《アリアリ》・鮮《アざやか》・高《タカし》・晴《ハル》・張《ハル》・原《ハラ》・平《ヒラ》・開《ヒラく》・手《タ》・タヒラ・田《タ》・舌《した》・雲《クモ》・曇《クモる》・隈《クマ》・潛《ククる》・溟涬《クグモる》・含《ククむ》・籠《コむ》・黑《クロし》・暗《クラし》・含《フブマる》・脹《フクル》・フクラ・袋《フくロ》・顴《ホホ》・齒《ハ》・嘗《ナむ》・舐《ネぶる》・呑《ノむ》・滑《ナメらか》・埴《はニ》・埏《ネやす》・煉《ネる》・塗《ヌる》・沼《ヌ》間《ま》・蓴《ヌ》菜《なは》・ヌル〳〵・海苔《ノり》・糊《ノり》・あな妍《ニ》やし・瓊《ニ》・沼《ヌ》矛《ほこ》・ヌなと・拔《ヌく》・貫《ヌく》・竝《ナベ》・竝《ならぶ》・撫《ナづ》・無《ナし》・蹴《くゑ》ハラヽかす・藁《ワラ》・童《ワラは》・綿《ワた》・ワヽく・尾《ヲ》・威稜《イつ》・イかし・イくさ・勇《イさむ》・急《イそく》・射《イる》・イゆき憚《はばか》り・イとり來て・イチ早し・千《チ》早振《はやぶる》・風《チ》・風《シ》・風《テ》・打《ウつ》・引《ヒく》・進《ススむ》・漫《ソゾろ》・漫《スズろ》・痿《ナゆ》・ナヨ〳〵・和《ナごむ》・馴《ナる》・靡《ナびく》・浪《ナみ》・萎《しナひ》・寢《いヌ》・トロヽく・トロく・解《トく》・動《ウゴく》・蠢《ウゴめく》・窒《ツまる》・縛《シばる》・締《シまる》・澁《シぶる》・皺《シわ》・轢《キシる》・轢《キシむ》・縮《チヂむ》・縮《シジむ》・粒《ツブ》・圓《ツブら》・ツブツブ・局《ツボね》・蕾《ツボみ》・スブ〳〵・窄《スホし》・ホ

ラ〱・洞《ホラ》・朗《ホガラか》・直《スグ》・スク〱・健《スクよか》・緩《タむ》・タミ〱し・垂《タる》・懈《タゆし》・タわゝ・撓《タわむ》・弛《タゆむ》・咲きヲヲる・折《ヲる》・萎《シヲる》・枝折《シヲリ》・撓《たワむ》・たワ、・弱《ヨワし》・ヤヲら・堅《カたし》・剛《コはし》・重《オモし》・輕《カロし》・乾《カわく》・溼《シめる》・アレ・カレ・コレ・ソレ
和《ヤハらぐ》・靜《シづか》・沈《シづむ》・シめやか・冷《スズし》・寒《サむし》・寂《サびし》・清《スむ》・冴《サゆ》・清《サヤけし》・キラキラし・カガやく・爽《サハらか》・爽《サハやか》

その解説は、たとえば第四項のイ・チ・シ（風）については、「風なり。此の三つ同韻にて、皆早き意あり。早きには武《たけ》き意ある故に、猛き事をはやしと古へいへり。シ・チをたゞ風の古語とのみ、人の心得をるめれども、風も亦古語なれば、風を總名にて、シもチも早き風をばいふなるべし。されば嵐・ハヤテなど言なり。はやてはハヤチなり。コチも、本は東風のあらきを云しならん」という。ここには擬声語からの構成語をも含めて、語の系列化の試みも加えられており、『釈名』などの音義説とは明確に異なる考えかたがある。また「郭《ほとと》公《ぎす》・鶯《うぐひす》・雉《きぎし》・鴉《からす》・螽斯《きりぎりす》」の「す・し」、「燕《つばめ》・雀《すずめ》」の「め」などを、その類をよぶ語根とする考えかたもすでにあって、語源学の基本の問題にせまる姿勢を示している。単なるオノマトペ的な思考ではなく、語をその形態素に分かって、語基・語根の意味をも考えようとするものであった。

語基・語根の研究　鈴木朖はさらにそのオノマトペ論を漢字の上に及ぼして、国語との比

較をも試みている。このことは、本書の意図するところとも関係のあることであるから、その語彙の比較の大体を表示しておく。

雞《ケイ》かけ　雁《ガン》かり　雅《ガ》からす　蟬《ゼン》せみ　雀《ジャク》すずめ　咬《カウ》・齕《カツ》かむ　呼《ヲ》をめく　咂《サフ》・歠《セツ》すふ、すする　打《テイ》・丁々《タウタウ》たたく　切《セツ》・磋《サ》・擦《サツ》・挲《サ》する・さする　窒《チツ》つまる　築《チク》・撞《トウ》・突《トツ》つく　啄《タク》つつく　呑《ドン》のむ　舔《テン》ねぶる　舌《ゼツ》した　譚《タン》・甜《タン》舌うつ・なむ　輭《ナン》・柔《ニュウ》・弱《ニャク》なゆ・なよ　泥《ネ》なめ・ぬま　黏《ネン》ねばる　縮《シュク》・蹙《シュク》しじむ　皴《シュン》しわ　澁《シフ》しぶ　束《ソク》しばる　收《シフ》・戢《シフ》しまる　清《セイ》すむ・淸《セイ》すずし・凄《セイ》・蕭《セウ》さびし　靜《セイ》しづか　沈《シン》しづむ　乾《カン》かわく　溼《シフ》しめる　香《カウ》か・嗅《キウ》かぐ　蕩《タウ》とろく　餳《タウ》とろけたあめ　琴《コン》こと　堅《ケン》・固《コ》・確《カク》・剛《ガウ》かたし・こはし　靡《ミ》・曼《マン》・墁《マン》なだらか・なめらか　摩《マ》・磨《マ》なづ　莫《マク》・無《ム》なし　洗《セン》すすぐ　灑《サイ》そそぐ　竊々《セツセツ》刺々《セキセキ》ささやく　爽《サウ》さはやか　刺《セキ》・插《サフ》さす・鍤《サウ》・鉏《ショ》すき・すく　蕭々《セウセウ》颯々《サツサツ》さやさや・そよそよ　噱《キャク》・軒渠《ケンキョ》・胡盧《コロ》からから笑ふ　骨碌々《コロロ》ころぶ　撲地《ハクチ》ぱたり　赫々《カクカク》杲々《カウカウ》かがやく　熒《ケイ》ちろちろ　螢《ケイ》きらきら

靡《ミ》・摩《マ》・莫《マク》の項にいう。「なし。此の三義、本同意の聲にして、其輾轉するさま、かくあやしきまで符合せり。音に於ては符合とは云がたけれども、ナとマとは本より相通の音なり。猶證據をとならば、猫の聲をうつすに、唐《から》にてメウと云に、此にてはネウと云。これ明なる證據なり」。なお朖は「凡て漢國の言語には、聲を以て物を象とりうつす事殊に多し」として、その擬声・擬態の語の多いことに注意している。朖にはまた「希雅」の一書があり、漢

字音との関係を論じているが、両者の比較は、いうまでもなく語形成の基本に遡って考えるのでなければならない。

　ことばには語基・語根とすべきものがあって、そこから分化・展開するものであるから、「雅語音声考」の語源の方法は一応正しい方向を示すものであるが、ただこれを学問的に組織し、語源学の上に適用することは実際には容易でなく、たとえばその方法によった大島正健の「国語の語根とその分類」は、国語学の文献には殆んど紹介されることもなかった。また松岡静雄の「日本古語大辞典」（昭和四年）にも「語法要録」の一篇が加えられており、たとえば接頭語の含義を論じて、アは発声上、イは此《この》、ウは大、オは大、カは日、ケはその転、サは発声、また五月《さつき》・早苗《さなえ》・早乙女《さおとめ》などのときは挿す、タは唯・直の義で「ひた」、高《たか》の「た」もなお接頭語であるとする。マは真・純、ミはその転音、また美称、ヲは小の意をもつ。接尾語ではカ（ク・コ）は処、クはその分化したもので、抽象名詞化するはたらきをもつ。ケは気、サは形容詞のシより分化、サにまた頃・間の意を示すものがある。又《また》・将《はた》・共《むた》・旦《あした》・体《からだ》・許多《ここだ》のタ・ダは意味を強めるはたらきをもつ。テ・トは言《こと》・人《ひと》、ネは根、ラ・レ・ロ・ヤは名詞形を作る語尾、カは同じく形容語を作るという。このように語音のもつ意義を限定しながら、語源を求めてゆくのがその方法であった。ただこの辞典には朝鮮語語源説をとるものがかなり多く、

吾君《あぎ》・豈《あに》・母《あみ》・錨《いかり》・米《うる》・笠《かさ》・歩《かち》・神《かむ》なび・少《さ》・鯛《たひ》・誓《ちか》ひ・夙《つと》・寺《てら》・乏《とも》し・國家《なら》・沼《ぬ》・盗《ぬす》み・氷《ひ》・慌《ほ》れ・操《みさを》・神酒《みわ》・山《むれ》・室《むろ》・丁《よぼろ》・綿《わた》

などをみな朝鮮語としている。他にアイヌ語、若干の南方語をあげている。ただ語の解釈について、たとえば「いまし」の「い」は主格を示す朝鮮語、「まし」は敬語、「し」は「我《わし》」の「し」と同じく其《し》の意とする（『日本古語大辞典』訓詁、九三七頁）など、両者を混じたような説もあり、純粋に国語の原音の本質を追求しようとするものではない。

「あき」について

字訓の学は、究極には語源と字源との対比、語義と字義との対応の関係を、その系列語をも含めて検証するという方法をとることによって、はじめてその目的にかなうものとなる。字源の学は、漢字がその字形構造のうちに形・声・義をともに存しており、しかも文字成立当時の最古の資料があって、これをその共時性において求めることも必ずしも至難なことではない。私の『字統』には、そのような文字の初形初義についての解説を試みておいた。しかし国語の語源は、必ずしもそのように容易ではない。仮名書きの語は単なる音表示であり、字訓として漢字に対比されている用字法も、その初義を示すものとは限らない。「祓《はら》ふ」の語義は「祓《ふつ》」にあたるとしても、その語源は「振《ふ》る・放《は》る」系統の国語のうちに求めなければならない。祓は修祓の方法として犬牲を示す字であるからである。

国語の語源を解くことがどのように困難なものであるかについて、一例をあげてみよう。「あき」の語源について、小学館［日本国語大辞典］には次の諸説があげられている。

1、食物が豊かにとれる季節であることから、アキ（飽）の義。［東雅・南留別志・和訓集説・百草露・名言通・古今要覧稿・嚶々筆語・和訓栞・紫門和語類集・言葉の根しらべ 鈴江潔子］

2、アキグヒ（飽食）の祭の行なわれる時節の意から［祭祀概論 西角井正慶・文学以前 高崎正秀］

3、草木が赤くなり、稲がアカラム（熟）ことから［和句解・日本釈名・古事記伝・言元梯・菊池俗言考・大言海・日本語源 賀茂百樹］

4、天候の明らかから［日本釈名・滑稽雑談所引和訓義解・古今要覧稿・本朝辞源 宇田甘冥・神代史の新研究 白鳥庫吉］

5、草木の葉のアキマ（空間）が多いの意［類聚名物考・俚言集覧］

6、アク（開）の義か。またはオキ（大）の転。穀物のみのりが大であるの意［東雅］

7、春の有に対し、ナキ（無）の義［日本釈名］

8、イタケミの反［名語記］

9、アツユキ（暑往）の義［日本語原学 林甕臣］

10、アはあざやか、キはきよらかな空の様子から〔槇のいた屋〕
11、アは接頭語、キはケ（食）の転。米の収穫季の意から〔日本古語大辞典 松岡静雄〕
12、「穫」の別音Akの転音。アキの日、アキの頃などの語の略称〔日本語原考 与謝野寛〕

1・2は飽、3・4は赤・明、5は空・開、7〜10は延約通転説、10・11はア・キの音義説、12は漢音説ということになる。他に新村出説は4、西郷信綱説は3、このほかに新説とみるべきものもないようである。

「あき」の語源を容易に確定しがたい理由は、「あきなふ」のように「あき」からの派出語はあっても、「あき」と同根と考えられる適当な語例がなく、その系列語を求めることができないからである。かつ四季の名の成立も、必ずしも相互に関連性をもつものでなく、一年を四分することものちの知識によるものであろう。そのことは漢字の春夏秋冬においても同様であった。

「秋」について　漢字の秋の初形は龝。穀物につく害虫を火で除くことを示す字である。甲骨文にすでにその字がみえているが、四季の名として用いられるのは列国期に入ってからのことであるから、季名が定まるのは、ことばの歴史の上ではかなり新しい時期に入ってからのこととみてよい。従って2の農耕儀礼、3・4のようにいくらか抽象的な思惟の加わった語源説も、なお有力としうるのである。

語源を考えるのには、ただ音節構造の問題のみでなく、その語意識の背景にある生活や民俗をも、考慮に加える必要がある。漢字は文字成立当時の意識構造をその字形の上に残しており、その字形を考えることによって、漢字民俗学ともいうべき分野をも持ちうるのである。国語の語源研究においても、音韻構造のみでなく、そのような用意をもつことが必要であろう。

秋については、「秋の言たる愁なり」(〔礼記《らいき》〕郷飲酒義《きょういんしゅぎ》、〔白虎通《びゃくこつう》〕五行)、また〔広雅《こうが》〕釈詁《しゃくこ》にも「愁なり」とするが、本来そのような季節感を示すものではない。古注には多く収斂・収成・収縮・蒐集の義を以て解するが、秋の初形は禾《か》に付着する虫を焼く形で、穀熟を祈る儀礼を示す。その音は清母《せいぼ》幽韻、蒐《しゅう》・収《しゅう》・就《しゅう》と声義近く、秋の収穫をいう語であろう。「はる」が「張る」であるのに対して、春の初文は屯《ちゅん》に従い、屯は芽の張る形。また「あき」がみのりの意であるのに対して、秋が蒐・収の義ならば、季節をいう語としては極めて普通である。諸民族の春・秋の季節名は、概ね農耕と関係をもっている。語も字も、すべて音と義との両面から、その上に生活上の諸観念を加えて、系統的に考えてゆくことが必要であるが、字形をもたない国語においては、殊に音のもつ意味を考えることが重要となる。

［音幻論］　鈴木朖の［雅語音声考］以来、語の音と義とのことに思いをひそめたものは、おそらく露伴学人の［音幻論］（［全集］第四十一巻）であろう。露伴の［音幻論］は、国語学の研究書には殆んどその名がみえることもない、いわば圏外の書である。露伴は旧居の小石川の書斎に「天台画巻」「竹塩論」「音幻」など十数種の題目を掲げておき、将来の著作の目安にしていたという。［音幻論］はその宿案の書である。しかし時局は日に非にして、戦禍の惨害はすでに全国に及んでいる。この書はその中で、昭和十九年八月より戦後の荒廃しい二十二年五月に至るまでの間に、口述によってまとめられたものである。この書の序に、「軍《いくさ》の世となつて、起居不自由の身となつてゐた余は、一婢を連れて伊豆の伊東へ引越したり、それから又一度は東京へ歸つたが、遂に患ひついて、人〻の介抱によつて信州へ遷つたりした。伊東にゐた頃、シとチの話をして土橋（利彦）君に筆記して貰つた。信州へ行つてからも、どうすることもできない體で、時〻話したことをやはり同氏の筆記を以て『文藝』に與へた。終戰になつて再び伊東へ賴り無い病軀を寘いた後、又その仕事を續けて、この音幻論は成立つた」という。国は破れ、資料のすべてを失い、病軀を転々とするなかで、露伴学人がこの書に寄せた想いがどのようなものであったかは知られない。この書を最後として、露伴は久しく用いていた学人と称することをやめて、以後はまた道人としるしている。

音幻とは、音は変化自在、その理に達しなくては、音の義をえがたいとの意のようである。それで「シとチ」の項では、シ・ジ・ゼが風を、またチ・タともいうことの語例をあげて、その原音はおそらくシに非ず、チに非ず、その両者の間にある thi のような音であったのではないかとする。それでことばの本源を考えるのには、音韻の自然の流行の径路を遍く正しく観察する必要があるとし、音の問題を近似音・本具音、ンのような無記音、その他聯音・累音・対音・省音・添音・倒音・擬音などの諸項に分かって変通のしかたを考え、「音の各論」において、各行の音について詳説している。

「イ」の意味するもの

いまそのうち、イの一条を略引する。

元來、氣息をいふ古邦語がイで、それは尖状に外へ衝くといふやうな氣味のある音の質から自らさうなつたものであらうが、例へばイブキは氣噴《イブキ》であり、鼾《イビキ》は氣響《イビキ》の約、言《イ》フは氣經《イフ》である。生キは人の氣を存するので、氣絶ゆれば生絶ゆるのであり、命《イノチ》は卽ち氣《イ》ノ内《ウチ》なのであるから、氣息はイキともいふやうになつてゐる。癒《イ》ユは氣延《イキハ》ユの約、憩フは氣生《イキハ》フである。氣のイ又はイキの義は一轉して人の精神情意とその威焰光彩の義となる。萎頓困憊のイキツクは氣盡《イキツ》クで、奮闘努力せんとするのイキゴムは氣籠《イキゴ》ムである。人の氣の盛んに騰るをイキルといひ、物の氣の騰るをも酡《イキ》ルといふ。イキリ立ツは卽ち人の意氣壯烈なるので、イキマクは卽ち人の氣の風動火燃せんとするをいひ、イキザシは心の向ひ指す所を心ざしといふと同じく人の意氣の向ふところあるをいふ。イキホヒは氣暢《イキハヒ》もしくは氣榮《イキハエ》の義、イカルは氣上《イキアガ》ルの義であつて、古書の擧痛論に、怒るときは則ち氣上るとあるに吻合し、憂悒の義のイブセシは氣噴狹《イブキセマ》シの意で、憂ふる者の氣噴は暢達寛大なる能はざるの實に副ひ、これも擧痛論に、悲む時は則ち心系急に、肺布き葉擧つて上焦通ぜずと說けるに應じてゐる。イキドホリは怒りて發する能はず氣の屯塞して徘徊《モトホ》りて已まざるイキモトホリの約でゞもあらう。嚴《イカ》シ・嚴ツシ・嚴メシ・啀《イガ》ムの類の語も深く本づくところを考ふれば、皆氣息に關してゐるかも知れぬ。

このようにして各条の音を論じ、また同じく唇音のマ・バに柔剛の別があり、マには準備音ウを伴うてウマとなる。マ・ウマ・マサ・ミツはすべて真正純粋のものをあらわし、バには恐ろしく、何か突梯的なものを感じるという。その同行の音に転ずるものを内遷、横行に転ずるものを傍遷というが、マ・バ傍遷の例は美・米・幕・万・武・物・文・聞など漢字のいわゆる漢音呉音にもみえる。またサ・タの傍遷の例が多いとしてその例をあげるが、これも漢字音では端母《たんぼ》の字に多くみえるものである。一般にサ行音に幽寂清澄の意があり、カ行音に峭削危激の意がみられるということは、ほぼ彼我に通ずることであるから、露伴学人のその趣旨を立証しようとすれば多くの例をあげうるであろうが、それはもはやこの書の目的とするところではない。

この書の意図について　字訓における彼我の対応を、その語源にまで遡って論じ、その語源を系列的な群の中で求めるとすれば、論理上は露伴学人が試みたところの音幻論を、その両者にわたって試みる必要があるであろう。ただそのことは字訓の学とはまた別の領域に属することであり、この書では、字訓を通じて、その方向において両者の適応性を考えようとするにすぎない。

近年しきりに試みられている系統論はいよいよ絢爛を極めているが、また同時に収拾しがたい混乱をも招いているようである。その系統論の一証として提出されている語源説を、たとえば村山七郎の「ことばの考古学」（昭和五十五年）の付録としてあげるところに就いてみよう。そこに示されている語彙は約百六十、木は原南洋語、草は中期朝鮮語、花は原南洋語、森はツングース・満州語、南は原南洋語、北は原アルタイ語、起くは蒙古・ツングース語、寝《い》ぬは原南洋語であるとする。国語は四分五裂して、その実体は失われてしまう。

安本美典・本多正久共著の「日本語の誕生」（昭和五十三年）によると、数理言語学における言語比較の検定法というものがあって、基本語についての比較分析により、その親近度をはかる計量的方法がとられている。そして日本語と各種の言語との間に綿密なる検定が試みられた結果、「日本語について、インド・ヨーロッパ語において成立したような系統論が成立するようなみこみは、まずないといってよい」という結論が出されている。系統論には一般に音韻法則や語法の問題が細密に論ぜられるが、最も親近とされる日鮮両語の間についても、河野六郎氏に次のことばがあることを注意しておきたい。「大体同系の言語の間では、比較に供せられる基本的な語彙の間に、音韻法則をいろいろ工夫しなくても直感的に対応が感ぜられるものであるが、日本語と朝鮮語との間には一見してそれと認められるものがあまりに少い。このような材料も少い、そして見通しの暗いことに、無理をして語呂合わせをするのは全く空しい努力である」（「言語生活」昭和五十二年九月）。ましてやその系統論のために無用の語彙比較を試み、遠隔の地の少数民族の語彙を捜集して語源説をなすようなことは、またまことに「空しい努力」というべきであろう。渡来語は一般に、特定の文化や民俗語に限られるべきものである。

この書は、字訓における両者の語源を同一と考えようとするものではない。語の形成の基盤をなした、その原体験の性格や発想の方法については、風土やその生活様式の近似したものに、本来類同性とよぶべきものがあるはずである。そのような類同性のうちに、漢字が国字として定着し、国語のなかに国字として生きつづけてきた根拠を考えることができるように思う。そのような対応の適合性の上にこそ、漢字は国字として、国語の表記の方法として、文化的にも機能し、歴史的にも生きつづけてきたのであった。国字問題の起点は、字訓による漢字の国字化という、本来の漢字受容のしかたの上にある。これを除外して国字政策の視点はありえないであろう。またそのような問題を考えることは、漢字について多少の知見をもつもののなすべき責務であるように思う。その立場よりする私見を述べるために、敢えてこの書を世に送るのである。

昭和六十二年四月

（『字訓』平凡社、一九八七年初出）

字通の編集について

一　本書の趣旨

本書は、［字統］［字訓］につづいて、一般辞書としての編集を試みた。［字統］は字源、その字形学的な研究、［字訓］は漢字を国字化する過程についての問題をとり扱ったものであるが、本書では、それらの問題をも含みながら、字の用義法を中心として、辞書的な編集を試みることを趣旨とする。字の用義法は、主として二字の連語（連文ともいう。熟語）によって示されるものであるから、所収の語彙もその範囲のものにとどめ、ひろく名詞・名物、また語句の類に及ぶことを避けた。漢字の本来の字義と、その用義法を通じて示される字義の展開を明らかにすることを、主とするものである。それで書名にも「辞書」の「辞」を用いず、「字通」と名づけた。通とは体系、文字の形・声・義を、それぞれの体系においてとらえることを目的とするという意味である。この書は、文字に組織を与え、体系を与えることを目的としている。そのことが、漢字を理解し、使用する上に、基本的に必要な、基礎的なことと考えるからである。

文字に組織を与えるとともに、その用義例を通じて、中国の文献が、かつてわが国で占めていた古典の教養としての意味を回復し、そのような表現に親しむ機会を提供するということも、私の意図するところであった。中国の文献は、かつては訓読法によって、そのままわが国の人々にもよまれ、その教養の一部をなしていた。それは今日においても、古典として、他に匹敵するものをみないゆたかな世界であり、しかもそれは久しくわが国の文化の中に生きつづけ、今もその生命を保ちつづけているものである。漢文の教育が廃止されて久しいが、わが国が東洋の文化に回帰することの必要性は、おそらく今後次第に自覚されてくるのではないかと思う。そのためにも、古典への教養のみちは、つねに用意しておかなくてはならない。

この書では、文字の用義例として、かつて国民的な教養の書として親しまれていた文献や詩文からその例を求め、それを読み下し文で掲げることにした。表現が完結性をもち、文意や事実の関係が理解されるのでなければ、用例として掲げる意味のないことであるから、その意味で完全主義をとることにした。そこに一つの知識としての、具体的な事実や表現を求めうるものであることを意図した。

辞書の全体を、組織的に、体系あるものとして編集すること、そのために文字の形・声・義にわたる系列的な記述を加えること、またその用語例を通じて、中国の古典を、ひろく一般の教養として回復すること、この二点が、本書を編集するにあたって、私が意図し、特に留意を加えたところである。

二　従来の字書の編集法について

〔漢和大字典〕　明治以後のいわゆる漢和辞典は、おおむね定まった編集法によっている。まず字説としては、〔康熙字典〕の部首法により、部中の字を筆画によって排次し、漢・唐・宋の字書類によって訓義を加える。〔康熙字典〕は語彙を加えないが、これに語彙を加える編集法は、西洋の辞書の編集法をとり入れたもので、その方法は、中国でよりも、わが国でまず行なわれたようである。

今の漢和辞典の形式を創始したものは、おそらく三省堂の〔漢和大字典〕であろう。貴族院議員文学博士重野安繹、東宮侍講文学博士三島毅、北京大学堂教習文学博士服部宇之吉三者の監修に成り、貴族院議長学習院長公爵近衛篤麿および重野安繹が序を加え、近衛の序は日下部鳴鶴の書に成る。書名の題字には、北京大学堂総教習呉汝綸を煩わしている。重野・服部両博士が、実際に監修の任に当たった。その例言数条を録しておく。

一、本書は泰西辭書中、最も進歩したるものの體裁に則りて、漢字を、平易に且つ秩序正しく訓釋したるものとす。

一、字の排列の順序は殆んど康熙字典に據り、甚しき廢字の外は、すべて之を収め、力めて字の遺脱なからんことを期せり。

一、字毎に、其の下に、先づ漢音を記し、次に呉音を記し〻切（反切）之に次ぎ、韻之に次ぐ。韻の四聲は、□の隅に小圏を附して、之を分かてり。

一、其の字の有する異義に從ひ、項を分かちて訓釋する場合には、原義を前にし轉義を後にし、㈠㈡㈢の順に之を排列せり。

一、熟語・成語は汎く諸書より之を摘抄し、すべて其の語末にあたれる字の後に錄せり。

最後の項は、語彙は下接語によるとするものである。「佩文韻府」の語彙は下接語によって収録しているので、それを利用するための便宜によるものであろうが、正法としがたい。本文の目次、索引、国訓国字表など、辞書として用意の備わるもので、のちの辞書はほとんどこの形式を踏襲している。ただ字源の解釈がなく、そのため「原義を前にし轉義を後にする」という原則は、必ずしも厳密には行なわれていない。たとえば「寡」は、未亡人が廟中に哀告する形で、金文にも「鰥寡」の語で初見、未亡人を原義とする字であるが、この書では、

①多からず、すくなし ②勢力少きもの 孤立のもの 劣等の地位に立つ者 少人数の者 ③五十歳にて夫無き女 老いて夫無き女、夫に死に別れたる嫁 やもめ ごけ〻 ④徳少しとの義より、王侯の己れの謙稱〻 ⑤減らす 少くす

の順に訓義を列する。また「文」は文身の象であるが、その十四訓義のうちにその義を列することがない。字の形義を扱う項目がなく、その初形初義を説くことなくして訓義を次第することは、もとより困難なことである。しかし本書はその用意の備わることからいえば、近衛の序に「泰西辭書中最も進歩したるものの體裁に則り」、「意匠斬新、完整無比、洵《まこと》に斯學の津梁たり」というのも、決して誇称ではない。「此の書一たび出で、彼此の情形、益〻相融通し、以て唇齒の誼を全《かた》くせば、東洋の治安の策に補ふこと有らんか」とは、近衛の一家言であるかも知れないが、編集者にもそのような気概は存していたであろうと思う。

この書は明治三十六（一九〇三）年二月の出版であるが、中国では数年後［辞源］が出版された。おそらくこの書の出版が、その機運を促したのであろうと思われる。

［辞源］　中国における辞書の刊行は、［辞源］にはじまる。洋務運動の広まるにつれて、情報の交換も盛んとなり、海外文献の紹介なども急激に増加して、辞書の刊行を待望する声が強まってきていたが、わが国の［漢和大字典］の刊行は、それに強い刺激を与えたことと思われる。［辞源］は民国四（大正四、一九一五）年に出版されたが、その序に「癸卯・甲辰（明治三十六、七年）の際」、急にその議が起こって、同志五、六人、のちには数十人が、十余万巻の書を渉猟し、八年を経て、はじめてその功を終えたという。

編集の方法はほとんど［漢和大字典］と異なるところはないが、語彙はひろく翻訳語、科学用語などにも及び、明らかに百科辞書の用を兼ねようとするものであった。のち民国二十年、続編を刊行、附録に、正編末の「世界大事表」につづいて、「民国紀元以来世界大事表」のほか「行政区域表」「全国商埠表」「全国鉄路表」「化学元素表」「中外度量衡幣表」などを加える。のちまた正続の合訂本が出ている。

中国最初の辞書であった［辞源］は、のち修訂版が作られ、一九七九年第一巻刊、四巻より成る。一九七六年より改修に着手、「馬列（マルクス・レーニン）主義、毛沢東思想の立場・観点・方法を指導方針として」改訂したという。かなりの増補が加えられていて、中辞典というほどの分量のものである。

［辞海］　［辞海］は［辞源］の初版本が出た民国四年に編集企画が出され、十六年にいちおう完稿したが、「原稿中、已に死するの舊辭太《はなは》だ多く、流行の新辭太だ少なきを覺え」、方針を変更して「刪舊增新」の方針を定め、先後従事する者百数十名、一九四七（昭和二十二）年に刊行、全書の条数十万以上、総字数約七、八百万、新造の活字は一万六千個に及んだが、なお不十分であったという。戯曲・小説など、白話系の語彙が甚だ多く、わが国でいえば、［辞源］が古語辞典であるのに対して、［辞海］は古語・近世語辞典という趣がある。編印者である陸費逵氏は、その「編印緣起」の末に「天如《も》し我に假するに年を以てせば、吾當《まさ》に其の餘勇を賈《か》ひ、再び一二十年の歳月を以て、一部百萬條の大辭書を經營すべし」と述べている。そのころわが国では、すでに諸橋轍次博士による［大漢和辞典］が組版を完了していたが、組版はことごとく戦禍に失われていた。

［大漢和辞典］　［大漢和辞典］の構想は、著者の自序によると、大正末年の頃よりはじまり、その準備に着手、昭和十八年に第一巻を発行、続刊の予定であったが、戦禍で一切の資料が失われた。ただ全巻一万五千頁分の校正刷三部が残されていたので、再び残稿の整理に入り、昭和三十四（一九五九）年文化の日に第一巻を刊行、爾来四年の歳月を要して、本文十二巻、索引一巻を刊了した。収録字数四万八千八百九十九、語彙約五十万、語彙ははじめ

に採録した約百五十万より厳選したものであるという。戦禍の災厄もあり、著者も視力を喪うなどまことに苦難の多いことであったが、国家的な大事業としてその完成が祝福された。昭和六十一年にはその修訂版も出され、昭和の大出版として書史にも残る壮挙であった。地名・人名のほか現代白話、官用語なども多く収められている。

［中文大辞典］　［大漢和辞典］が刊行された数年後、民国五十一（昭和三十七、一九六二）年、台湾でこれとほぼ同規模の［中文大辞典］三十六冊が刊行された。収録の字数四万九千八百八十八、語彙も各字条に番号を附して録しており、その数も［大漢和辞典］とほぼ相等しい。各字条にト文・金文以下、明・清の書に至るまで、各体の字様を録入している。

［漢語大字典］　近年に至って、中国では、二部の注目すべき辞書の出版が行なわれた。その一つは四川で出版された［漢語大字典］八冊で、一九八六年刊行を開始、一九九〇年に刊了した。文字の形・音・義の解釈を主とする字書で、徐中舒氏の主編、三百余名が十年を要して編集したもので、単字五万六千、収録の字数は［康熙字典］よりも遥かに多い。字形についてはト文・金文のほか、侯馬盟書や睡虎地竹簡など新出の文字資料にも及び、篆・隷・漢碑、璽文の類をも網羅している。これよりさき、一九八〇年に刊行された［漢語古文字字

形表」は、この書に録入する資料として用意されたものであろう。単字の字書として、これだけの規模のものでありながら、字形・字源についてはただ［説文］を徴引するのみで、近年の卜文・金文の研究に及んでいないことが惜しまれる。［字形表］にも字形についての考説や記述はない。

［**漢語大詞典**］　一九八六年十一月に第一巻を発行した［漢語大詞典］は、上海を中心とする華東諸大学の四百余人の協力によって編集、一九七五年以来十二年を経て完稿、全十二巻、別に附録・索引一巻、詞目三十七万条、五千余万字、僻字・死字を収めず、専門語は一般語としても通用するものに限って採録する。「釈義確切」「文字簡煉」、語例に踏襲少なく、典拠確実、校正もかなり厳密に行なわれている。解説部分には現行の簡体字を用いるが、徴引の文はすべて旧字による。「大辞典」としては、わが国の［大漢和辞典］、台湾の［中文大辞典］とともに、それぞれの出版文化を代表するものであり、特に後出のこの［大詞典］は、用意の最も備わるものということができる。

漢字の字形学的解説と字義の展開　わが国の一冊本の常用辞典としては、大正五（一九一六）年、服部宇之吉・小柳司気太両博士監修の［詳解漢和大字典］、大正十二（一九二三）年、簡野道明博士の［字源］などがあり、のち改修・増補の書が相次ぎ、近年は角川書店の［大字源］、大修館の［大漢語林］など、一冊本で中辞典に相当するほどの内容をもつ書が出ている。検索用の辞書としては、十分世用に供しうるもので、あらためてこの種の辞書を編集する必要は、ほとんどないといってよい。そのような状況の中で、本書の編集を試みるのは、さきにもしるしたように、漢字を一つの文化、文化科学的対象として、そのありかたを組織的に整理し、体系として考察するということを、今日的な課題として、重要な目的の一つと考えるからである。

漢字に字形学的な解説を加えるときには、従来は［説文解字］によって説くことが普通であり、まれに編者の意見が加えられるときにも、字形学的体系の上に立つものは、ほとんどなかった。文字が成立した当時の初形を示すト文・金文の資料の出土によって、説文学は基本的に改訂を必要としている。それで私は［説文新義］を書いて説文学の批判を試み、のち［字統］にその概要をしるした。「説文学」は、資料的にも方法的にも、ここに新しい体系を獲得することができたと確信している。

字の初形初義が明らかとなって、はじめて字義の展開を考えることができる。字義の展開は、いちおう歴史的なものであるから、文献の使用例によって追跡しうるが、ときにはその事例を欠くために、論理的に補充する必要のあることもある。たとえば「眞（真）」は顚倒の顚の従うところであり、もと顚死者の象であるが、その強烈な呪霊によって、真誠・真実在の意にまで昇華する。ただその昇華の過程は、訓詁の上では実証を欠くところがあり、一種の思弁的過程を経ているものと考えなければならない。また「雅（雅）」は鴉《からす》の意であるが、それが雅正・風雅の意となるのは、おそらく通仮によるもので、その通仮の対象が「夏」であったというようなことは、訓詁的な論証を必要とする。このような演繹と通仮とによって、字義は複雑な展開をする。しかしこのような問題も、まず確かな起点を設定することからはじめるのでなければならない。そしてその声系・語系を明らかにすることによって、はじめて字義の展開を明らかにすることができる。そこにはときに、字義を通じての思惟過程の問題、精神史的な課題を含むことがある。

字義の展開には、訓詁の歴史をたどることが望ましい。それぞれの時期における辞書の訓義は、いわば最大公約数のようなもので、具体的な記述に即するものでなく、その点ではたとえば〔経籍纂詁〕のような資料を活用することが望ましい。それで本書の初稿にはその項目を用意し、採録排次を試みたが、分量の問題もあるので割愛した。辞書としての体系は、いちおう字形の解説、訓義の展開、また声系・語系を通じて、形・声・義の関係を明らかにすることによって、その大略を組織することができると思うからである。

三　字訓について

漢字は、わが国でははじめから国字として用いられた。伝来された漢籍も、わが国で学習される時期には、訓読的な方法が用いられたであろう。新羅で行なわれていた「郷歌」の形式のように、漢語を交えた語法があったとすれば、その方法を訓読に適用することは、それほど困難であったとは思われない。それはたとえば、古代の朝鮮において、「鸚鵡能言（鸚鵡能く言《ものい》ふ）」を、イディオムとしてそのまま音読するというような方法が、わが国にはその痕跡をも残していないということからも考えられる。複合の名詞も動詞の類もすべて訓読する「日本書紀」の文章は、はじめから訓読すべきものとして書かれており、後になって訓点を加えたという性質のものではない。

漢字が国語表記の方法として用いられた初期の状況は、特に重要な問題を含むものであるから、私は別に「字訓」にそのことをまとめておいた。それで本書では、内外典の典籍の訓読を通じて、字訓がどのように加えられてきたかを、いくらか歴史的にたどることを試みた。

わが国の字書　わが国の字書は「篆隷万象名義」にはじまり、和訓を加えたものは「和名類聚抄」以来、「字鏡」「音訓篇立」、最もまとまったものでは「類聚名義抄」に代表される、一般に「和玉篇《わごくへん》」とよばれる仮名訓注本に至って完成する。和訓は文語としての訓であるから、文語の完成期までの資料を第一資料として、記録しておくのがよいと思われる。

わが国の字書の歴史は、そのような和訓の資料としての意味のほかにも、わが国における漢字文化の一環としての歴史的な意味をも担うものであるから、これらの書に簡単な解説を加えておきたい。

〔篆隷万象名義〕　わが国の最も古い字書に、弘法大師の撰と伝える〔篆隷万象名義〕三十巻がある。京都の高山寺にその古写本を蔵し、国宝とされている。この書は〔玉篇〕三十巻の部立と篇次により、その反切・訓義を抄録したもので、各字上欄に篆字を加え、本文掲出字の隷字（今の楷字）と対照するものであるから、〔篆隷万象名義〕という。篆隷を併せ掲げることは唐の当時にもあり、また「名義」は「翻訳名義」の意で、多く仏典関係の字書名に用いた。しかしこの書は仏典とは関係なく、一般字書として作られている。いわば〔玉篇〕の節略本であるが、この書に篆体を加えているところに、大師の創意があったかとみられる。その篆体の字は、神田喜一郎博士の指摘にもあるように、古い〔説文〕系写本にみられる懸針体で、字形はやや狭長、懸垂の末筆は細く長くかかれている。大師在唐のときの篆体は、李陽冰のいわゆる玉箸体、今の篆刻印判のような字様であるから、懸針体の篆字を加えることには、特別の主張があったものとみなければならない。本文にもいくらか「説文」による説解が加えられている。ただ高山寺本の大部分に篆体を省略しているのは、字形学的あるいは書法的な問題の意識が、のちの人に失われていったからであろう。「説文」のような字形への理解は、篆字形がなくては不可能なことであった。

「篆隷万象名義」は、篆隷を併せ掲げることによって、字形学的な理解を加え、また「万象」にわたる字書として、「名義」類の仏典翻訳書の性格を脱し、一般字書としての方向をとろうとしたものであった。ただその訓は、たとえば「神（神）」字条に、「玉篇」には「説文」「書」「易」王弼注を引き、最後に「爾雅に云ふ、神は重なり、治なり、愼なり。廣雅に云ふ、神は弘なり」とあるうち、治・愼・重・弘の訓のみをとる。また「祇」には「大なり・敬なり」とあるが、「敬なり」は「説文」によって加えた訓である。このような「玉篇」と本書との間にある異同については、周祖謨氏の「問学集」に詳細な論述がある。字形に「説文」の篆体をとり、訓義に多く「玉篇」をとるという本書の方法は、字書としては、六朝以後「切韻」系の韻書が盛行し、字形・訓義の書が衰微してゆく傾向の中にあって、一種の見識を存するものであったということができよう。

［**新撰字鏡**］［篆隷万象名義］より六十年ほどのち、昌泰（八九八～九〇一年）のころに、昌住の［新撰字鏡］が作られた。［玉篇］は［説文］を増益して、所収の字は一万六千九百十七字に及んでいるが、［新撰字鏡］は所収約二万九百四十字、これを「天・日・月・肉・雨・气・風・火」「人・父・親、身・頁・面・目・口～」のように、部門別に部首字を列する配列法をとる。［爾雅］の「釈天」「釈地」のような部立に似ており、後の類書の形式に近い。そして天・日・月をそれぞれの部首とする字を録しているので、［説文］の部首法を、類書の分類法に分属する形式をとる。それでたとえば天部に、天・昊・吞・替・蚕などを録し、また九天の名を列するが、［説文］には天の部がなく、昊以下はみな他部の字、九天の名をあげるのは、類書の形式である。また月の次に肉を列するのは形によるもので、肉は天の部門に入るものでない。類書の部門と字書の部首法とは、分類の方法が異なり、そのため天部のように部首の繫属に混乱が多く、ことに部首を立てがたいものが多くて、それらはすべて「雑」に収め、その字数は六百五十三字に及ぶ。部首の混乱と非部首字が多くて、この書は検索の極めて困難なものとなっている。また所部の字の多いものは四声別の配列により、［切韻］系字書のなごりをとどめている。文字にも古体・異体の字が多く、おそらく依拠するところがあったのであろう。［新撰字鏡］のような編集法が、昌住の創始したものであったのかどうかは、明らかでない。書名に「新撰」と冠することからいえば、先行の書に「字

鏡」という題号の字書があったのであろう。

「新撰字鏡」の訓注は、著者が漢字学習の困難を嘆き、「一切経音義」のような訓注を字書として編集したいと考えて、諸書を渉猟して訓注を集めたものであるらしく、それに多く和訓を加えている。その形式は次のようなものである。

曀　或作㙪、於計・邑計二反、去、陰而風曰曀、亦翳也、言、奄翳日光、使不明也、无光也、太奈久（毛）礼利、又、久留、又、久毛利天加世不久

字の異体・別体につづいて、反切・四声・訓釈、そして万葉仮名による和訓を加える。万葉仮名による和訓は約三千七百条、多く古訓を存するため、その部分を節録した享和本や群書類従本の類がひろく行なわれたが、原本は一般にはかなり扱いにくいものとして、敬遠されていたようである。

曀字条の注は、「或いは㙪に作る」は「一切経音義」十、「陰りて風ふくを曀と曰ふ」は「爾雅」釈天、「翳なり。言ふこころは、雲氣日光を掩翳して、明らかならざらしむるなり」は「釈名」釈天の文によって「雲氣」の二字を脱し、「光无きなり」は、あるいは編者が加えた訓であろう。のちの「和名抄」には曀字を収めず、これらの和訓もない。

本居宣長の「玉かつま」九四六に、次の一条がある。

新撰字鏡は、かつて世にしられぬふみなりしに、めづらしく近きころ出で、古學びする

ともはあまねく用ふるを、あつめたる人のつたなかりけむほど、序の文のいと拙きにてしるく、すべてしるせるやう、いとも〳〵心得ぬ書なり。そはまづ其の字ども、多くは世にめなれず、いとあやしくて、から書きはさらにもいはず、こゝのいにしへ今のふみどもにも、かつて見えぬぞ多かる。

編集上、そのような欠点の多い書であるが、わが国最古の字書として、動かしがたい価値があることをも、宣長は認めている。

されば拙きながらに、時世の上りたれば、おのづから訓はみな古言にて、和名抄よりまさりて、めづらしきこと多く、すべて彼の抄をたすくべき書にて、物まなびせむ人の、かならず常に見るべき書にぞありける。

これらの古訓は、序に「或いは東倭の音訓有り、是れ諸書私記の字なり」とあり、編者が自ら書きとって集めたものである。全書にみられる音・訓の混乱も、そのような収録の過程で生まれたものであろうが、そこにかえって編者の労苦をみることができるようである。

［和名抄］　源順の［和名類聚抄］は、略して［和名抄］とよぶことが多い。書名の示すように類聚形式のもので、全巻を「天地・人倫」巻一、「形體・疾病・藝術」巻二、「居處・舟車・珍寶・布帛」巻三〜「稻穀・菜蔬・果蓏」巻九、「草木」巻十の十巻二十四部に分かつ。

他に二十巻本、四十部二百六十八門とする増補本がある。この部立では文字は主として名詞に限られ、動詞・形容詞など用言の大部分を収めることができず、「篆隷万象名義」と同じく、字書としては大きな制約をもっている。

その説解には、「爾雅」「説文」「玉篇」「切韻」など、多く中国の字書を引き、またわが国の奈良期の字書とみられる「楊氏漢語抄」「弁色立成」や「和名本草」「日本紀私記」など、古い訓注類の引用が多い。この書は源順の序によると、醍醐帝の皇女勤子内親王の依嘱を受け、和訓を施すための字書として編修し、前記の諸書からその和訓を収めたものであるという。収録の字が名物に限られているため、古語を多くしるした「私記」の資料などは多く棄てられているが、なお二千六百語に及ぶ和訓を存している。

その記述の形式は、多く内外の書を徴引し、和訓を施すもので、徴引の書は二百九十余種に及ぶ。原文の形式をみるため、一条を録する。

雷公 霹靂電附、兼名苑云、雷公、一名雷師 雷音、力回反、和名、奈流加美、一云、以加豆知 釋名云、
霹靂 辟歴二音、和名、加美渡計、〜玉篇云、電 音甸、和名、以奈比加利、一云、以奈豆流比、又云、以奈豆末

泉郎 日本紀私記云、漁人 阿萬 辨色立成云、泉郎 和名同上、楊氏漢語抄 説文同、萬葉集云、
海人 巻一

この書には狩谷棭斎の［箋注］があり、詳審を極めている。また別に二十巻本があり、歳時・音楽・香薬・職官、また国郡名のような大量の実務的項目が加えられていて、官公署用の百科辞書的な性格が著しくなっている。

［類聚名義抄］　古訓和語の集録は、［類聚名義抄］に至って大成される。略して［名義抄］という。「名義」は「翻訳名義」の意で、もと仏典のためのものであるが、のち次第に改編されて、文字はひろく字書の全体に及び、和訓は仏典外の訓読書の訓義をも捜集し、わが国の古訓のすべてを網羅するものとなった。その成立には数次にわたる改編があったものと思われるが、現存の資料によっていえば、図書寮本が原撰に近く、蓮成院本系統に至ってやや備わり、観智院本に至って完成したといえよう。ただ観智院本も数次の書写を経たものであるらしく、誤写がかなり多い。いま各書からそれぞれ一条ずつを録しておく。

○図書寮本　糸部

縁　音鉛、玉（篇）曰、又、餘絹反、脩・東・由・因循・従・附・欺言、メグル　ヨリテ　コトノモト　シタガヒテ　ツラナル　モト、ミス

なお以下に無縁（藤原）公任、ヨシナシ　以下、縁葛、因縁、等無閒縁、～縁起、縁覚など、多く仏典の語を録し、仏典の文を引いている。

○鎮国守国神社蔵本（蓮成院系統本）　言部

語 魚擧反 コト コトハ カタラフ カタル モノカタリ モノイフ コトワザ サヅク トフ アフ ネゴト イフ カタラフ サヘヅリ 説・喜、又去、禾（和）ゴ 耳語サヽヤク
　戯語タハフレゴト　大語コハタカ

この条は、観智院本とまったく同じであるが、観智院本には、書写の誤りと思われるところがある。

○観智院本　白部
　白 音帛 シロシ キヨシ マウス スサマジ サカヅキ スナホニ イチジロシ カタチ カタラフ モノガタリ トヽノフ カナフ　白晢シラヽカナリ　白地アカラサマ イチジルシ

この条は鎮国守国本とほぼ同じであるが、「イチジロシ」の訓が多く、そこに斜線が加えられている。書中に多くみえるこの種の斜線は、他本との対校のときに加えられたものであろう。白晢・白地の連語も、ここに新たに加えられている。

［本朝書籍目録］に［仮名玉篇］三巻を録している。その書は佚して伝わらないが、これがいわゆる［倭玉篇］の祖本と考えられ、［名義抄］もなお「仏」「法」「僧」三部の編成である。同じくこの系統のものに［音訓篇立］［字鏡］があり、近年龍谷大学本［字鏡集］が刊行された。［龍谷本］は完本であり、和訓も多く、おそらくこの種の字書の、完成期の著作と考えられる。［篇立］以下はいずれも室町期の写本とみられ、いわゆる和訓は、ここに集大成されているといえよう。

以上に古訓の字書について概説したのは、〔字訓〕にとり扱った時期につづいて、平安・鎌倉・室町期は、漢字が国字として定着し、〔文選〕〔史記〕など漢籍の翻読がすすみ、抄物の著作、漢文の形式による詩文の制作などもひろく行なわれて、わが国における漢字の用義法が、ほぼ完成した時代と考えられるからである。それで本書には「古訓」の項目を設けて、〔新撰字鏡〕以下、和訓のとるべきものを収めることにした。漢字の訓義は、ほとんどここに網羅されているといってよい。そこにはわが国における、いわば漢字の生態をみることができよう。

四　声系と語系

声系について　文字の体系的研究をすすめる上に、字形学的研究とともに、声系・語系についても、その系列化を試みる必要がある。単音節語である中国語には、同音の字が多い。その同音関係は、端的には同じ声符で示される。同じ声符で示される文字の関係を、声系ということにする。声系に属する字には、声符のもつ本来の意味を継承するものが多い。たとえば敫 kyô 声（本字は敫。〔説文〕八下に「謌ふ所なり」とし、「古弔切」とする）の字に、嗷・徼・璬・皦 kyô　覈 heak　激 kyek

などの字があり、みな敫の声義を承ける。形と声において同じ系列の字であるから、字義においても同声相承けるところがあるはずであるが、しかしこの系列の字義と相承の関係を明らかにするためには、まず敫の字形とその意味するところを知らなくてはならない。

〔説文〕四下には、敫を放部に属し、「光景流るるなり。白に従ひ放に従ふ。讀みて龠《やく》の若《ごと》くす」という。白光を放つ意の字と解したのであろう。光景を主とするならば、字は白部に属すべきであるが、〔段注〕に「白に従ひて白部に入らざる者は、其の外に放つを重しとするなり」、すなわち放の意に従うものとする。徐灝の〔説文段注箋〕に「敫は疑ふらくは卽ち皦字」として玉光の意とし、兪樾の〔児笘録〕に、敫は放流の放とは関係がなく、白部に属して皦の正字とすべしというが、いずれも敫の字形を具体的に説くものではない。

〔説文〕放部に放・敖・敫の三字を列し、「放は逐ふなり。攴に従ひ方聲」、「敖は出游なり。出に従ひ、放に従ふ」という。この場合、方の形義が字の基本義をなすものと考えられるが、〔説文〕八下は方を「併船なり」としており、放字条では方舟の解をとりえず「方聲」とする。およそ放のように攴に従う字は、扁の部分が攴（撃つ）の対象となる関係のものが多い。啓（啓）は神戸を啓《ひら》いて神意を問う形、數《さく》（数）は女の結いあげた髪（婁）をうち乱す形、敗は鼎（貝）銘を毀敗して、盟誓を破棄する意、敲は白骨を敲《たた》いて呪儀を行なう意である。方はト文・金文の字形によれば人を架する形。人を架してこれを殴《う》つことを放といい、それが邪霊を放逐する呪的な方法であった。敫とは長髪の人を架して殴つ形で、出に従う字ではない。敫声の字はおおむねその呪儀に関している。放は架屍、敫は長髪の人、白は髑髏の象であるから、敫とは白骨を架して殴つ呪儀をいう。その頭部を殴つ形が敲である。

敫 kyô を［説文］四下に「讀みて龠《やく》の若《ごと》くす」というのは、繳 tjiak との声の関係を考えたものであろうが、白骨に対する呪儀としては、殴つことのほかに、詠吟し、呵してその欲するところを求めることがあり、そのことを歞 kyô という。［説文］八下に「謌《うた》ふ所なり。欠に従ひ、噭の省聲。讀みて叫呼の叫の若くす」とあり、声の関係を以ていえば、この声系の字は歞に従うべきである。おそらくもとは、敫・歞ともに声義の同じ字であったと考えられ、それで噭・徼の諸字は、みな歞の声でよまれるのである。

敫（歞）声の字はみな敫（歞）の声義を承け、皦白の意と、邪霊を祓い遠ざける呪儀とに関している。辺徼でその呪儀を行なうことを徼といい、その呪霊を鼓舞することを檄といい、そのようにものを激することを激という。敫（歞）声の字は、その声系がそのまま語系をなしている例である。

声系が同時に語系をなすということが、造字法の上からいえば原則であるけれども、また同声の他の字を借るということも少なくない。それで声系すなわち語系とは定めがたいところがある。

［説文］に告（告）声の字として牿・造（造）・誥・梏・窖・浩（浩）・焅など十八字を録する。これらの字に、声義の一貫した解釈を求めることは困難である。［説文］二上に「告は牛、人に觸る。角に横木を著く。人に告ぐる所以なり」と解し、牛が人に角をすりよせて告げようとする形と解するが、それは［易］大畜、六四の「童牛の告」という語から附会したもので、今本は字を牿に作り、正字は梏で施梏の意。告は卜文・金文の字形は小枝に祝告の器である𠙵《さい》を著けた形、わが国でならば榊に申し文を結んだ形で、これを以て神に告げる意である。しかし［説文］に告声とする十八字のうち、その声義を承けるものは「祰は告祭なり」、「誥は告なり」の二条に過ぎず、造は声も異なる。それで［説文］に告声をとるものでも、会意とすべきものがあり、また他の声と別に語系の関係をもつものがあると考えられる。たとえば浩 hu は「澆 kyô なり」とあり、澆は水をそそぐ意。浩は浩浩・浩蕩のように用いる字である。その声義の関係からいえば、洪・鴻 hong、宏 hoang、弘 huang、荒（荒）xuang の系列に近い語であろう。また窖 keu は「地藏なり」とあって、地窖をいう。その声義の関係からいえば谷 kok、圣 khuat、窾 khyô、屈 kiuat などの系列に属する語であろう。

　声系の字が、その語系に属するかどうかは、声字のもつ形義の解釈によることであるから、声系の字を考えるときにおいても、基本字の字形解釈が正しく行なわれているかどうかが前提となる。敫を「光景流る」、告を「童牛の告にして、牛が人に告げる」というような字形解釈の上に立つ限り、声系の問題も、正しい理解の方法に達することはできない。

訓詁学と語系　清代に考証学が起こり、漢唐の訓詁学は考証学によって精密な検証が加えられ、清代の小学が成立する。清代小学は、考証学の精華ともいわれ、その大成者は王念孫・引之父子である。［経義述聞］はこの二代の小学家の業績の、総括を示すものといってよい。王引之の［序］に「大人（念孫）曰く、詁訓の指は聲音に存す。字の聲同じく聲近き者は、經傳往往にして假借す。學者、聲を以て義を求め、其の假借の字を破りて、讀むに本字を以てせば、則ち渙然として冰釋せん」とあり、「声近ければ義近し」という原則を以て字の通仮を論じた。巻末の［通説］上下に字説の要約がある。その方法について、一、二の例をあげよう。

［詩］唐風［鴇羽］、小雅［四牡］［杕杜］などに「王事靡盬」という句があり、旧注では「王事盬《もろ》きこと靡《な》し」と訓んで、王家の命ずるところが厳厲にすぎることを怨む意であると解されている。しかし「盬きこと靡し」という否定態の表現はいかにも不自然であるので、王念孫は［爾雅］釈詁に「苦は息なり」とあるのによって盬 ka と苦 kha とを同じ語とみて、「王事盬《や》むこと靡し」と解した。これで句意は通じやすいものとなる。

盬・苦は確かに声が近く、句意も通じやすいが、しかしそれならば「苦は息なり」とする訓を、文字学として字義に即して実証する必要がある。苦を息と訓する訓詁を証明しない限り、苦もまた通仮の字にすぎないからである。のち馬瑞辰の［毛詩伝箋通釈］に至って、［玉篇］［広韻］に「𩲡は息ふなり」とあることに注目し、盬を𩲡にして止息の意と解した。これによって盬の本字は𩲡 ka、一般に姑息という語の姑 ka にあたるものであることが知られた。［周礼］に盬・苦通用の例はあるが、「靡盬」の盬は苦ではなく𩲡であり、姑である。王念孫の盬苦説は、実は𩲡・姑のようなその本字を発見することによって、はじめて解決がえられるのである。

［通説］上にまた弔字説がある。「引之謹んで按ずるに、弔字に祥善の義有り。而れども學者之れを察せず」として、［書］大誥「弗弔なる天、割を我に降す」、［粊誓］「乃《なんぢ》の甲冑を善《ととの》（繕）へ敹《をさ》め、……敢て弔《よ》からざること無《なか》れ。乃の弓矢を備へ、……敢て善からざること無《なか》れ」と弔と善とを同義に用い、また［詩］小雅［節南山］「不弔なる昊天　亂定まること有る靡し」、［左伝］荘公十一年「宋に大水あり、公弔せしむ。曰く、天、淫雨を作し、粢盛を害す。若之何《いかん》ぞ不弔なる」などの例をあげ、みな不善の意であるという。そして、

後人、弔の音の丁擊の反（てき）なる者、訓して「至る」と爲し、多嘯の反（たう）なる者、訓して「閔傷」と爲し、強ひて分別を加ふ。而して弔の善爲《た》るは、卒《つひ》に之れを知る者無し。故に［玉篇］［廣韻］竝びに「弔は善なり」の訓を収めず。蓋し其の傳を失

ふこと久し。

という。「不弔」の語は金文にもみえ、人の死をいう。弔は叔の初文にして淑、〔詩〕鄘風「君子偕老」に「子の不淑なる　ここに之れを如何《いかん》せん」とは、国君夫人の死を悼む語である。

　王引之はここでは弔に善の意があるとし、いわゆる仮借説を提出していない。また弔を善とする訓詁上の語例を提示していないが、弔には善の義はない。金文にみえる弔は象形で繳《しやく》（いぐるみ）の形、すなわち弔字で示されるものは繳 tjiak の初文。繳は淑 tjiuk と声近くして仮借して用いるもので、弔（繳）は淑の声を写したものにすぎない。金文の叔 sjiuk の字形はそのいぐるみの形、叔が繳の初文、その叔を淑の義に用いるという関係であった。すなわちその字形と、また通仮という過程によって、「不弔」を「不淑」とする解釈がはじめて成立するのである。

　清代小学の精華といわれた王念孫父子の訓詁の学は、その用例から帰納して通仮の関係を確かめるということに終始し、その字形・声義から考えて語系をたどるという、文字学の体系を考えるものではなかった。もとよりそのような作業は、古代音韻学の知識をも必要とすることであるが、古韻二十一部説を提示してその研究に道を開いた王氏父子においても、語系の問題は容易に企図しうることではなかったのかも知れない。

音韻学と語系　声符によって声系を求め、訓詁によって通用仮借字を求めるという方法に対して、音韻によって語系を求めるという方法がある。音韻は、単音節語である中国語においては、頭音を示す声母（また紐という）と、声母につづいて韻尾を占める部分（韻という）とによって構成される。たとえば東 tong は t が声母、ong が韻。声母は三十六、古代の音韻については古紐といい、王力氏はその声母を三十三とする。その系統表を、王氏の〔同源字典〕によってしるすと、次頁の表の通りである。

また古韻は二十九部、陰・入・陽の三声に分かつ。陰は母音、入は入声の字、陽は ng n m で終わる音、これも王氏の図表によって二八六頁の表に示す。

陰・入は之・職、幽・覺など、横の関係で通韻することが多い。これを対転、陰入対転という。陰・入・陽の各声のうちで、たとえば之幽、質月、陽元のように、両韻の間に通韻するものがある。この関係のものを旁転という。この同紐・旁紐、また通韻・対転・旁転の関係にある語の間には、語系の関係にあるものが多い。たとえば〔同源字典〕には、端母同紐の字として弔俶・俶淑の例をあげている。

弔 tyôk、俶 thjiuk（端穿隣紐、沃覺旁轉）

俶 thjiuk、淑 tjiuk（穿禪旁紐、覺部疊韻）

古紐表

喉音		影						
牙音		見 k	溪 kh	群 g	疑 ng		曉 x	匣 h
舌音	舌頭	端 t	透 th	定 d	泥 n	來 l		
	舌面	照 tj	穿 thj	神 dj	日 nj	喩 j	審 sj	禪 zj
歯音	正歯	莊 tzh	初 tsh	牀 dzh			山 sh	俟 zh
	歯頭	精 tz	淸 ts	從 dz			心 s	邪 z
脣音		幇 p	滂 ph	竝 b	明 m			

同紐の語、すなわち頭音の同じ語は双声。枠内の上下の紐、また舌歯両音の間の語もこれに準じる。同類横の関係のものは旁紐、枠内上下にして横の関係にあるものもこれに準じる

古韻表

陽声	入声	陰声
21 蒸 əng	10 職 ək	1 之 ə
冬 ung	11 覺 uk	2 幽 u
	12 藥 ôk	3 宵 ô
22 東 ong	13 屋 ok	4 侯 o
23 陽 ang	14 鐸 ak	5 魚 a
24 耕 eng	15 錫 ek	6 支 e
25 眞 en	16 質 et	7 脂 ei
26 文 ən	17 物 ət	8 微 əi
27 元 an	18 月 at	9 歌 ai
28 侵 əm	19 緝 əp	
29 談 am	20 盍 ap	

そして〔書〕費誓「敢て弔《よ》からざること無《なか》れ」、〔鄭注〕「弔は猶ほ善のごときなり」、〔説文〕「俶は善なり」、〔詩〕周南〔関雎〕「窈窕たる淑女」、〔伝〕「淑は善なり」など多く経注の例をあげ、これらがみな善の義で、同源の語であるとしている。ただこれらを同源の字とするのには、なぜ弔・俶・淑にそれぞれ善の義があるのか、その字義の因るところを、字源とし

ても明らかにする必要があるが、［同源字典］は一切そのことに及んでいない。いわば訓詁学的・音韻学的な説明は加えられているが、文字学的な説明が試みられていないのである。弔葬の弔に善の意があるはずはない。金文に「不弔」というときの弔は、実は繳 tjiak の象形で叔と釈すべく、繳は淑と審禪旁紐、同韻の字である。叔伯の叔はまた字形が異なり、叔の左扁の尗 sjiuk は戚 tsyek（まさかり）の従うところであり、戚は儀器として玉を用いることもあり、その材質には精良なものを用いた。これを廟中におくことを宗 tzyek といい、寂の初文。人においては俶 thjiuk といい、俶善の意。淑は［説文］十一上に「清湛なり」とあって清澄の水をいう。俶に借用して「淑人君子」「窈窕淑女」のようにいう。語の同源を論ずるならば、声のみではなく、このようにその字源にまで遡って論ずることが必要である。

同源字説　同源の字を求めてその声義を考えるという方法は、古くから行なわれ、漢代にすでに［釈名］のような専門の書が出ている。「日 njiet は實 djiet なり」、「月 ngiuat は闕 kh-iuat なり」、「春 thjiuən は蠢 thjiuən なり」、「冬 tuəm は終 tjiuəm なり」というような音義的な訓は、理解しやすい例である。冬（冬）は終（終）の初文。冬は織り留めの結びの糸の形で、金文に終の意に用いる字である。闕は厥 kiuat のほうが月の声義に近い。

ただこのような同源説は、ときに恣意に陥りやすく、例えば［釈名］「天 thyen は顯 xian

なり」は声義はなはだ遠く、むしろ〔説文〕一上に「天は顚 tyen なり」というのが、声義ともに近い。天は顚の象形、人の頭部を大きく記した形で、その顚頂を示す。また「地 diei は底 tyei なり」とするが、地の初文は墬 diuat に作り、神梯を示す自の前に、犠牲として磔牲をおき、土神（社）を祀り、神の降格するところとする意で、神降ろしをするところをいう。底は氏厥（ナイフ）で物の底部を平らかに削る意で底平のところ、墬とは関係のない字である。地は隊（隊）diuat、邃 siuat と関係があり、深邃の地をいう。隊は「高きより隊《お》つるなり」とするが、神の降格するところ、「邃は深遠なり」とあって神聖の地をいう。神の降りるところを墬といい、それが地の初文である。

〔釈名〕のような方法は音義説とよばれるもので、〔説文〕の訓義にもそのような方法を用いることが多い。たとえば「王 hiuang は天下の歸往 hiuang する所なり」「士 dzhiə は事 dzhiə なり」は、まさに同声の字である。しかし同声であるから、その原義も等しく、同源同系の語であると定めうるものではない。王は鉞の刃部を下にしておき、玉座の象徴とするもので、鉞頭の象。戉（鉞）hiuat は王と同系、王の呼称もその儀器の名から出ていることが知られる。王の上部、柄を装着する柲部のところに、儀器として玉飾を加えることがあり、その字は皇 huang、王の転音とみられる。

王の出幸のとき、王はこの儀器を足の上に加える。その字は㞷《わう》、上部は之（止、趾の形）。

儀器の呪力を足に移して出発するので、㞷は往（往）の初文。往も古くは㞷に従う字であった。王と往とが同声であるのは、儀器としての王による出発の儀礼を、その儀器の名によって往といったからであって、王に帰往の意があるからではない。

士 dzhia は、儀器としての王の小型の鉞頭の形。その身分を示す儀器である。事は卜文・金文では史（使）・事一系の字。史 shia はもと祭祀。告が祝冊を木の枝に著けるように、史は祝冊を木に著けて奉持する形。卜辞によると、内祭を史祭という。外に出て祀ることを使 shia といい、祭祀の使者をいう。その使者の行なう祭祀を事 dzhia といい、大祭には大事といった。事の字形は、使者を示す史の上部に、外に使することを示す偃游（吹き流しの類）を著けている形である。事は史の掌るところで、字形の上からも士とは関係がない。それで〔説文〕一上が「士は事なり」というのは誤りであり、同声ではあっても同源、同じ語系の語とはしがたいのである。

王力氏の〔同源字典〕　語系を考えるとき、まず声義の関係が問題となる。声が近く、義もまた近いというときに、語としての両者の関係を考えることができるからである。この場合、同じ声符をもつ字の関係、すなわち声系については、すでに述べた。ただ同じ声符をもつものであっても、それぞれの字の間にどのような共通義が生ずるのか、各字とその声符との間にどのような声義の関係があるのかという問題があり、また各字の字義が展開してゆくなかで、他の語系とどのように接触し、関わってゆくのかという問題がある。そのような展開を通じて、系は紀となり綱となり、語は万象に通ずるものとなる。

［説文］に曷声の字として喝（喝）・⿺走曷・謁（謁）・楬・歇・碣・愒・渇（渴）・掲（掲）など、二十六字をあげる。曷 hat は曰（祝告）と匃 kat とに従い、その会意字であり、匃の亦声の字である。匃は［説文］十二下に「气なり。亾人を匃と爲す。逯安の説なり」とあり、亾人の象であるとするのは正しいが、「气なり」とするのは字義に合わず、匃は金文に匃求の意に用い、「用て萬年を匃《もと》む」、「用て眉壽を匃む」、「用て多福を匃む」のようにいう。匃が匃求の意となるのは、その屍骨を呪霊として、希求の呪祝を行なうからであろう。その音系に希求の意があるらしく、乞 khiat（气の初文、气の字をも用いる）、旂 gian（⿸㫃⿰單斤）、祈（祈）giai なども金文にみえ、幾（幾）kiai は経籍に多くみえる。

曷に匃求の義があり、求めることの実現を願って、激しく呵叱する意であろう。［説文］五上に「何なり」とあり、呵叱する意より「なんぞ」という疑問詞となる。その声を喝 xat という。曷・喝はもと擬声的な語であろう。遏 at は呪祝して抑止する意で、「鎮壓」の壓（圧）eap と声義が近い。壓は犬牲を供えて、邪意を鎮圧する意の字である。謁 iat は曰 hiuat、說（説）jiuat に近く、懇願する意を含むようである。呪祝を行なうときにも、威圧的な方法もあり、媢悦を以てする方法もある。声高で声の涸れることを渇 khat、一息つくことを愒 khiat、すっかり尽きることを歇 xiat また竭 giat、呪祝を高く掲げて呪禁とすることを揭 giat、碑として墓域にとどめるものを碣 kiat という。みな匃・曷より分岐して、その声義をえているものである。

声符の異なる字の間にも、声義近くして一系の語をなすものがある。これは、曷が曷声の諸字に声義ともに分化していったのと異なって、もと異なる声系に属するものが、共通義をもつ他の声系の字と接近して、そのような関係によって一つの語系をなすもので、本書でとり扱う「語系」とは、主としてそのような関係にあるものをいう。王力氏の［同源字典］も、主としてそのような声義の関係の字を扱っている。古くは［釈名］［説文］にみえる音義説的な解釈、のちには王念孫父子、段玉裁などの訓詁学的な研究、また下って章炳麟などの音韻研究も、多くこの問題をとり扱っている。ただ音義説はもとより、王念孫父子の訓詁学的方法、章炳麟の音韻学的方法には、それぞれその方法になお不十分なところがあることについては、すでに述べた。

王力氏の［同源字典］は、これら先行の研究者の成果を十分に顧慮しながら、同源の語を求める方法を詳論し、音韻学的な法則をも厳密に規定した上で、多くの同源の語群を録している。本書の「語系」の執筆には、主としてその書を参照したが、なお新たに加えたところも多く、特にその語系形成の基本となる字形学的・字源的な解釈を新たに加えた。王力氏のこの書は、同源の字について多く訓詁経注の類を引いて、訓詁的実証を試みている。その方法は清代小学家のなすところと、ほとんど異なるところがない。しかし訓詁は、いわば用字法上の慣例であり、結果としての現象であるから、同源の根拠は、字義そのものの系統的理解の上に立って、語系の各字に共通する声義の関係を、字形学的に説明するのでなければならない。本書では簡略であるがその方法を補うことによって、語系の問題に文字学的に依拠するところを与えることを試みた。たとえば否定詞の無の系列に属するものとして、〔同源字典〕には以下の諸字を表示している。

無（无）miua・・毋 miua〈同音〉

無 miua・・亡・罔 miuang〈魚陽対転〉

無 miua・・莫 mak〈魚鐸対転〉

無 miua・・靡 miai〈魚歌通転〉

靡 miai・・蔑 miat〈歌月対転〉

蔑 miat・・末 muat〈月部畳韻〉

蔑 miat・・未・勿 miuət〈月物旁転〉

これらはすべて明（明）母の字で否定の意味をもつ語であること、また各字について多く訓注の例をあげ、訓詁上同義の字であるとする説明がある。

これらの字が、声近くして通用の関係にある字であることは、訓詁の例からも疑いのないことであるが、しかしこのように多様な文字の中には、本来その字義をもつものもあり、その演繹義によるものもあり、また仮借によるものもあると考えられる。それで字の本義に即した、字形学的な解釈を加えることが必要であると思われる。

そのような関係の最も知りやすい例としては、たとえば擬声語をあげることができよう。擬声語は音によって状態を示すものであるから、たとえば水の音、風の声などには、相似た声のものが多い。それでそのような類をこえて、たとえば「速く飛ぶ、速い」というような共通の意味をもつ語が、数多く生まれることになる。たとえば、

蜚 phiuəi　飛 piuəi　猋 piô　飆 piô　票 bhiô　飄 phiô　彭 piô　驫 piô　翩 phyen・phiuan

はそれぞれ声近く、みな疾飛・疾走の状をいう語である。蜚は虫が飛ぶこと、飛は鳥、その翩々として飛ぶを翩という。猋は犬、驫は馬、鬣をなびかせることを彭という。票は猛火で屍を焚き、ものの飃揺する象、そのような状態を風に移して飆といい、飄という。扶揺とは飄の長音化した語である。それぞれの字形と語において示されるものは異なるが、示すところの共通の観念があり、語として相近いという関係にある。このような関係のものを語系という。

語系をまとめるのには、単に声義の近い関係のものを集めて類比を試みるだけではなく、それぞれの声義の因るところを明らかにし、その共通義のあるところを明らかにして、はじめて語系を構成することができる。たとえば、句 ko、曲 khiok、局 giok は、みな勾曲の義があり、一系の語をなすものと考えられる。句声・曲声・局声の字もそれぞれの声義を承けるものが多い。［説文］に「句は曲なり」、「鉤は曲なり」、「痀は曲背なり」、［釈名］に「曲は局なり」、［玉篇］に「跼は踡跼して伸びざるなり」など、訓詁の例は多いが、基本的には句・曲・局それぞれの字の原義を明らかにし、その原義のうちに、通用の義を求めうるのでなければならない。

句は、人の句曲した形である勹に、口を加えた形である。口は祝告の器で、この字は人を葬るときの形をいう。局はその繁文に近く、これも屈肢葬をいう字である。句・局は同義の字であるが、句には一くぎり、局に終局の意がある。曲の初文は竹で編んだ筐の形。祭器の簠簋《ほき》も竹器を用いることが多く、金文の簠の字形はもと曲の形に従う。筐（匡）khiuang は曲と双声の語である。

局は屍を局束して葬る屈肢葬であるので、屈 kiuət もまたその声義が近い。局のような姿勢で人を罪することを亟 kiək という。上下を狭めたところに人をおしこめ、前に呪祝の器（𠙵）をおき、後からおしこめる形の字。両手で強くかかえることを臼 kiuk という。これらはすべて窮屈な状態にあることを示す語で、それぞれ表現のしかたは異なるが、その共通項をもつ語であり、同源の語である。その語群を次第によって整理し、分派し演繹してゆく過程を追跡してゆくと、言語の体系の全体にわたる脈絡がみえてくるかも知れない。

語源とオノマトペ　どのような言語体系のものであっても、その語源学的研究に何らかの成果が求められるとすれば、それは言語一般の歴史の研究に大きく寄与することができると考えられる。多くの言語体系のなかでも、中国では文字の起源も古く、その文字資料も連綿としていて、各時代にわたり豊富を極めており、資料的にこれほどゆたかな世界はない。かつ単音節語の表記法として、一字一音節をとるほかなかった漢字は、語の形態に著しい変化を受けることもなかった。殷虚の甲骨文を、そのまま後世の文献と同じように読んで理解できるという事実は、他の言語・文字の体系のなかでは考えられない、まことに驚異的なことである。

単音節語には、語としての形態の発展が乏しく、漢字はその字形上に、文字成立当時の原初の観念をそのままとどめている。その後の字義の展開については、各時代の用義法をたどることによって、綿密に追跡することができる。また他の文字と結合して作られる連文（連綿字・連語とも。熟語）のありかたを通じて、語義の広がりを把握することができる。それで、本書に試みたような声系・語系の問題を単位として、その系列を群別として体系化し組織してゆくならば、この言語体系の原始の状態から、他に匹敵するもののない文字文化の展開の過程、そのみごとな成就の次第をうかがうことができよう。

　単音節語である中国語、その表記法としての漢字は、また語の原始性を保存する上に、極めて好適な条件をもっている。与えられたその字形は、成立以来の形をもちつづけていて、変化することがなく、その字形にこめられている原初の観念を忠実に維持しており、そこには文字の成立した当時の心性が認められる。ことばの最も原始的なものはオノマトペ、擬声的な言語であるが、漢字にはオノマトペ的な語が多い。さきにあげた疾飛するもの、蜚・飛・猋・飆・票・飄・彭・驫・翩なども、もとはみな擬声語であり、それを具体的なものに即してそれぞれに字形化したものにすぎない。擬声的な言語においては、一般に母音には曖昧さや暖かさ、やさしさがあり、歯音には寂寥・沈静・清澄の感があり、喉音には緊張と扞格、脣音には破裂・摩擦の状態を示すものが多い。二字連文の語彙にもその類のものが多く、曖昧・滂湲・剞劂・挑達・霹靂など、双声・畳韻の語となることがある。オノマトペの語が極めて基本的なものであったことは、その声系・語系によって語の展開を考えると、容易に知ることができる。

　たとえば皮 biai は、獣皮を剝ぎとる形を示す字であるが、同時にそれを剝取するときの音を示す語である。剝 peok とは剝取する行為をいう。皮を剝ぐという行為が、生活を営む上に重要なことであり、多くの事象がその観念と連鎖することによって、皮声の字が生まれた。披 phiai・波 puai・陂 piai・被 biai・坡 phuai・簸 puai・頗 phuai・跛 puai はみな皮声の字であるが、皮は単なる声符でなく、皮に対するいわば原体験的なものが、ここに反映していると思われる。それはまた皮に近い声義をもつ霸（覇）peak（雨ざらしの皮）・白 beak（頭顱）、ひらひらと分散するものの意をもつ爪 phe・朮 phuat・柿 phe・薄（薄）bak・扁 byen・平（平）bieng（手斧で剝ぐ）・番 buai（獣の掌の形）とも連なるもので、みなその状態に近い擬声語であり、それぞれの事象の具体的なありかたを字形化したものにほかならない。これらはまた合して、オノマトペの一群を構成する。このようにしてオノマトペとしての語群を拡大構成することができるのは、漢字のまた大きな特質の一つといえよう。

漢字の声系・語系について項目を設け、簡単な記述を試みたのは、このように漢字を通じての言語学的な問題への可能性を、いささかでも指摘しておきたいと考えるからである。

五　語彙と例文について

漢字を形・声・義にわたって体系的に理解するとともに、わが国の字訓の用法を確かめることは、漢字を国語表記に用いるときの基本の作業であるが、国語の語彙の半数以上が、その漢字を結合した連文、いわゆる熟語で占められている事実からいえば、語彙もまた重要な国語領域の問題である。

漢字は単音節語であるから、ひびきが強く、また多義的であるという特徴がある。それでそのような漢字の結合は、造語の上に種々のはたらきをする。たとえば同義字を重ねることによって、概念を集中し、強め、純化し、深化する。声義の近い字を連ねることによって、概念を拡大し、方向づけ、また相矛盾するものを連ねることによって、そのような対立を含む範疇の全体を示し、あるいはまた、修飾・被修飾の関係が容易であることから、語の構成が容易であり、かつ多様でありうるなど、孤立語特有の造語法がある。しかもそれは、同一の文字による、二千年にも及ぶ歴史の集積の上に成るものであるから、語彙そのものに歴史の背景がある。語彙の構造の上からも、その歴史の上からも、語彙そのものが一種の存在感ともいうべきものをもち、それによって比類のない表現の世界を展開している。中国が文字の国といわれるのは、そのような文字による表現の世界をもつからであり、一つの語彙が、ときには一つの思想の集約として、ときにはある歴史的な事実と関連するものとして、ときにはある作品に直接に連なるものとして、それらを想起させる。語彙はしばしば、その全体の支点をなしている。

わが国では、かつてはそのような中国の文献、その漢字による表現の世界を、わが国の古典を読みこなすような容易さで、国語として読むことができた。中国の文献は、また同時に、わが国の文献でもありえた。大量の漢語がわが国で国語化して用いられるのは、そのような状況のなかで可能であった。

語彙は、具体的な表現のなかで生きている。したがって語彙は、そのような表現のなかにあるものとして、扱わなければならない。語彙の解釈は、他の語におきかえるということだけで、終わるものではない。語彙は、本来はおきかえることを許さないものであるはずである。おきかえることを許さない固有の表現であるということが、語彙の条件であるといえよう。それで語彙の解説に用いる例文は、一つの完結した表現であることを要する。単に出所を示すだけのことならば、それを注記するだけでもよい。しかし語彙が語彙であるためには、その文例は具体的な表現であることを必要とするのである。

たとえば、「軽舟」という語がある。「軽い舟」、「軽く小さい舟」、「小さくて速い舟」と訳してみても、語感としては適当でなく、また十分でない。おきかえができないのである。しかし「輕舟既に過ぐ萬重の山」というとき、「軽舟」は姿をあらわす。語釈というようなものを越えて、軽舟そのものが眼前に出てくる。「兩岸の猿聲啼いて盡きざるに」という上の句をつけ加えると、山川ともに動く躍動する世界のなかにある軽舟の姿が、いっそう鮮明となる。さらにもし「朝に辭す、白帝彩雲の間　千里の江陵、一日に還る」という上二句を加えれば、表現はもとより完璧となる。そしてこのとき、「軽舟」が天地の主である姿がうかぶ。

本書では、そのような意味で、例文に重点をおいた。例文によって感得されるものが、最も正しい、完全な解釈である。それで例文には、完結した表現をもつものであることが望ましい。また例文は、何びとにも理解しやすいものでなければならない。それで例文はすべて訓み下し文とし、難語には訓みをつけ、注を施した。徴引の文は経子史集の各分野にわたり、古典から近人の作家に至るまで、なるべく独自の主張をもち、独自の表現をもつものをえらんだ。既存の辞書に負うところも多いが、私自身が採録を試みたもの、協力者によって摘録されたものもあり、すべて原典により、原拠を確かめたうえで収録した。ただ表現の完結した例文を、訓み下し文によって収めるのには紙幅を要するので、結局は当初収録を予定していた文例の幾分を、節略せざるをえなかった。もし機会があれば、この書が有志者によって、さらに多くの例文を加え、中国における表現の精華を、より多く伝えるものとなることを希望している。

例文を収めえなかった語彙は、簡単な解釈を附して列挙することにした。これらの語はなお世用に供しうるものであり、造語法のみるべきもの、修辞の参考となるものなどを録し、廃語に近いものは略した。

また次に下接語を加えた。［佩文韻府］は各字条に下接語を録しているので、それを主とし、別に通用の語を求めて加えた。語彙や下接語は、適当な表現の語を検索するときの資料として、用意した。

六　付録について

付録として字音、字訓、総画数、部首別、四角号碼によるそれぞれの索引のほか、常用・人名漢字一覧、また同訓異字、平仄一覧、作者・書名解説を加えた。常用漢字一覧には議すべきことも多いが、このことは別の機会にいうほかない。ただこの常用漢字一覧は、本来、教育漢字・公用漢字として制定したものであり、あくまでもその範囲のものにすぎないということは、その前文にもしるされている通りである。

同訓異字には、その用法に自然に慣行とすべきものがあり、必ずしも厳密な区別を施すべきものではない。ただ古典を読むとき、表現の機微にわたることもあり、すでに各字条にしるしていることも、同訓の字を併せて考えるとき、その用法が明確となることもある。古くは伊藤東涯の［操觚字訣］、清の劉淇の［助字弁略］、王引之の［経伝釈詞］などが参考の書とされ、それによる解説が多い。それらは、用例から帰納してその用義を考えるという方法をとるが、本書では字の原義立意の上から解説することを試みた。これは従来にない解説の方法であるので、いくらか参考に供することができるように思う。

本書には、簡単な平仄一覧を加えることにした。一般の辞書には、[広韻][集韻]などによって反切・韻を加える例であるが、漢字を国字とする立場をとる本書では、これを略することにした。平仄を必要とするのは、大体において詩賦の類を扱うときのことであるから、そのためには韻別に一括した平仄表を掲げることが便宜であろうと考えるからである。

漢詩を作ることは、昭和の初年にはまだ全国規模の詩社も数社あり、詩会なども行なわれていたが、今ではほとんど聞くことがない。しかし漢詩の鑑賞には、自らも作詩の経験をもつことが必要であり、平仄表や多数の語彙が、一書のうちに用意されていることが望ましい。

文例として掲げた文献や詩文、その書名や作者たちについては、語彙の辞典である本書には録入しなかったので、別に簡単な解説を加えることにした。文献はほぼ四部別、作者は時代別にした。主要な典籍や作者の、ほぼ全体にわたるものとなっている。

[字統]以来、本書の刊行に至るまでに、私はほぼ十三年の歳月を要した。[字統][字訓]とともに、いささか世用に役立つものであることを願っている。

平成八年九月

([字通]平凡社、一九九六年初出)

字通に寄せる

一、十有三年半

「一年有半」は、中江兆民が喉頭癌を患って、余命を一年半と宣告されて書いた絶筆の書で、兆民は余勢を駆って「続一年有半」をも書いた。私もひそかに、余生に漢字の問題を字書化することを考えて、そのために退休後の十年をあてる予定をしていたが、いろいろ遷延する事情があって、十有三年半を費やすこととなった。しかし考えてみると、この問題は、私が書を読みはじめたころから、何か宿題のように与えられていたことのように思う。宿命ともいうべきものが、あったのかも知れない。

私が最初に手にした辞書は、〔言海〕であった。まだ大正という年号の時代であった。小学校を終えたばかりの私に、明治二十四年初版刊行の、この変体仮名の多い辞書は、かなり読みづらいものであった。その書は、いつの頃にか私の手もとから失われてしまったが、巻頭に長い序文や凡例があり、巻末には国語文法の解説がそえられていた記憶がある。しかし私にとって特に興味が深かったのは、その語源説であった。どの語にも、必ずといってよいほど執拗に、語源の探求が試みられており、それを読むのが何よりの楽しみであった。いま手もとに〔言海〕がないので、代りに〔大言海〕をみることにしよう。

　ひつぢ　羊志ハ、獣《シシ》ノ略、養《ヒタ》ス獣ノ義。或ハ云フ。十二支ノ未《ヒツジ》ヨリ起ル。日、中スル時ハ午ニ止マリ、ソレヨリオクリテ未ニ至ル。日辻ノ意カト云フ。

大体このような形式で、語源の解説が加えられていたように思う。この羊、日辻説は、貝原益軒の〔日本釈名〕の説である。「日の天にのぼりて西へさがるつじ也」、つまり「日の辻」が羊であるという。

ことのついでに、「かささぎ」の項を引いてみると、

　かささぎ〔名〕〔笠鷺〕冠毛多キヲ、笠ト云フニカ。

とあって、字にも鵲を用いず、笠鷺の字を宛てている。表記そのものが、語源説となっている。

大槻文彦博士は、早くから西洋の文献・文典をも研究した開化の人であったが、その語源説には、どちらかというと、古い国学者系統の説が多かったように思う。当時、その語源説の当否について考える力もない私であったが、語には語源があるべきであるという意識が、この書によって与えられたのであろう。語源の探索は、私にとって、甚だ興味のある課題となった。

年号が昭和に改まってから間もないころ、私は新村出博士の「南蛮広記」「続南蛮広記」などを読んだ。主家の書庫には、専門の法律書のほかに、漢籍や、新村・南方のような人たちの新刊書も架に加えられていて、私も読む機会があった。新村先生も語源を大切にされる方であったが、その方法は大槻博士とは全く異なるものであった。

たとえば、さきの羊の語源については、先生は大正八年に「羊の語源」を発表されている（のち「語源叢談」に収録）。

羊については、日辻説のほかに、中山丙子氏の稲孫（ひこばえ）を「ひつぢ」ということから、羊の毛が再生する意によって羊というとする説があるが、これは「ひつじ」と「ひつぢ」と仮名がちがう点に難点がある。また「ひつじ」の「つじ」を旋毛とする考えかたもあるが、これは「ひ」が説明できない。しかしその「ひつじ」という語は、「正倉院文書」の大宝二年、美濃の国・筑前国の戸籍に、女の名「比都自売《ひつじめ》」、男の名「比都自《ひつじ》」としてみえ、古くからある語である。

羊が古くわが国で飼養されていなかったことは、〔三国志〕魏書、倭人伝に「其の地、牛馬虎豹羊鵲無し」とあることから知られ、それならば羊は、牛・馬・虎と同じように、外来語と考えるほかない。そこで新村博士は、「後世の日本語に見ゆるウシ・ウマ・カサヽギ、共に皆朝鮮語に縁を引く。朝鮮語と同源だといふよりも、寧ろそれから借りたと見る方が当つてゐるのであるから、類推すれば、ヒツジも、朝鮮の古代方言であらうと信ぜられるのである」とされた。しかしその確たる証拠はないので、「畢竟、他日の証明を待つほかはない」。また「ヤギ」も羊の字音の転化したものであろうが、それも朝鮮字音によるものと推定されている。

羊が朝鮮語に由来することについては、なるべく多くの日本語を朝鮮語に帰属させようとする金思燁氏の〔古代朝鮮語と日本語〕の資料単語集にもみえず、確証をえがたいが、鵲については明確な証拠がある。〔万葉〕の初期七夕歌には「打橋渡す」、「棚橋渡す」という語がみえるが、それは〔家持集〕の、

かささぎの渡せる橋におく霜の白きを見れば夜ぞ更けにける

という百人一首の歌で知られるように、鵲の羽でうち渡したものであった。それで「鵲橋」ともいうが、「鵲橋」という語は、新羅からの渡来者出雲介吉智主《いづものすけきちのちしゆ》の「七夕」の詩に「仙車、鵲橋を渡る」とみえる。中国では、六朝末にはじめてみえる語で、それまで鵲は、魏の武帝の「短歌行」に「烏鵲、南に飛ぶ」とあるように、姦黠の人をいう語であった。鵲《かささぎ》が韓語であることを指摘したのは、伴信友の「比古婆衣」にはじまる。信友は宋の孫穆の「雞林類事」に「鵲を喝則寄《かつそき》と曰ふ」とあることを指摘しているが、喝則寄がかささぎの音訳であることは疑いない。

「かささぎ」が古代の韓語であり、韓語から日本語化したものであることを考える上に、もう一つ「ささらの小野」「ささらえをとこ」という語がある。鳥居龍蔵博士の「日蒙類似語に就て」(「全集」第八巻)によると、「ささら」は蒙古語で月を賽離 saili、ダグール語では sara, saroro という。その語と、その語の示す説話的要素が、朝鮮を経由してわが国にもたらされたと考えることができる。

私が新村出先生にお目にかかったのは、敗戦ののち数年を経てからのことであった。先生は「辞苑」の改訂を進めて居られたらしく、辞書について、辞書はまず語源の書であるべきこと、次に辞書は語の生活史であるべきことを語られた。温顔で、いかにも楽しそうに話される博士の風貌は、なお私の記憶のうちにある。大槻文彦博士が、［言海］の増修に着手したのは明治四十五年であった。そして昭和三年に八十三歳で世を去られたが、そのとき夕行以下は、まだ草稿が未整理のままであった。最後の改修について、新村先生がその労を執られたことは、［大言海］に寄せられたその序文にもしるされている。

多年景仰したりし老博士に親炙するに至りしは、三十歳未満の一青年として、感激の情なき能はざりしなり。今にして三十年前の昔を憶へば、當年の博士が風貌、眼前に髣髴たるものあり。

私が新村先生にお会いしたとき、先生はすでに七十をいくらか過ぎて居られた。「当用漢字音訓表」「当用漢字字体表」「現代仮名づかいの要領」は、すでに昭和二十一年に公表され、新聞・雑誌をはじめ、ほとんどの刊行物がその規制下におかれた。それは占領政策の一環として認識され、抵抗し批判することを許されないものと考えられていたようである。そういう状勢のもとで、新村先生の［辞苑］増修版が出た。その書は、今私の手もとにないが、その序文は、いまの［広辞苑］にも残されている。心ある方は、是非一読してほしいと思う。

私はその書が出たとき、まずその序を読んだ。そして思わず失笑した。先生はその長い文章のなかで、「現代仮名づかい」にふれる用語を、一つも使われなかった。「想い起こす」は「想起する」、「かなわぬ」は「能くせざる」、「なお定まらぬ」は「未だ定まらぬ」、「思う」

は「信ずる」という類である。徹底的にその「現代仮名づかい」を拒否されたのである。あの温容春の如き人が、これほど不屈の精神の持ち主であることに、私は爽やかな感動を禁じえなかったのである。

しばらく［言海］の世界に遊んだ私は、漢字の方はどうかと思った。［言海］についで私が手にしたのは、簡野道明博士の［字源］であった。［字源］も、私にとっては楽しい書であった。私は何よりも、その附録としてそえられている「草字彙」「隷法彙纂」を愛した。明朝体の味気ない文字が、ここでは奔放自在の姿態をみせている。または均斉のとれた、線と力感の世界を作りあげている。草字は、指でその形をなぞりながら、崩しかたを覚えた。中国の書画の世界、その風雅に近づくためには、書法を知らなければならない。これは中国の文雅を理解する上に、甚だ重要なことであるように思われた。書を学ぶにしても、法帖がよめなくては、話にならぬからである。草法を心えておれば、書画や法帖の類をみても、親近感を以て接することができる。

［字源］の本文の方は、あまり読むことはなかった。字の音訓や、語の出典をしらべることはあるが、出典として記されている簡単な文章では、その出所が知られるだけで、具体的な知識はほとんどえられない。出典の知識があってこそ、その用例が意味をもちうるのであ

って、文意が完結し、事実関係が明らかとなって、はじめて知識となり、知識としての集積が可能となる。しかしこの書は、類書のなかでは例文の比較的詳しいものであり、一般の歓迎を受け、旧版で一八九版、増補版は今では三〇〇版を超えているかと思われる。

簡野博士には、別に［故事成語大辞典］があり、故事成語の詳しい解説がある。出典の文例が詳しく、まとまった知識を獲得することができる。別に他に類書もあって、その方が活字も大きく、私はその両書を併せて使った。

故事成語という分野は、国語にはない世界である。わが国の本歌取りのように、その片言隻語をもって他の作品を示すような方法が、いくらか故事成語に類するものということができよう。しかしその程度に語彙が特殊化され、語外の意味を含ませる用法は、中国では一般の語彙のうちに、いくらもある。殊に古典中の用語は、その作品の全体の意味を荷うものとして、特定の意味内容が与えられる。

たとえば「式微」という語は、［詩］邶風［式微］の篇が、王室の衰微をなげく詩であると解されて、そのような語義をもつものとして用いられる。詩は、

式微、式微　胡不歸　微君之故　胡爲乎中露

微なり、微なり　なんぞ歸らざる　君の故微《な》かりせば　胡爲《なんす》れぞ中露においてせむ

と歌う。式は接頭の助辞。「こんなに落ちぶれるのも、あなたの故。あなたのことがなけれ

ば、夜露に苦しむこともないのに」という女の嘆きを歌う。君を君主と誤り解して、式微は王室の衰微を嘆く語となり、多くの忠臣義士が、この語にその憂傷を託した。

　また「棲遅《せいち》」という語は、君子退隠の、高尚な心事をいう語とされる。［詩］陳風［衡門］に、

　　衡門之下　可以棲遅　泌之洋洋　可以樂飢
　　衡門（かぶき門）の下《もと》　以て棲遅すべし　泌《ひ》（川の名）の洋洋たる　以て飢ゑを樂《いや》すべし

と歌う。かぶき門の茅屋で、川の水で飢えをしのぐ高逸の隠者の生活を歌い、「棲遅」という語にその全体の意味が投与される。しかし「飢えを瘵《いや》す」が欲望を充足する意の民謡的な表現であることを知れば、この詩が逢引きを歌うものであることは明らかである。［文選］には「棲遅」という語が七見し、みな賢者退隠の意に用いる。またその語の連想から「棲志」「棲遁」「棲託」「棲巌」「山棲」のような語が生まれた。

　唐・宋の高雅な詩境を愛した詩人たちは、好んでこの「棲遅」という語を用いている。古い詩経学の解釈に本づく誤りであるとしても、私はこの「棲遅」という語に出会うたびに、当惑してしまうのである。

　字には字の起源があり、その歴史がある。語彙にも語彙としての起源があり、その歴史がある。語彙には、さきにあげた「式微」や「棲遅」のような著しい特殊化はとぼしいとして

も、二字の連語として構成される語彙には、強い表象力が与えられることが多い。それはしばしば、特定の作品と結合した形で印象づけられるからである。中国の文人たちにとって、語彙とはまさにそのようなものであった。彼らが詩文を作るとき、その語彙の嘗ての使用者を、彼らはほとんどそらんじていたように思われる。

　辞書の役割が、語源を解明し、その生活の歴史を記述するものであるとすると、漢字の場合には、まず字源の研究がなされなければならない。簡野博士の『字源』には、実は字源の説明がない。全くないわけではないが、凡例に、

> 六書の一斑を知らしめん爲めに、其の最も解し易き文字には、[解字]の符の下に造字の意義を略説す。例へば一一二頁〔休〕の字の條、
>
> [解字]休は木に从ひ人に从ふ、行人の休息するには、必ず木《こ》蔭《かげ》に依るが故なり。

という。これは『説文』六上に「休、息止するなり。人の木に依るに从ふ」によって解するものであるが、『説文』にはなお或体として、庥の字を加えている。すでに木蔭に宿るのであるならば、どうして屋（广）を加える必要があろうか。『説文』の字解そのものが、疑わしいことである。

金文の字形によると、休は禾に従う形である。それで郭沫若氏は、休を軍の休止の意と解し、軍事行動中のことであるから、禾穀のあるところでも休止するのであると解したが、軍事の際とはいえ、作物の上で休むというのは、乱暴な字説という外ない。また或体の字にどうして广が加えられているのかについても、郭氏はふれていない。

金文では、休は名誉を意味する語で、「休を賜ふ」のように用いる。禾は軍門の象で、のちの華表の形に近い。華表とは、禾表の意である。軍門には左右に禾を向きあって建て、両禾軍門という。そこで表彰を行なうので、休は休光の意となる。その軍功を功暦という。秝は両禾軍門、曰は祝詞。この字においては、その経歴するところを神に告げる意である。故に广・厂を加えるが、それは神廟の象である。

従来の字書は、おおむね「説文」によって字説を施している。しかし「説文」は、後漢の許慎が、秦篆以後の資料によって字形解釈を試みたもので、まことに誤りが多い。それを正すには、秦以前の殷周の資料、殷の甲骨文、両周の金文資料による外ない。しかし郭沫若氏のように、甲骨文・金文の先駆的な研究者においても、字説に関しては、甚だ粗略なものが多い。それは形だけで字意を考え、その形の示す厳密な意味的な表象を考慮していないからである。古代の文字を考えるときには、それが古代の社会・文化の字形的な表象であり、その表象は、字形的表現の全体のなかで理解すべきものであるという、文字学の基本的な立場を忘れているからである。わが国には、そのような古代文字のもつ体系性には頓着なく、すべて音だけで片づけるという横着な学説の所有者もあった。形のみでなく、音のみでなく、両者を含めて、その上に同時代的な意味の体系を追求すること、そこに古代文字学が成立する。字書が、まず字源を明らかにすべきであるという前提に立つならば、字源の研究をもたない字書は、あるべきでない。

私がようやく研究的な生活に入ろうとしていたころ、郭沫若氏の［卜辞通纂］や［両周金文辞大系］などが、わが国で刊行された。これらの資料は、甲骨文は今世紀に入ってから出土し、金文も清末以来、著録・考釈もようやく多く、新しい学問としての領域が、開かれはじめたときであった。しかしそのころ、わが国は、歴史上でもっとも愚かしい戦争を戦っていた。その苦難のなかで私がえた幾分の収穫は、発表する機会もなくて敗戦を迎えた。

戦後、発表機関もいくらか回復されるようになって、私は［卜辞の本質］［訓詁に於ける思惟の形式について］などを発表した。［卜辞の本質］は、文字が単なる記録のための手段ではなく、神聖な文字として現実に機能するものであること、また第二の論文は、中国の古い訓詁に反訓といわれる現象があって、それは訓詁における弁証法的思惟の結果であるとする「進歩的」な研究者の説に対して、そのような思弁的方法を排除するためのものであった。

文字の生活史は、文字自身に即して実証すべきであると考えたからである。たとえば「亂は治なり」といういわゆる反訓は、実は𤔔が「みだれる」であり、𤔔とは糸かせ（𠙴）の糸（幺）がもつれ、上下に手（爪、又）を加えて解こうとする形である。その糸のもつれ（𤔔）に乙（骨べら）を加えて解きほぐす形が亂であるから「治なり」と訓する。反訓というべき思弁の過程は、そこには存在しないのである。

ようやく世も治まり、衣食の憂えからも解放され、私も読書に専念できるようになった。それで昭和三十年から、［甲骨金文学論叢］十集を油印で出した。私の文字学・古代学的な研究の基点は、大体そこに用意することができたと思う。［釈史］［釈文］［釈師］［作冊考］［殷代雄族考］［釈南］などの諸篇を収める。

両周金文の全体を統観することを試みた［金文通釈］五十六輯は、三十七年から、また［説文解字］の字説を、新しい文字学の立場から全体的に批判することを試みた［説文新義］十六巻は、四十四年から刊行、文字資料の全体にわたる再検討を試みた。私の［金文通釈］［説文新義］中の字説は、中央研究院歴史語言研究所専刊［金文詁林補］全八冊（民国七十一年、一九八二年）の中に訳載せられ、本巻五千ページのほぼ半ばに近い。

専門書や研究論文というものは、一般の方にはなじみがたいものである。一般の方の理解に資するためには、一般書の形式による外はない。私は還暦を迎えた年に、はじめて一般書として、岩波新書に『漢字』を書いた。それからのち、ほとんど毎年のように、文字学に関する一般書を書いた。しかしまとまった字書形式のものを書くのには、時間的な余裕がえられなかったし、私学はともかくも忙しいところである。私はひたすら、自由の身となるのを待つほかなかった。定年後も特任として五年、それを終えてからもまだ三年、繫累は残った。ようやく解放されたのは、七十三歳のときであった。

七十三歳といえば、すでに頽齢である。ことは急がなくてはならぬ。命のほどは考えぬことにして、まず着手することにした。字源の書である『字統』は、すでにその大綱が『説文新義』十六巻のうちに用意されていることで、約一年で執筆を終えた。『説文新義』は、『金文通釈』と同じく、阪神間の同好十二人をもって組織する樸社の会員に対して、私がこれを講義案として話をしたものである。

昭和六十年二月、『字統』刊行、昭和六十二年、『字訓』刊行。『字統』刊行のときに、私は『字統に寄せる』という文章をかいた。また『字訓』のときには、『字統より字訓へ』という文章をかいたが（『文字遊心』所収、平凡社刊）、このたびは三部作の終りであるので、再び「字通に寄せる」と題した。字書に着手してから丁度「十有三年半」である。

辞書は刺激的なものでなくてはならない。知識とともに、思索をよび起すものでなくてはならない。〔言海〕の語源説は、のちになって考えると、古い国学者の音義説の範囲からほとんど出ることのない、稚拙なものが多い。しかし当時の私にとって、それは刺激的な書であったことは疑いない。そこには、一種独自の世界があった。のちに、新村博士の多くの論文や、柳田・折口両氏などの民俗学的な語源の解明、柳田氏の実弟松岡静雄の〔古語大辞典〕など、それぞれ興味深い解釈があり、また地理学者からは地名の解釈を通じて、さらには国語学者吉田金彦氏のすぐれた論考など、わが国の語源学は多彩を極めている。殊に甲乙両種の特殊仮名の研究が進んで、科学的な厳密さを加えるようになった。

語源の研究は、たんなる語源の解明にとどまるものではない。その語が成立した社会的文化的背景と合わせて、語の位相的意味が明らかとなる。たとえばライバル（rival）という語について、研究社の〔新英和大辞典〕には、競争相手・好敵手・同僚・恋敵のような諸義を列するだけである。もし語源として、それが「river の両側の人」という説明が加えられると、それは川を挟んで、はげしく利害を争い続けた歴史的景観が加えられて、語の意義が歴史的現実として蘇ってくる。

漢語でいえば、たとえば「邊塞」という語について、〔大漢和辞典〕には「夷狄、又は外國人の侵入を防ぐ爲に國境に建てたとりで、又廣く夷狄の意に用ひる」とあって、意味はまさにその通りである。しかし本来の辺塞の姿は、その解説からは浮んでこない。辺の初文は邊、自は鼻、方は架屍、自（鼻）を上にした架屍をおいて犠牲とし、呪禁とするところが邊の初義であった。いわゆる髑髏棚である。塞は古くは𢀩《てん》に従う形の字で、工は呪具。神を尋ねたり、呪具として𢀩で塡めて社を祭り「塞《さへ》の神」とすることを意味する字である。首狩り族の間に設けられた髑髏棚は、この字の作者の経験のうちに存していたはずである。ライバルを恋敵の意とし、辺塞を外族との境界と釈しても、これらの語のもつ本来の厳しさを感得し、把握することはできない。

字書は、まずその字のもつ原義、原始性を発掘するものでなければならぬ。すなわち過去に向うものでなければならぬ。過去より現在に至り、さらにまた未来に向うものでなければならぬ。未来に向って、いかにあるべきかを問うものでなければならぬ。実践の程度はともかくとして、少なくともその意識をもつものでなければならぬと思う。

二、漢字の過去

漢字の歴史は古く、漢字によって集積された文化の遺産は、他のどの地域の文化も及びうるものではない。しかも漢字は、成立以来、間断するところがなく、それぞれの時代の表象として、殷王朝の甲骨文、両周の金文、やがて〔詩〕〔書〕などの経典、六国期の多彩な思想家の文章を生み、秦漢以後の史籍、詩文の時代へとつづく。上下三千年にわたる大量の文献は、それぞれの時代に愛重を受け、好文の王たちによって集成、伝承された。これほど典籍、図書を貴重とする民族もめずらしい。

この三千年にわたる文献は、いうまでもなくすべて漢字でしるされており、字体は時期によって多少の変遷を経ているが、しかし最も古い甲骨文も、そのまま漢字としてよむことができる。そこにはヒエログリフとデモーティックほどの差異があるわけでなく、その解読にロゼッタ石を必要とするほどの変化はない。それで両周の金文は、宋代の研究者もすでにその解読に成功しており、今世紀の初めに出土した甲骨文も、古籀の知識に詳しい孫詒譲《そんいじょう》などによって、容易に解読されている。甲骨文・金文の字形は、たとえば楷書と草書との距離よりも、むしろ近いといえよう。

その文体も、きわめて安定したものであった。文法は三千年を通じて基本的に変化はなく、文字が増加し、語彙が殖え、構文がいくらか複雑になってきたとしても、文字の構造法は、六書のような一定の原則によって行なわれており、すこしの混乱をも生ずることはなかった。文字史・言語史とともに、これほどに安定した展開をもつものは、その例をみない。漢字は、そのおどろくべき通時性と安定性とによって、何びとにも参入することの容易な古典の世界を提供している。

甲骨文や金文にみえる文字の数は、約二千字前後であるが、秦・漢以後の文字の数からいえば、必ずしも多いものではない。しかしそこには、基本的と考えられる文字はすでに見えており、またこれらの資料に現われる機会をもたなかった文字もあるであろう。のちに作られた多くの文字も、たとえば部首としての限定符のとりかた、声系を示す声符の使用など、同じ原則、構成法によって作られており、その構造の上に一貫性がある。それで漢字は、意味的に十分な共時性をもつものといえよう。

文字が生まれた時代は、古代王朝としての殷が、その神聖性を確立し、神話的な世界観のもとに、地上に君臨した時代である。それで、文字の中には神話的表象が、そのまま文字に移行することがあった。古くは、山と岳とは、全く異なるものであった。山は普通名詞であるが、岳は固有名詞で、姜姓諸族の祖神とされる聖なる山であった。のちに嶽の字を用いるが、嶽は獄を声符とする形声の字で、岳がその初文である。岳の甲骨文は、山の上に羊が描かれている。羊は姜姓族のしるしで、その族人は、甲骨文では羌人とよばれており、羌は羊頭の人の形である。

岳神の名を伯夷という。［詩］大雅［崧高］は、姜姓の伝承を歌う詩篇であるが、

　崧高なるは、これ嶽　駿《たか》くして　天に極《いた》る　これ嶽、神を降し　甫と申とを生めり

と歌う。［国語］鄭語に「姜は伯夷の後なり」、［左伝］荘公二十二年に「姜は大嶽の後なり」、隠公十一年に「許は大岳の胤なり」とあり、甫（呂）・申・許と斉が、いわゆる姜姓四国である。岳神伯夷は、許では許由となり、皐では皐陶《こうよう》となる。夷・由・陶は、もと同じ語の転化したものである。伯夷・叔斉が、周の武王が殷の討滅をはかったとき、馬をひかえて諫めたというのは、このとき姜姓の聖地嵩嶽は、なお殷の支配下にあったからである。このような事情を含めて岳の字形を考えると、岳はまさに神話的表象そのものであり、いわゆる神話書記法がそのまま文字化したものであるといえよう。

　文字の背景に、神話が存在するということもある。雲の初文は云《うん》であるが、云は棚引く雲（二条の線）の下に、下体を屈めた竜の姿がみえる。異状な雲にはそれぞれ名前があり、その出現は何らかの前兆と考えられた。虹は蜺《げい》とよばれ、やはり竜形のものとして、のちに虫が加えられ、工はその蛇体。蜺の初文は兒《げい》であった。兒はもと両頭の竜の形にしるされており、兒はその一方の頭と胴体の形にあたる。

　鳳は、甲骨文においては鳥の形、鳳の字で示されている。その大きな羽はのち鵬の字とな

右　上より嶽の篆文、甲骨文。中　蜺の篆文。左　上より風の篆文、甲骨文

り、声符としてそえられていた凡は、風となった。鳳から鵬と風とが分化したが、虫は竜の意。雲や蜺もすべて竜形であるので、鳳ものち風となったが、甲骨文の時代には、まだ鳳が風神であった。

　甲骨文にみえる世界観によると、四方にはそれぞれ方帝とよばれる方神が居り、方神の下にはその命令を布告するための風神がいた。風神は方帝の意思をその地域に宣布する使者であった。この神話は、のちの「山海経」にも部分的に伝えられており、また「説文解字」の鳥名の説明に、四方に分置される同じ構図の例がみえる。また甲骨文には、この方神や風神の祭祀に関するものがあり、たんに観念的に四方に配当したものではなく、その神話的実修を伴うものであったと考えられる。

　この方神の意思を宣布する風神のはたらきによって、その地の風土性の一般が規定される。風土・風光・風景・風致はいうまでもなく、その地の風俗・風気もその支配下にある。土俗の反映である民謡は風謡といい、「詩」では貴族社会の儀礼詩である雅に対して、各国の民謡を風といった。その支配はさらに個人の人格の内部にまで浸透して、風姿となり風格となり、風雅となる。風雅は［詩］から出た語であろうが、そのような文学的表現から、洗練された風流の精神をいう語となった。

風のこのような多義性は、風そのものの属性から生まれたものではなく、方神のもとにある風神の、神話的なはたらきの結果としてもたらされたものである。そのような神話的背景をもたない wind には、そのような語義の展開はなく、古くアーリア人の森の生活の中で、屋根につけられた風穴 wind's eye が、やがて window とよばれる程度の展開しかない。わが国では風を風邪の意味にも用いるが、風邪・風疾は漢語であるから、その訳語とも考えられ、病気としての風には、「かぜ」以外の症状、風疹・風癲なども含まれている。しかしわが国の「かぜ」には、自然現象としての風以外の意味を、もとから含んでいたとは考えがたい。

風はもと鵬であった。鵬といえば、読者は直ちに［荘子］巻頭の［逍遥遊］、北冥の鯤とよばれる大魚が「化して鵬となり」「その背數千里」、「羊角して上ること九萬里」、遥か南冥の天池に向う壮大な描写を想い出されるであろう。それは至人逍遥遊の絶対境を、大鵬の羽ばたきに喩えたものであるが、そこには神話から哲学への道が暗示されている。［荘子］の文には、神話に材を取るものが多く、姜姓の祖神とされる伯夷や許由も、しばしば登場する。中国の神話的な伝承は、おおむねその三十三篇のうちに求めることができる。

おそらく司祭者の階層であったと考えられるこの集団は、神話を素材として、その形而上学的な思弁を展開したのであろう。荘子は、有と無、虚と実、是と非、我と汝、否定と否定の否定、絶体否定の論理などを論じたが、かれが用いた語彙は、その書によってはじめてその概念が規定されたものが多い。有を存在するものであるとともに、また限定された存在とするなどは、その一例である。

これよりさき、儒家が、周以来の礼教的文化の基礎の上に、実践的な政治学、倫理学を樹立したが、荘子はそれを否定し、止揚することによって、より高次の思想性を追求した。否定は拒否ではなく、否定を媒介として、新しい展開をさぐる道である。儒と道とは、本来はそのような相互否定的関係を通じて、中国の思想の脊梁をなすものであった。

荘周より少しおくれて、同じく南方の楚の国に屈原が出た。楚の王族として、王族を統領する三閭大夫に任じたといわれるが、巫祝文学の祖とされる［楚辞］離騒の作者に擬せられていることからいえば、かれは王室を中心とする宗教者、巫祝集団の指導者として、いわば法籍にあったものであろう。字《あざな》の霊均は、おそらく巫祝者としての名号であろうと思われる。

〔離騒〕は、楚国の政治に大きな発言力をもっていた楚巫の集団が、きびしい列強争覇の政治闘争の中で、次第にその古代的な権威を失い、やがて楚の都からも追われ、舜を祀るといわれる南方九柱の聖地に落ちのびてゆく過程を歌うもので、全篇三百七十五句。随所に神話的発想を挿入しながら、懐王の改悟を求めつつ、絶望的な嘆きを歌う。作者の屈原は、その道中、湘水の支流である汨羅《べきら》に投じて死んだと伝えられる。舜は甲骨文中にもそれらしい名がみえ、また屈原が水死のとき「願はくは彭咸の遺則に依らん」と歌っている彭咸も、殷の巫祝者であったと伝えられる。楚巫には、殷巫の伝統を承けるところがあるのであろう。荘周の反儒家的な思索の方法も、その中から生まれたものと思われる。

荘・騒といえば、中国の思想・詩文の濫觴であるとともに、またその冠弁でもある。荘周は時期的にはギリシャのプラトンとアリストテレスの間に近く、その時代は東西ともに最もかがやかしい古典的古代に属している。墨子の一派である別墨が活躍したのもこの頃であろうが、かれらはすでに形式論理学を組織し、その数理哲学は児山敬一氏の研究〔数理哲学〕（モナス刊、一九三七年）によると、きわめて高度のものであったという。

英雄時代をもつことのなかった中国では、ギリシャのようにホメーロスの英雄叙事詩を生むことはなかったが、〔詩〕の大雅・小雅にはすぐれた戦争詩や政治詩・社会詩・教訓詩がある。長篇の叙事詩としては、古典的古代の滅亡を弔うかのように、より抒情性の強い作品、

［離騒］を生んだ。それはやがて秦・漢帝国が出現する直前の、時代の挽歌でもあった。中国の思想や文学は、時期的にも、ギリシャのそれとほぼ並行し、匹敵する。［離騒］の時代には、ギリシャでも各地に詩人・女流詩人の輩出した時代であった。

ギリシャの文化は、やがてローマにひきつがれる。ローマの世界帝国的な発展は、漢・唐時代の中国に対比することができよう。漢・唐の時代は、中国人のもつ天下的世界観が、世界帝国的な規模をもって実現された時代であった。ローマ帝国が崩壊したのち、ヨーロッパでは長い暗黒の時代がつづく。民族の大移動、アラブの擡頭、封建領主、キリスト教的専制の弊などが重なりあう時代であったとしても、その中世は暗く長かった。中国では唐末五代の間に藩鎮の旧軍閥勢力が自滅し、北宋（九六〇〜一一二六年）の時代を迎えるが、それは学術・文化の上にルネサンス的な清新さを感じさせる時代であった。ヨーロッパのルネサンス（十五、六世紀）よりも五百年ほども早いが、それは中国が早く封建制を脱し、またキリスト教のような頑迷な教条主義者がいなかったことも、一因であろう。保守性が強いといわれる儒教も、本質的には人文主義的なところがあり、殊に宋代にはそれは新儒学として、理一分殊、個人の主体性を積極的に認めようとする近代的思惟への指向を示していた。ただその思想は不徹底で、近代の市民的な意識は未熟に終った。

中国の停滞は、明代において著しい。宋代における新しい認識への衝動、暢達な自己表現への意欲、科学的な探求の精神が失われて、一種の頽唐派的な老熟さを喜ぶ風があった。清代の学術は、そのような元・明の空疎を排し、経・史・文字学など、文献学は精密を極め、実証主義的な研究が行なわれて、多くのすぐれた学者が輩出した。いわゆる考証学は、まさしく近代の学術の方法に合致するものであった。それで清代における経学の研究は、たとえばヨーロッパにおける聖書解釈学に対比することができる。しかしまた、ヨーロッパにおける聖書学が、やがて哲学・認識論・存在論の領域にまで発展して、ディルタイ以後の解釈学派のような思索を展開するということは、中国では殆んどなかった。具体から一般へ、解釈から認識へというような方法論的要求の欠如が、古今を通じて、中国の思想・学術の基本的な一つの傾向とみられるからである。

中国の歴史と文化は、全ヨーロッパのそれに匹敵するものがあった。ヨーロッパでは、その地域も民族も言語も、それぞれの時期によって異なるが、中国では、三千年の間、一つの民族であり、一つの言語であり、文字であった。

この類例のない通時性に対して、そのような文字は進化を忘れたものだという論者もいる。それは、人間が同じ容姿をしているから、この数十万年の間、何の進歩もなかったというのと同じ議論である。漢字は同じ形をしているが、それ自身のもつ意味内容の展開があり、字義は時代とともに推移し、深化する。同一の文字であるがゆえに、その展開の過程をも含んで、かえってその内包を深めることができた。

文はもと文身を意味し、加入儀礼として聖化の方法であった。それで死者には文身を加え、父母を祀るときには文考・文母という。文はやがて故人をしのぶ語として文徳の意となり、武と併せて文武といい、のちには経国の大本となった。清の阮元《げんげん》の編する［経籍籑詁《せんこ》］（巻一二）には、「文身とはその身を刻畫して以て文と爲すなり」、「文は文章（彣彰）なり」、「文章は禮法なり」、「文は德の總名なり」、「天地を經緯するを文と謂ふ」など、文の訓注百数十条を集めており、訓義の展開をあとづけることができる。また［佩文韻府］（巻一二）には天文・人文など下接の連語三百余、文府・文章などの語彙九百数十語を録している。章ももと文身を意味する字であるが、同様に章示・章徳などの百数十語、文章・成章などの下接語百数十を録する。漢字はこのような連語によって、その語義を確かめ、意味領域を広める。漢字は、自らの字義の展開によってその内包をゆたかにするとともに、また連語によってその外延を拡大していった。

連語は英語の単語にあたるものと考えてよく、たとえば「文学」literature は letter（文字）

＋ure（名詞語尾）である。「文学」は〔論語〕先進に、孔門の教育を徳行・言語・政事・文学の四科に分かち、言語に対して文章をいう語であった。〔韓非子〕六反に儒者を「文學の士」とよび、漢代には文筆の官吏を文学といった。漢の桓寛《かんかん》の〔塩鉄論〕は、大夫と文学との対論という形式をとるが、それは現実主義者と理想主義者の立場を代表するもので、その文学はいくらか literature の語義に近い。〔後漢書〕や〔晋書〕には、文人の伝記を〔文苑伝〕にまとめ、〔南斉書〕〔梁書〕〔陳書〕には〔文学伝〕とする。六朝右文の時代に、文学という概念がようやく成立した。

文化は武治に対する語であった。文を以て教化し、武を以て支配する意である。晋の束晳《そくせき》の〔補亡詩〕由儀に「文化、内に輯《やは》らぎ、武功、外に悠《はる》かなり」のように用いる。前蜀の杜光庭の〔鶴鳴、枯樹を化して再生せしむるを賀する表〕に、「文化を修めて遐荒を服し、武威を耀《かがや》かして九有を平らぐ」というのも、なおその意である。文化を culture の訳語に用いるのは、わが国からの輸入語であろう。culture はもと耕作する意で、そのような生活様式をいう。その高度のものを civilization という。civil は市民であるから都雅の意があり、その文化の様式をいう。文明と訳することが多い。

文明も古い語である。〔易〕乾卦に「見龍、田に在りて、天下文明なり」は述語的な用法であるが、宋の司馬光の〔范景仁に呈する詩〕に「朝家の文明、及ぶ所遠し　今に於て臺閣、尤も蟬聯す」というのは、いくらか用法が近い。文明と文化とを、物質文明と精神文化のように対立するものとする考え方もあるが、そのような意味づけは、それぞれの思想の体系のなかで与えられてゆくものであるから、表現力・造語力の問題ではなく、歴史的・社会的なものであるといえる。

文は甲骨文・金文にもみえ、極めて古代的な習俗・観念に発するものであるが、それはまた近代の、高度の諸観念をも表現することのできる、すぐれた適応力をもっている。文学・思想をはじめ、近代の諸科学において、厳密な概念規定を与えうるような語彙を、漢字を除いて作りうるかどうか、漢字を除いては適当に語形化する方法がないという現実を、われわれは直視しなければならない。

漢字をもつことが、わが国にとって不幸なできごとであったとする考えかたの人もいる。ようやく発達の途上にあった国語は、そのために成長することをやめ、国語の純粋性が失われたというのである。本当にそうであろうか。

ことばは、政治・社会・経済・思想の発達に伴って成長する。それらの語彙から考えられる当時の社会関係は、わが国では甚だシンプルなものであった。たとえば身分や官制の上では、本来的なものは「おみ」や「つかさ」のようなものしかない。「おみ」は「かみ」につかえるもので、漢字の臣も、神につかえるものを意味する字であった。「きみ」や「あそみ」は、古代朝鮮語に由来するとする説がある。

「つかさ」は土堤が原義。土堤の高みのところで、指揮をとるものをいう。戦争についても、「たたかふ」は「たたく」の再活用形とされる。軍の組織や編隊、軍陣や指揮系統を示すような語もなく、どのような戦争をしていたのか、見当もつかない。このような生活のなかで、国家の形成、英雄の活躍を示すような物語りが、果たして生まれるのであろうか。アイヌのユーカラほどのまとまった物語りを、作品としてもつことのなかったわが国の古代は、まだ甚だ未成熟な社会であったと考えるほかない。ユーカラのような作品があるのでなくては、民族の精神生活が伝承としてあったとはしがたいのである。

中国に文字があり、すぐれた文化があることは、おそらく半島との交渉を通じて、早くから知られていたであろうが、積極的にそれをとり入れるすべもなく、表現への意欲もまだ熟していなかったのであろう。渡来者たちは、たとえば稲荷山鉄剣銘のような文章を、かれらの表現法を応用して書いた。固有名詞は吏読《りと》に用いたようないわゆる万葉仮名で、構文は漢文に準ずる形である。おそらく雄略期のその頃から、氏族の系譜や伝承上の重要事が、いくらか記録として残されるようになったのであろう。紙《かみ》・筆《ふで》などは、もとより音訳の語である。

百済人たちは、漢籍をよむとき、たとえば〔礼記〕曲礼上「鸚鵡能言」を音でよみ、次に接続の語を自国語で加え、「不離飛鳥」をまた音でよみ、次に述語をそえる。「猩猩能言」「不離禽獣」もまた同じしかたでよむ。このような句やイディオムの下にそえる自国語は、漢字の音を用いて万葉仮名のようにして加える。この形式を吏読という。わが国の最初の書記者は、そのような表記法をとったであろう。それでたとえば歌をしるすとき、実字だけを漢字でならべるという方法をとった。

風吹　海荒　明日言　應久　公隨　〔万葉〕七・一三〇九

風吹きて海こそ荒るれ明日と言はば久しかるべしきみがまにまに

原表記は実字だけで、活用部や助詞・助動詞を加えない。この形式は略体とよばれ、〔人麻呂歌集〕に多くみえる。〔人麻呂歌集〕には、たとえば一聯の「七夕歌」（〔万葉〕十・一九九六〜二〇三三、三十八首）など、明らかに渡来人との接触を思わせる歌もあって、人麻呂がこのような書記法を学び、創始したとしても決してふしぎではない。

〔斉明紀〕に、天皇が紀温泉《きのゆ》に幸し、皇孫建王《すめみまたけるのみこ》の死を憶い悲しんで、

山越えて海渡るともおもしろき今城《いまき》の中は忘らゆましじ　一一九

など三首の歌を作り、「秦大蔵《はだのおほくらのみやつこ》　造　萬呂《まろ》に詔《みことのり》して曰《のたま》はく、斯の歌を傳へて、世に忘らしむること勿れとのたまふ」とあり、秦氏にその記録伝承を託している。当時の記録のことは、

秦氏のような渡来人の掌るところであった。秦氏はおそらく、略体歌のような表記法で、記録をしていたのであろう。稗田阿礼《ひえだのあれ》が伝承していたという古記録は、おそらくその形式で書かれていたものであろう。

人麻呂作歌には、吏読のような仮名のそえ書きが加えられて、〔万葉集〕の表記法が定まった。当時、国語を国語として表記する方法はまだなくて、「應久」（久しかるべし）は漢文的語法、「公隨」（きみがまにまに）は意訳に近い。ただ祝詞・宣命だけが、国語の語法に忠実な表記を試みているが、仮名部分を小記するその方法は、おそらく吏読の形式をとり入れたものであろう。

ただ吏読と〔万葉〕との甚だ異なるところは、わが国では漢字を多く訓読みで用いていることである。漢字は殆んど訓読されるが、その場合多くの同訓異字が生まれる。〔類聚名義抄〕（一〇八一年以後）によって概算すると、「ミル」一八五、「トル」一七〇、「ヲサム」一三三、「タカシ」一二〇、「シタガフ」一〇〇、「ウルハシ」九九、「ハカル」九〇、「ミダル」九〇、「ミチ」九〇、「ノリ」八〇、「オモフ」五五、「マコト」五〇、「キヨシ」四八などがあり、これらの同訓字を通じて、国語の意味領域は広められ、深化した。たとえば「面《おも》ふ」という語は、思・念・想・憶・懐・慮・顧などの同訓字によって、その内面的な思惟をも示しうる語となった。同訓字のもつ意味を、その一語のうちに集約して用いることを可能にしたからである。

漢字は、半島では漢字・漢語としてのみ用いた。いわば挿入的用法である。しかしわが国では、音訓を通じて国語化された。漢字は、国語の血脈のうちに入ったのである。漢字が国語の中にもつ比重は、本来の国語と少しも異なるものではない。漢字は国字であり、その立場から漢字の問題を考えるのでなければならない。

三、漢字の未来

辞書を作るという作業は、楽しいものである。苦労は多いが、苦労は苦痛ではない。辞書を作るものには、何かを意図し、目標とし、成就したいという願望がある。大きくいえば、理想がある。英語の辞書のことに詳しい加島祥造氏は、大槻文彦の［言海］について、「辞書をつくる仕事というものは、それを作る人を呪縛するようなところもあります。はじめは楽天的に考えて仕事にかかり、やがてきりがなくなっても絶望せずに頑張ってゆく――辞書を編む人びとの不思議な心理は、個々の編者を見てゆくと、じつに興味のあることです」（［英語の辞書の話］学術文庫本、四一ページ）といううがった観察をしている。大槻文彦が［言海］に着手したのは、明治八年、まだ二十七、八歳のときであった。

初め、編輯《へんしふ》の體例は、簡約なるを旨《むね》として、収むべき言語の區域、または解釋の詳略などは、およそ、米國の「ヱブスター」氏の英語辭書中の「オクタボ」(洋紙八つ折りのサイズ)といふ節略體《せつりやくたい》のものに倣《なら》ふべしとなり。……おもへらく、「オクタボ」の注釋を翻譯して、語ごとにうづめゆかむに、この業難からずとおもへり。

大槻氏が「難からず」と思った「言海」が刊行されたのは、それから実に十六年後の、明治二十四年であった。しかしそれは、世紀の壮挙であったらしい。新村先生はのち「大言海」の序に、その意義を宣揚する文を寄せられている。

本邦にありてかかる畫期的大辭典たる言海の刊行が完了したりし明治二十四年のころは、十九世紀の末期に方り、恰も歐米諸國に於ても大辭書の陸續世に現はれ、世界の辭書史中にても光彩盛なりし年代に屬せり。卽ち大辭書の出現は東西正にその機運を同じうせしものと云ふべきなり。案ずるに、ウェブスターの名辭書に後るること六十年、グリムの獨逸辭書の初刊を隔つること四十年、リットレーの佛語辭書の刊了を去ること二十年、大槻博士の言海は世に出でしものなるが、顧みれば、著名なるマレーが新英辭典の創刊は、言海初刊第一册の前年に現はれ、米國に於てはウェブスターの改訂第三版の大册、スタンダード辭典の巨册、センチュリー辭書の十二大册、いづれも皆この言海刊行年間の前後に出でたり。語源辭書にありては、英のスキートの著、獨のクルーゲの作、共に言海を遡ること十年内外なり。

［言海］の功績は、これら欧米幾多の名辞書に比肩して、決して劣るものでなく、さらに独力二十年、［大言海］の稿を成した偉業に、絶讃の辞を贈っている。

新村博士の辞典編纂も、大きな理想へ向っての出発であった。［広辞苑］第一版の自序に、「英米独仏の大辞書の完備に対して限りなき羨望の情が動き、ひたむき学究的な理想にのみふけりつつ、青春の客気で現実的方面については一層暗愚であった」が、「かれこれ二つばかりの辞典の編集に参画」したとあるのは［言苑］（昭和十三年）、［言林］（昭和二十四年）のことであろうか。「主として語原や語史、語誌や語釈の、主として分解的な、しかし根本的本質的な方面の考究」を、辞書的に実践する機会は、［広辞苑］の編集に至ってようやく訪れた。先生には、ご子息の猛氏が編集に参加されたことが、この上なく頼もしいことであったらしく、「老父の能くせざる所を補足し、……心を尽くしてくれた」と感謝し、「グリム兄弟の場合とは、全く違った情味が存する」とも述べられている。辞書を作ることは、呪縛のうちにも、またその呪縛を超えようとする、一味の楽しみは存するのである。

私は早くから辞書に興味をもち、友人と議論するときにも、辞書説の是非にまで及ぶというようなこともあった。その頃の議論の対手は、のちの［儀礼釈攷］の著者川原寿市氏、

〔枕草子〕の研究者田中重太郎君などであった。辞書は独創的なものであればあるほど、議論の種は多いものである。小沢蘆庵の「ただごとうた」は、「ただことうた」とよむべしとするのが、新村先生の持論であった。「徒言《ただこと》」と「徒事《ただごと》」とを峻別すべしとする論で、「只詞《ただことば》」「徒言葉《ただことば》」との関連が、その根拠とされるところであったらしい。〔広辞苑〕第一版のその項目は、「徒言《ただこと》」・「徒言歌《ただことうた》」であるが、第二版以後には「徒言《ただごと》」「徒事《ただごと》」を標出、解説中に別訓として、ともに「ただこと」の訓が加えられている。古くは濁点表記がなく、古い時代のことは知りがたいが、語調からいって「ただこと」は自然でない。〔類聚名義抄〕には「マツリゴト」「アサマツリコト」、「ネゴト」「ネコト」のような両訓の例があり、その語は濁音でよまれたとすべきである。辞書には主張がなくてはならぬが、新しい主張には危険が多い。編者が最も苦しむところは、その点にある。曾子は「習はざるを傳ふるか」（〔論語〕学而）を三省の一条としたが、誤りを伝えてはならぬからである。

それぞれの語彙のとり扱いかたも、すべて全体に関するところがあり、「ただことうた」も音の清濁、連濁という全体の問題にかかわる。辞書の編集は、また体例の問題でもある。

漢字の字書は、古くは〔爾雅〕のように類別式であった。古言を釈する〔釈詁〕、常言を釈する〔釈言〕、連言を釈する〔釈訓〕より以下、〔釈親〕〔釈宮〕〔釈器〕〔釈楽〕〔釈天〕

［釈地］［釈丘］［釈山］［釈水］［釈草］［釈木］［釈虫］［釈魚］［釈鳥］［釈獣］［釈畜］の十九篇、はじめ三篇は語の古今と連文、他は百科辞書的分類法である。のちにも［小爾雅］［方言］［釈名］［広雅］［埤雅］など、この形式のものが出た。

許慎の［説文解字］は、中国唯一の字形学的字源の書で、紀元百年に上進、以後中国文字学の聖典となった。その編集は、五百四十部、九千三百五十三字、重文千百六十三字（実数は九千四百三十一字、重文千二百七十九字）、［後叙］に「其の首（部首）を建つるや、一を立てて耑《はじめ》と爲し、方《なら》ぶるに類を以て聚め、物ごとに群を以て分ち、條を同じうするものは牽屬し、理を共にするものは相貫き、襍《まじ》へて越えず、形に據りて系聯す」とあって、一よりはじめ、上・示・三・王と形をもって連ね、それぞれを部首として、一には元・天・丕・吏（文五）、上には帝・旁・下（文四）のようにその部の字を録する。「引きて之《の》れを申ばし、以て萬原を究め、畢《つひ》に亥（十二支の末）に終り、化を知り冥を窮む」という。一より分化して万物に至り、十干十二支を以て終る。その間に万物運旋の理を究めるという形而上学的な理念を含ませている。古代の文字学は、文字が万物の表象であったように、その体系は形而上学的な理念に支えられたものであった。すなわち「始一終亥」の書である。

六朝に入って四声の説が起り、音韻の諧和を重んずるようになって、文字は韻を以て分かたれ、切韻の書が起った。［説文解字］は平声の東の韻より入声の甲に終る［切韻］の体系に組みかえられた。いわゆる「始東終甲」の書である。清初に考証学が起り、小学として文字学が復興したときも、その先達であった顧炎武は「始一終亥」の〔説文〕原本のあることを知らず、形而上学的体系を誇った許慎の学は、数百年にわたって埋没したままであった。〔説文〕の学は、許慎の忠実な紹述者といわれる段玉裁が〔説文解字注〕を書き、経注のような慎密さを以てその体系を回復し、〔説文解字〕は再び文字学の聖典となり、〔段注〕はその忠実な伝となって、不易の書とされた。

〔説文解字〕の部首説を改めたのは、元の戴侗の〔六書故〕にはじまる。全体を数・天文・地理・人・動物・植物・工事・雑・疑の九部に分かち、百科全書的、中国風にいえば類書的な編制とし、字説に鐘鼎彝器の文を用いるなど、新しい見解もあって、〔四庫全書総目提要〕にも「その苦心考據、亦盡く泯《ほろ》ぼすべからざる者有り」という。

形而上学的な、あるいは百科辞書的な体系をはなれて、完全に部首法をとる字書としては、遼の僧行均の〔龍龕手鏡〕（統和十五年、九九七年序）をあげるべきであろう。部首を四声に分かち、平声九七、上声六〇、去声二六、入声五九、計三四二部、録する所は二万六四三〇余字であるという。

〔康熙字典〕は部首の四声別を廃し、すべて画数順とする。当時通行の梅膺祚の〔字彙〕、張自烈の〔正字通〕を採り、その疏舛を去り蕪雑を整えて成るもので、百十九部、〔説文〕

大徐本の附音によって［唐韻］を補い、［広韻］［集韻］の反切音、訓義を加える。その後の字書は、和漢ほとんどその部首法に従っている。

［康熙字典］は小学を諸学の基礎とする清朝学術の起点として、［提要］にも「一義の詳かならざる無く、一音の備はらざる無し」とするが、しかし王引之の［康熙字典考証］にその引用の誤りを校訂すること二千五百八十八条に及んでいる。また近ごろ出た王力氏の［康熙字典音読訂誤］には、反切、直音、引用の誤りなどを指摘し、本文五六八ページ、一ページ十条としても訂誤は五千条を下らない。わが国の［大漢和辞典］も、ほぼこの程度の正誤があるかと思われる。近刊の［漢語大詞典］はさすがに誤記と思われるところは少ないが、なお各巻数処、管見に入るところがあった。これを思えば私の字書などにも、なお訂誤すべきところが多いかも知れない。

字典・辞書を作ることは、一種の冒険である。新しい意図を以て企画する場合、それは一そう避けがたいことであろう。私は［字通］において、いくつか従来にない試みをした。まず従来の部首法を廃して、五十音順とした。漢字は国字であるとする立場からであるが、部首法の矛盾を避けるという意味もある。［康熙字典］では、部首の一に丁・丂・七・丈・三・上・下・不・丏・且・丕・世・丘・丙・西・丞など凡そ四十字、［大漢和辞典］に六十五字、「漢語大詞典」に六十三字を収めるが、相互に出入多く、「大詞典」には井・五・屯・東・亜・甫・来・甚・爾などをも加える。「説文」の一部の立意と全く異なり、字形学的に部首の意を失っている。それは四角号碼の考えかたであり、またこのような部首のもとに排次されている文字を、部首的な観念で検索することは殆んど不可能である。

字典・辞書が、字源の学であり、語の生活史であるとするならば、まず字源が解釈され、その後の語史的展開に及ぶべきである。しかしすでに従来の部首法をとる限り、字源の説明は甚だ困難である。そのことは、これら一部に属する字を、私の「字統」あるいは「字通」で検索して確かめてほしい。多くの字書は、字源について十分な説明をしていない。字の初形初義を追求するために編纂された「漢語大字典」にも「説文」を引くのみであり、中国最大規模の「漢語大詞典」には、全く字源説がない。ヨーロッパの大辞典のような詳密なものでないとしても、語源説のない辞書では、学術的な用意のあるものとはいえない。字源説があって、はじめて字義の展開を説くことが可能であり、字書を組織することができる。組織と体系がなくては、それは拾集物にすぎない。

漢字は国字であるから、その国字化の過程がまた重要な課題である。漢字の国字化は「記」「紀」「万葉」の時代にあった。そのことはすでに「字訓」に論じておいたので、「字通」では「新撰字鏡」以後の古辞書の訓を加えた。

漢字には形声字が多いので、声系としてその関係を説明したが、声が近くて系列語をなすという関係のものには、別に語系の欄を設けた。声系は、同じ声符を用いる系列中の字の声義の関係を、また語系は、異なる声符の間に存する同語源の語群を識別するための、予備的な方法として試みたものである。

幸田露伴に「音幻論」という文章があり、風の語源について論じている。風を示す語彙にアラシ・ツムジ・カゼ・イナサ・コチ・ヒナタ・ハヤテなどがあり、風を示す原音は、これらの音をすべて含みうるものであったという。

漢字では二人称に汝・女 njia、爾 njiai、而 njie、若 njiak、乃 nə などがあり、みな同系の語である。二人称としては女・汝がその原字で、女が第二人称でよばれることが多かったのであろう。他は別に本義のある字の転用で、いわゆる仮借《かしゃ》にあたる。これらのうち、本来は主語・目的語あるいは所有格など、文法上の関係をもつものがあったであろう。我 ngai、吾 nga、卬 ngang においても同様であるが、この場合本字とすべきものがない。我は鋸の象形、吾は敔（守る）の初文、卬は仰の初文で、みな仮借の用法である。

声系や語系を重視する理由は、主として言語学的な課題に関している。中国語は単音節語であり、文字はその単音節語に対応するものとして、一字のうちに形・声・義を含んでいる。

字形のうちには、複合的な観念をも含めることができるが、語はすべて一音節である。屈折、綴合をもたない一音節語ほど語として単純なものはなく、それはいわば原始語である。その原始語がいくらかの語法的変化を求めて、音の近い語を系列語とする。音の近い語の間には、系列関係を求めうる可能性がある。

鈴木朖《あきら》の［雅語音声考］（文化十三、一八一六年刊）は、語の起源を擬声語に求めるオノマトペの研究を主としており、その方面では先駆的なものであった。オノマトペを擬態語にまで拡大して考えると、中国の音義説も含まれることになり、［釈名］などもそれに加えることができよう。［釈名］は後漢の劉熙の撰で、天地・山水より飲食・器用の類に至るまで、二十七類に分かって、語に音義的解釈を施したものである。「日 njiet は實 djiet なり」、「月 ngiuat は闕 khiuat なり」また「風 piuəm は氾 biuəm なり、放 piuang なり」の類である。

印欧語は分節的構造をとるものであるから、漢字の構造的な方法に対して、語として説明するような表現をとり、従って擬態・擬声、すなわちオノマトペ的な表現をとることは少ない。「風は氾なり、放なり」において、氾は人が水に浮びただようさま、放は放逐の儀礼において方（架屍）を敺つ形で、放浪の意があり、風行のさまに似ている。これらの語の間に、声義の類同が感ぜられるのである。

風 piuəm は甲骨文では鵬 bang の字で示されている。それは疾く飛ぶもののオノマトペ的な語であったらしく、飄・麃 pheô、驫・猋 piô など獣たちの疾走するさまと似ており、みなオノマトペ的な語である。票phiôはもと㶾に作り、屍体を焚く形、猛火で漂揺することをいい、票声の字はみなその意を承けている。

「速かに、さかんに、はげしく」という状態を示すときに、脣音の幇（p）滂（ph）並（b）明（m）を用いることが多い。放 piuang・旁 bang・蝙 pyen・翩 phian・賁 biun・噴 phuan・岔・紛 phiuən・般 buan・芾 piuət・霏・飛 piuəi・悱 phiuəi・茀・沸 phiuət・赴 phiok・髟 pio・蓬 bong・廃 piuat・凡 phiuam・番 biuan・翻 phiuan・勃 buət・抜 buat・薄 bak・暴 bôk・猛 mang・毎 muə・蕪 miua・茂 mu などは、みなその系列に入りうるので、単音節語である中国語は、このような群構成を重ねることによって、全体をそれぞれの語群に群別することが可能であろう。

どの民族においても、語の発生とその展開の過程を明らかにすることは、今では不可能なことであるとされている。もし何らかの道が残されているとすれば、単音節語をもつ中国語の他には求めがたいであろう。それは最もオノマトペ的な言語であり、ここからオノマトペ的な原則ともいうべきものが見出だされるかも知れない。そこには音性とその言語化という大きな問題が含まれている。漢字における声系と語系を、その探索への一つの指標としたい。

漢字は国字である。漢字をもって国語を表記するだけでなく、語法的な整理を加えながら、われわれは中国の文献を国語でよむことができる。甲骨文・金文よりはじめて、少し工夫を加えれば、〔水滸伝〕〔聊斎志異〕、禅林の〔碧巌録〕の類に至るまで、国語化してよむことができるのである。このような文化盗りの方法は、わが国の外には類例がない。寄生木のような方法であるが、これがわが国の文化を多彩にし、精神をゆたかにする一つの方法であった。平安初期の、あの狂気に近い漢風模倣の時代、鎌倉室町期の禅林の老衲たちの参道、江戸期の塾風教育における漢詩文の学習、それらがわが国の文化の脊梁をなした。明治以後にもそれはなお国民教育の一環であった。しかし敗戦ののち、それらは漢字とともに、無残な処遇を受けた。東洋の精神とその風雅の道は、深くとざされたままである。漢籍は骨董物の扱いをされ、その三千年の蓄積のなかに秘められている貴重な叡智と体験、比類のないすぐれた表現は、うち捨てられたままである。

私はこの書の語彙の引例に、かれらが苦心して成就したそのような表現の一斑を、文意の完結した形で提供したいと思った。読書もまた体験である。この書によって、かれらがそれぞれの時代に生き、それぞれの体験として吐露するところのものを、知ってほしいと思う。それはまた失われた東洋を回復する道であり、中国への理解を深める道であり、何よりも失われたアジアの連帯をとりもどす道である。かれらのすぐれた文化的集積に対する正しい理解をもつことが、相互の敬愛を生む方法であり、それ以外に民族の融和はありえない。

漢字は国字であるという立場から、私の関心はまた国語の問題とも連なる。国語の乱れが叫ばれて久しいことである。文化は民族の知性によって生まれる。国語は国民的な文化のなかで育てられるもので、正確な意味での国語は、明治の言文一致以後にはじまるといえよう。そして主として作家たちによって、それぞれの様式が試みられ、洗練されてきた。おそらく大正期がその完成期であったとみてよい。やがて軍人跋扈の時代となり、その果てにわが国は破滅した。敗戦ののち、わが国はアメリカの傘下に入った。東洋の精神、東洋の風雅のなかで生長してきたこの民族の伝統からいえば、これは正常な状態ではない。国語のなかにカナが氾濫し、国籍不明の語が跋扈することも、当然といってよい環境である。

英語もかつて、英語性悪説とよばれる時代があった。大陸とイギリスとの関係は、大陸とわが国との関係に似ている。イギリスでは異族の渡来、宗教的な葛藤もかさなって、わが国よりもはるかに混乱した状態のなかで、英語は蕪雑をきわめたといわれる。しかし百年河清を待つというが、いまや英語は、世界のことばとなりつつある。第三世界もおおむね英語圏に入って、やがては英語は世界の共通語となるであろう。

文化の上からいえば、世界は印欧系とアラブ系と東アジアとに三分されるのであろうが、この東アジアだけが最も原始的な文字をもち、宗教を武器とすることを知らず、古いアニミズム的信仰のなかに生きつづけている。しかしこの地域の文化が、かつて全ヨーロッパのそれに匹敵し、しかも一貫した伝統を誇るものであったことを、欧米の人たちは殆んど知らぬであろう。欧米の人たちが知らぬのみでなく、アジアの人もそのことを忘れているのではないか。問題は、まず自らを知るということからはじめなければならない。

東洋への理解をさまたげているものは、もとより文化そのものの性格のうちにあるが、さしあたっては、漢字の難解さが第一の障碍である。かれらには、この纍々たる黒い塊にしかみえない漢字のうちに含まれる深い表象の意味を、汲みとることはできないであろう。その含むところの意味をかれらに理解させなくてはならない。漢字は、印欧語のどれよりも合理的な構造をもち、すべての字をその構造の上から説明することができる。私は「字統」において、そのことを明らかにしようとした。

ただわが国における漢字の用法は、中国のそれよりも遥かに複雑である。それはときに時代音によって区別され、漢呉音・唐音・宋音のほか近代音を用いることもあり、さらにいくつかの訓に分かってよみわけることがある。学習上の困難は、おそらく中国のそれに数倍するであろう。しかし漢字の合理的な解釈が可能であり、その体系的な理解の方法があるとすれば、国語の学習もそれほど困難でないかも知れない。国語を国際語として普及させるためにも、まず漢字の難関を超えやすいものとしなければならない。
私の老友小林博氏が、私の文字学の英訳を試み、十数年間に再び稿を改めて、さきごろ完成されたという。全五巻、十六冊に及ぶ大部なものである。今年（一九九六年）九十三歳、自らワープロを操作しての労作である。漢字が世界の文字となることによって、漢字文化圏も、はじめて文化的に世界に参加しうるものとなる。私の究極の目的は、そのような形で東洋を回復するということである。東洋の回復があって、世界という概念が実質的な意味をもつことができる。漢字がその運命を荷うものであるというのが、私の考えである。

（『月刊百科』平凡社、一九九六年十一月〜一九九七年一月号初出）

初出一覧

字書を作る　書き下ろし（二〇〇二年一月）
文字学の課題　［説文新義］巻十五（五典書院、一九七三年）第五章に加筆修正
字統の編集について　［字統］（平凡社、一九八四年）
字訓の編集について　［字訓］（平凡社、一九八七年）
字通の編集について　［字通］（平凡社、一九九六年）
字通に寄せる　［月刊百科］（平凡社、一九九六年十一月号〜一九九七年一月号）

わ

ま

は

な

た

さ

索引

平凡社ライブラリー　731

字書《じしよ》を作《つく》る

発行日…………2011年3月10日　初版第1刷

著者……………白川静
発行者…………関口秀紀
発行所…………株式会社平凡社
〒112-0001　東京都文京区白山2-29-4
電話　東京(03)3818-0742[編集]
東京(03)3818-0874[営業]
振替　00180-0-29639

印刷……………凸版印刷株式会社＋株式会社東京印書館
製本……………大口製本印刷株式会社
装幀……………中垣信夫

ISBN978-4-582-76731-5
NDC分類番号811.2
B6変型判（16.0cm）　総ページ376

平凡社ホームページ　http://www.heibonsha.co.jp/